U1076901

“浙江舟山群岛新区”研究系列丛书　主编　黄建钢

浙江舟山群岛新区法制创新战略研究

周学锋　左红娟　编著

ZHEJIANG UNIVERSITY PRESS
浙江大学出版社

图书在版编目（CIP）数据

浙江舟山群岛新区法制创新战略研究 / 周学峰，左红娟编著 . —杭州：浙江大学出版社，2014.9
（浙江舟山群岛新区研究系列丛书 / 黄建钢主编）
ISBN 978-7-308-13312-8

Ⅰ. ①浙… Ⅱ. ①周… ②左… Ⅲ. ①社会主义法制—建设—研究—舟山市 Ⅳ. ① D927.553

中国版本图书馆 CIP 数据核字（2014）第 118610 号

浙江舟山群岛新区法制创新战略研究

黄建钢 主编 周学锋 左红娟 编著

责任编辑 王 镨
封面设计 立飞图文
出版发行 浙江大学出版社
（杭州市天目山路 148 号 邮政编码 310007）
（网址：http://www.zjupress.com）
排 版 杭州立飞图文制作有限公司
印 刷 杭州日报报业集团盛元印务有限公司
开 本 787mm×1092mm 1/16
印 张 11
字 数 215 千
版 印 次 2014 年 9 月第 1 版 2014 年 9 月第 1 次印刷
书 号 ISBN 978-7-308-13312-8
定 价 24.00 元

浙江大学出版社发行部邮购电话（0571）88925591；http://zjdxcbs.tmall.com

序言

“群岛新区”的研究和操作都需要“整体思维”

浙江舟山群岛新区研究中心主任　黄建钢

由五个不同角度出发组成的有关“浙江舟山群岛新区”研究的丛书，终于要问世了。这对“群岛新区”的研究来说，是一件“大”事。其“大”就大在，它是一种整体努力的结果，于是其效应和效益也具有整体性 。我想，它应该作为一个标志，标志着这样一种思考——“群岛新区”的推进和发展应该遵循一条“整体性”的思路和集体努力的路径。

“浙江舟山群岛新区研究”系列丛书本身就是一个整体思维的结果。它一开始立项就是以一个整体面貌出现的，目标就是希望它能发挥出整体性效应和效益的。事实上，对它的完成本身也体现了一种纵横交错的整体性——从“想到”到“策划”再到“实施”最后到“完成”，在浙江海洋学院行政管理领域的5名教授的艰辛努力下，经过两年多的时间，在编辑与作者之间反复沟通下终于完成，甚至在封面的设计上也体现了一种图案上的整体性。

舟山是生育和养育“浙江海洋学院”的一方水土。浙江海洋学院，作为“新区”唯一的一所本科院校，对“浙江舟山群岛新区”建设理应做出贡献，因为这是它与生俱来的的一个义务。“浙江舟山群岛新区研究”系列丛书从“新区法制创新”、“新区科技支撑”、“新区人才引领”、“新区公共安全”和“新区公共服务”的不同角度构建了一个整体的“群岛新区”的发展愿景和路径。本丛书的这种构建选择，本身就是在“声明”：“群岛新区”只有在“整体推进”上下足功夫才是发展战略的最佳选择，单凭“各个击破”是难以写出好文章的。

“整体推进”是把事物当作一个“整体”来看待，既不分重要与否，也不分前后上下，更不分大小怎样，而是依据问题到来的顺序，发挥“牵一发而动全身”的功能来推动和推进事物及事务的发展。而“各个击破”属于分析思维的结果，其前提是首先需要把一个整体分为若干个分体，并分出各个分体的轻重缓急，然后是依次将其各个“击破”。

“新区”既是一个新生事物，又是一个整体事物，其情形很有些类似当初国内设置的各类“特区”。但它又不是一个“特区”。严格说，“特区”是一个横向概念，是横向比有些“特别”的意思；而“新区”是一个纵向概念，是纵向比有些“新鲜”的意思。在某种意义上可以认为，“新区”是对“特区”的发展，而“特区”是“新区”的基础。基于对这种区别的认识和理解，我们就有了做好“新区”工作的基础和前提。在思维层面上，这里有一个时间上的“新”、“现”、“旧”的“链式系统”概念，如同拖拉机的链条一样，不断向前延伸，但其轨迹不是直线式的，而是螺旋型“周而往返”的。在“周而往返”中蕴涵着一种回归，但它一不是回归到原点，二不仅是回归到原点的上方上空，而且还有一种在原点上方和原点之间的距离是多少的区别。从中可以看出回归后原点上方与原点之间的前行和提升的空间。

一定要深刻领会理解政府把舟山群岛地域赋予“新区”命名的实际意义：它意味着“新区”必须创新一些连世界上至今都还没有的制度和措施！这也是中国经济已经发展到一定程度后的一种思路选择和制度安排。制度一定是对机制和机理的提炼、体现和表达，我们的研究就要在制度上下足功夫。

就国内而言，在“浙江舟山群岛新区”之前已有的“新区”，实际上都是“直辖市新区”，如“上海浦东新区”、“天津滨海新区”、“重庆两江新区”。只有这个“浙江舟山群岛新区”才具有了一种“平民”和“基层”的色彩，它已经真真切切地落到了民间和底层。这也就意味着，相比前三个“直辖市新区”，政府心里谋划建设的舟山群岛新区无疑要更“新”。可以这样说，从“浙江舟山群岛新区”开始，“新区”从此开始了“落入欠发达地区”的“创新”试验，而也只有在“欠发达地区”的“白纸”上才能画出最新最美的图画，才能真正创新，如同当初的上海、香港、新加坡和深圳一样！

但是，在现实中最终能否创新，不仅取决于“新区”本身是否是白纸，而且还取决于“新区”是否有创新思维。其中，白纸是客观的和客体的，而思维却是主观的和主体的。在主观和客观之间形成怎样的思维，取决于客观；但思维能否实现，却取决于主观。对“群岛新区”来说，我以为它亟需一种崭新的能够创新和出新的主观思维，只有拥有了它，“新区”才有一种创新的可能。只有拥有了创新的氛围，“新区”的发展才有可能。否则，“新区”及其发展就会是一个“空中楼阁”，是可望而不可及的，是可想而不可现的。

而这正是“新区”发展的一个最大稀缺品。目前，现实中的“群岛新区”基本是按照“特区”的模式在思考和运行的，这是“特区”泛化的结果。但其效果并不好！为什么同样是“特区”而效果却不同呢？原因如下：

一是时代已经不同。我国有“特区”的时候，联合国《海洋法公约》还未问世，甚至“海洋世纪”的概念尚未形成。

二是现实已经不同。现实已经没有了可以实行“特区”的基础。现实中，深圳特区都已经不“特”了，怎么还会有新的“特区”形成和运行呢？

由此决定了对“新区”的要求要远远大于和高于“特区”。所以，“新区”更需要视野的跨越、思维的跳跃和境界的超越。

中国经济发展到21世纪时，已经非常需要创新了。中国已经把可以“特”的资源用得差不多了。如果再没有“新”，中国社会的发展就将既失去方向更失去动力。正是在这样的背景下，中国才设置了一种“新区”的体制和机制。要看到，真正可以创新的地方就是类似“舟山群岛”这样的地方。因为在舟山这样的不发达或欠发达的地方进行创新是成本最小、负担最小、顾虑最小、影响更小的。即使是失效和失败了，也不会对整体和全局有太大的损失和损害。但在一个要地或重地要推行创新就会不同，一旦失效和失败就会危机整体和全局的机理和机体。

但从“浙江舟山群岛新区”之前的“新区”运行实践看,还只是“特”的多而“新”的少。这为之后其他“新区”的设置和运行带来了思维障碍。这说明，在一个欠发达地区进行创新也会有很大的难点及其难度，最主要是理念和思维难以达到一个可以进行原创性创新的高度和程度。

创新要在“整体性的框架”下推动和推进。不仅如此，在对“群岛新区”创新时，还要在“整体创新”的基础上再树立一个“立体创新”的理念。所谓“立体创新”，就是可以或能够把“横向整体”、“纵向整体”和“现实整体”合而为一进行创新的一种状态。它与“点创新”和“线创新”甚至“面创新”的包含是有所不同的。具体地说，就是从上下角度看，政府创新要与社会创新结合；从横向角度看，就是法制创新要与政策创新结合；从纵向角度看，就是拓展未来要与尊重历史结合；从内容看，就是经济发展要与社会治理和科技创新结合。

但无论是分析思维还是整体思维，其实都是时代的产物，都是生产方式的产物。它们在特定历史条件下,都是先进的,都会成为历史的推动者。在人类进入近代的初期，分析思维是先进的。但在人类进入 21 世纪以后，整体思维则是更先进的。虽然先进的思维方式一旦被人们接受就会产生新的力量，但先进思维方式的被人接受是有一个过程的，是有一个先后顺序和秩序问题的。

这种整体性思考和推进的思路落实在“群岛新区”,就是要把一种“经济发展”与“社会治理”紧密结合和融合起来,甚至还要形成一种“生态文明”包含“社会进步”而“社会治理”包容“经济发展”；而“经济转升”又包含“科技支撑”；而“科技研发”又包含“人的改变”;而“人的变化”又包含“公共服务”和“公共安全”的提出和形成；而“公共性的发育和发展”又包含“法制创新”的需求的状态和态势……这很符合党的十八届三中全会提出的“国家治理体系和治理能力现代化”的基本观点。由此决定了，浙江舟山群岛新区要想有新的大发展，就必须采纳、运用和完善甚至创新一种崭新的思维方式——整体思维。没有思维上的整体性而又要使“新区”有新的发展，在当前几乎是不可能的和不现实的,就会表现为“整体思维和行为的失效”。致使出现这种整体思维和行为的失效的原因，一般不在于人们“多”做了些什么，而在于“少”做了些什么，甚至就在于“没”有做什么，于是就会有缺点和缺陷，最终导致失效。古语“千里之堤毁于蚁穴”还有“牵一发而动全身”说的就是这个道理,它们都是综合思维、整体思维和系统思维的结论。

本丛书就是想在对“群岛新区”的整体研究上作一些思考和尝试。当然，即便如此，这也是一个很庞大的循环系统及其整体。所以，我们才组织和编辑了这套丛书，希望它能起一个抛砖引玉的作用。毕竟“群岛新区”只有三岁，还很幼稚和稚嫩。所以,对它的研究思考虽然会有一些超前和预设。现在的书稿从总体看,还是不很成熟的,其表述的思考成果显然还远没有达到预想的层次和程度，但各书的写作思路和逻辑已经成“型”，从而表现为一种“显然”的感觉。

是为序。

2014 年 6 月 1 日

目　录

绪　论

21世纪是海洋开发的世纪，开发利用海洋资源，发展海洋经济越来越受到世界各国的重视。我国是海洋大国，发展海洋经济已成为我国经济战略的重要组成部分。2011年以来，《山东半岛蓝色经济区发展规划》、《浙江海洋经济发展示范区规划》、《广东海洋经济综合试验区发展规划》相继获批而上升为国家战略。在此基础上，又批复设立了我国第一个以海洋经济为主题的国家级新区——浙江舟山群岛新区。它的设立和建设是基于国家海洋战略的需要，为国家发展海洋经济破题而进行的综合改革实验。作为我国实施海洋战略、发展海洋经济和海洋事业的试验场，浙江舟山群岛新区担负着为我国海洋经济体制和海洋管理体制探索经验的重任。

舟山是我国第一个以群岛设立的地级市，素有"海天佛国、渔都港城"之美誉，下辖四个海岛县（区）。全市共有大小岛屿1390个，其中住人岛屿103个。区域总面积2.22万平方千米，其中海域面积2.08万平方千米，加上专属经济区部分，海域面积达11万平方千米，陆域面积1440平方千米。

舟山地处中国东部黄金海岸线与长江黄金水道的交汇处，背靠"长三角"广阔经济腹地，是中国东部沿海和长江流域走向世界的主要海上门户，与东北亚及西太平洋一线主力港口釜山、长崎、高雄、香港等，构成一个近500海里等距离的扇形海运网络。改革开放以来，随着东海大桥、杭州湾跨海大桥、舟山跨海大桥等相继建成，天堑变通途，舟山融入上海、杭州三小时经济圈，作为"长三角"海上开放门户的区位优势更加凸显。

《国务院关于同意设立浙江舟山群岛新区的批复》（国函〔2011〕77号）确定了浙江舟山群岛新区的战略定位、发展目标，结合《长江三角洲地区区域规划》和《浙江海洋经济发展示范区规划》的精神，浙江舟山群岛新区的空间布局也已经基本成型。

在我国，所谓新区一般是指为实施某项重大国家战略而进行的综合配套改革试验区。根据国务院对已批准的综合配套改革试验区的批复精神，国家综合配套改革试验区的内涵可以概括为：国家顺应经济全球化与区域一体化趋势和完善社会主义市场经济体制的内在要求，在科学发展观指导下，所设立的以制度创新为动力，以全方位改革为特征，以科学、和谐、持续、快速发展为表现，对全国社会经济发展有示范效应的试点区。新区最基本的特性是改革创新，探索新领域，建立新制度，积累新经验。在新制度经济学看来，任何改革都是一个制度的变迁过程。设立国家级新区的改革试验是中国在经济特区改革的基础上掀起的新一轮改革开放的大潮，必然带来一系列的制度变迁和制度创新，而制度中最为重要、稳定而权威的就是法律制度。浙江舟山群岛新区是在经济特区和各种综合配套改革实验区（新区）改革的基础上，在社会主义市场经济体制逐渐完善，依法治国和建设法治政府的条件下，基于国家海洋战略的需要，为国家发展海洋经济破题而进行的更为独特和更高水平的综合改革实验。与其他经济特区、新区相比，浙江舟山群岛新区的起点更高，和国际接轨的要求也更高。现代经济是全球化的经济，又是法治化的经济。国际上主流市场经济的发展无不是以成熟的法治为其保障。在这样的背景下要实现新区发展的战略目标，必须在以法治为主的“软环境”的改善上下功夫，各种改革试验过程中的先行先试也应从以政策先发效应为主导转向，以寻求法制为保障。因此，新区不仅担负着为我国海洋经济体制和海洋管理体制探索经验的重任，也肩负着为我国社会主义法制建设探索新领域、积累新经验的历史使命；不仅是我国继续推进改革开放的新的试验场，也是我国社会主义法制建设的试验田。

一、法制是新区先行先试的必要前提和保障

浙江舟山群岛新区作为国家级的新区，先行先试是其改革创新的重要政策支持。所谓先行先试是当前国家鼓励地方通过试验、创新自主探索的一种新方式。拥有先行先试权，也就意味着拥有了更多的地方自主权。先行先试意味着探索、试验和创新，其要义是突破既有的制度障碍。但先行先试并不代表可以任意突破，而是必须在国家法制统一的框架内遵循法治原则进行改革创新。这是依法行政、法治政府建设背景下的必然选择。浙江舟山群岛新区的建设当然也不能例外。法制先行理当成为先行先试的应有之义。法制是创新社会制度和规范体制运行的根本保证和现实要求。当下，市场经济体制和法律体系已经显著完善，用立法来确立先行先试的原则、方针，建立先行先试的机制、体制，有利于提高政策实施的稳定性，树立先行先试的权威性和共识性。对于舟山群岛新区而言，在一些重要领域，尤其在海洋管理开发领域先行立法，以法制来保障“先行先试”的稳步发展和持续跟进至关重要。

二、法制建设是新区建设发展的内在要求

新区的核心竞争力在于通过体制机制创新，创造制度上的优势。法制是制度的重要载体，这就要求法制建设与新区的开发建设同步。目前我国有关特区、新区建设发展的全国性法律、法规还很少，主要是各经济特区和新区所在省、市制定的地方性法规和规章。由于设立经济特区、新区的背景、条件、功能定位、改革目标和内容不同，其他特区、新区的地方性立法只能借鉴、参考。舟山群岛新区的设立目的、所处的自然条件和功能定位都与其他新区有所不同，尤其舟山群岛新区主要是要在海洋综合开发、发展海洋经济方面先行先试，这在我国完全没有先例。舟山群岛新区担负着为国家发展海洋经济破题，为我国海洋经济体制和海洋管理体制探索经验的重任，而我国在海洋管理、开发方面的立法相对不足，在海岛地区建设新区可供依循和可作为保障的法律制度相对稀缺，发展海洋经济又随时关涉到可能的国际法的因素，这些都迫切要求加强法制建设，为新区海洋经济的发展提供必要的法律依据。

三、新区法制建设有助于完善社会主义法律体系体制

新区先行先试所承担的重要任务之一，是要为其他地区经济的腾飞提供样板，为全国改革提供正面和反面的经验教训。在新区建设发展过程中将那些经过实践检验是正确的、成熟的、符合市场经济发展规律的经验，用法规的形式固定下来，使其上升为法律规范，将对所辖范围内的改革发生效力。由于法律法规的公信力和公开性很强，它将起到示范和带动作用，并将为全国性立法提供借鉴和参考，从而指导和推动全国相应法律体系的完善。在舟山群岛新区建设发展过程中，一系列自主性、创新性地方法规的制定和实施，既能保障和促进新区的发展，也能为国家和其他地方立法提供参考。如果能形成配套完整、上下一致、协调统一的地方海洋法规与制度体系，将填补我国在海洋管理、开发方面的法律制度的不足，完善我国社会主义法律体系体制。舟山群岛新区建设作为海洋经济综合改革试验区的依托和引领，同时也应成为海洋经济立法、海洋生态立法、海洋监管立法乃至海洋经济基础上的社会、文化管理立法的试验田和探索区域。

第一章　新区法制建设需求研究

一、新区开发建设蕴涵新的法制需求

法制需求是人们对于现存的和尚未设定的法律资源的肯定性要求和现实行为。法制需求属于制度需求的范畴，是一种非市场、非物质商品的需求。法制需求根源于主体期望获取最大的潜在利益。假设在现有的法律制度安排下，人们的潜在利益无法获得满足，而改变现有的制度安排，却能够获得在原有制度下得不到的利益时，就会产生对新的法律制度安排的需求。

通常而言，影响法制需求的因素有法律制度的效用、既存法律秩序、消费者偏好等。在我国，影响包括新区在内的各种综合改革试验区建设法制需求的因素主要有两个：既存的法律秩序和消费者偏好。目前，我国已经基本形成以宪法为统帅和根本依据，以宪法及宪法相关法、民法商法、行政法、经济法、社会法、刑法、诉讼与非诉讼程序法七个法律部门为主干，由法律、行政法规、地方性法规三个层次组成的法律体系。但是，总体上看，法律体系并不完善，立法内容滞后，整个社会的既存法律秩序与经济社会的可持续发展的要求还有较大差距。中国经济的发展模式必须从过去以高速增长为主要目标、外延发展为主导方式和以重工业为中心、忽视自然生态环境保护的非均衡发展模式，逐步转向在不断提高经济效益的前提下，以满足人民物质、文化、生态需要为目的和以内涵发展为主导方式。随着人们对生活环境重要性认识的提高，人们越来越倾向于绿色消费，提倡人与自然环境的和谐。在这样的宏观背景下，为落实科学发展观的要求，作为一项国家战略的浙江舟山群岛新区应运而生。国务院关于设立浙江舟山群岛新区的批复明确要求：要把设立浙江舟山群岛新区作为实施区域发展战略和海洋发展战略，贯彻落实《中华人民共和国国民经济和社会发展第十二个五年规划纲要》的重要举措，加快转变经济发展方式，积极探索陆海统筹发展新路径，推动海洋经济科学发展，促进浙江省经济平稳较快发展。建设新区的法律制度作为新区的制度安排和保障，使人们能够获得在原有法律制度安排下无法获得的潜在利益。这些潜在利益包括经济的可持续发展、人与自然的和谐相处、健康舒适的生活环境等。

根据中央的要求，舟山群岛新区建设以海洋经济和海洋综合开发为主线和特色。但实际上远不止于此。事实上，这是在尝试新的经济发展方式，是在进行全方位的改革和试验。舟山群岛新区建设要在一些关键领域和重点环节实现率先突破，为全国的改革和试验贡献宝贵的经验。因而，它对法律制度保障的需求是客观存在的，是现代市场经济发展的必然逻辑过程。在这个过程中，法制不仅不可或缺，而且必须积极应对。原因有二：一是舟山群岛新区建设，必然要求政府、个人、社会等多方主体改变以往的一些行为，使其符合新区开发建设的要求。因此，需要合理地采用激励的方式，变直接的"命令—服从"为间接的利益诱导，使各种主体自发自觉地参与和服务到新区建设中来。二是舟山群岛新区建设，必然导致新区内利益格局的变革。因此，需要采用利益救济、利益重整等方式平衡彼此间的利益冲突，实现利益的优化，使其契合新区经济社会的特质。总之，法制必须在新区建设中发挥激励保障作用和利益调控作用。

为此，需要思考的是：怎样通过法制建设的创新发展，规范和保障舟山群岛新区建设的有序和有效展开？怎样在转型升级中实现海洋经济发展和地方法制建设的有机统一？在这一发展规划中，应该涵盖和融入哪些法制建设的相关内容，以促使舟山群岛新区建设，即以此为引领的海洋经济发展，乃至整个经济转型升级更好地开展？毫无疑问，答案需要深入到舟山群岛新区建设自身的政策法律需求及其制度设计定型的内在机理中捕捉和把握。同时，也不妨从我国改革开放以来的梯度式、渐进性、试验化的特区立法，国家级高新技术开发区立法，乃至今天的为数不多的综合改革试验区即"新区"的立法保障的演进历程及其实施成效中，获得些许启示。

二、新区设立和规划需要法制确认固定

浙江舟山群岛新区是在社会主义市场经济体制逐渐完善、依法治国和建设法治政府的条件下，基于国家海洋战略的需要，为国家发展海洋经济破题而进行的更为独特和更高水平的综合改革实验。在这样的背景下，新区的设立和开发建设不仅要具有现实的必要性和正当性基础，法律基础也不能缺失。一是因为，现代经济是全球化的经济，又是法治化的经济。国际上主流市场经济的发展，无不是以成熟的法治为其保障。在这样的背景下要实现新区发展的战略目标，必须在以立法为主的"软环境"的改善上下功夫。各种改革试验过程中的先行先试，也应从以政策先发效应为主导，转向以寻求法制为保障。二是因为，在现代法治国家，作为一种基于政府公权力的行政活动，设立新区进行改革实验必须回应其合法性质疑。这种合法性主要表现为"合法律性"。基于严格的行政法治主义，新区的设立和新区发展规划的制定及实施，应具有组织法

和行为法上的依据。组织法上的授权，表明政府具有制定与实施规划的权能和可能性；至于何时，因何事、何种条件下制定与实施新区发展规划，这需要行为法上的明确依据。

新区的存在是为了在部分区域对新政策、新体制进行试验，试验成功后向其他地区推广，以促进全国的改革进程。因此，新区应该具有明确的发展思路和发展途径，以完成设立之初的重大使命。在法律领域，则表现在新区应该明确自己的权利和义务，并使之在现实中得以实现。因此，应该用明确的、带有强制性的规范对新区的权利和义务进行详细的规定，以防止新区在无序、茫然的情况下发展。如果在法律中没有对新区的权利和义务进行强制性的规定，新区则很可能只关注对优惠政策的享有，而忽略承担与优惠政策相对应的义务；获取新区的身份则很可能成为地方政府优先发展地方利益的工具。这不仅违背了设立新区是要为全国的改革提供经验、推动全国改革进程的初衷，也会使优惠政策本身成为新区掠夺其他区域资源，拉大与其他区域之间差距的罪魁祸首。最终，新区不仅无法推动全国的发展，反而会成为我国改革开放的高额成本。运用法律对新区的权利和义务进行明确、公平的配置，使成为新区的地方不仅可以享受到中央政府给予的优惠政策，更要承担起推广在新区试验成功的政策的义务，以防止新区与非新区之间的差距拉大，从而实现新区推动全国改革的最终目标。由于新区承担着试验新制度、新政策的功能，其发展过程犹如“摸着石头过河”，因此，其发展过程中难免出现各种问题。通过统一的法律对新区的发展过程进行规制，有利于系统研究新区发展过程中出现的问题。法律具有的预见性，也可以使其在制定时对新区发展过程中已经出现的问题，提出相应的解决办法，避免在之后的新区的发展过程中出现类似的问题。

从国际经验来看，各发展中国家和地区在设立经济特区时，都首先制定有关的法律，把经济特区的地位、发展目标以及优惠政策和投资保护措施，用法律确立下来，并公诸于世，以吸引投资者。“先立法，后设区”基本上是一种通行模式。如韩国制定的《自由出口区设置条例》、《外资引进条例》、《外资管理条例》,我国台湾地区制定的《加工出口区设置管理条例》、《科学工业园设置管理条例》、《技术合作条例》、《奖励投资条例》，新加坡制定的《经济扩展奖励法案》等。这些立法措施，对经济特区的建设及保证投资的连续和稳定，起到了奠基作用。有人甚至把经济性特区的“寿命周期”与法律的现状、变更联系在一起：“根据决定设立出口加工区的有关法律，对出口加工区的寿命周期长短作为一个形式上的估计是可能的，这就是法律规定向投资企业提供的各种优惠待遇的期限大体上可以被看作是出口加工区的寿命周期。”法律所规定的优惠待遇毕竟只是最初的设想，以后随着情况的变化也可能对这些优惠进行修改。因此，“在法律的实施过程中，为投资企业所提供的优惠待遇一有变化，就势必会在一定程度上影响到出口加工区的寿命周期”。诚然，这种“寿命周期”的论点并不一定科学，却足见法律在经济特区建设中的地位之高、作用之大。

从我国情况看，目前有关经济特区、新区建设发展的全国性法律、法规还很少，主要是各经济特区和新区所在省、市制定的地方性法规和规章，尤其是还没有一部全国性的规范经济特区、新区和试验区设立和运行的“基本法”。正因为如此，各种改革试验区和新区的存在，还面临着一定程度的“合法性”质疑。为此，我国已有的各个经济特区和各种综合配套改革试验区在建设发展过程中，都由地方权力机关制定了“基本法”性质的地方法规，如：湖南省在推进长株潭城市群“两型社会”综合配套改革试验过程中制定的《湖南省长株潭城市群区域规划条例》，重庆市在推进成渝全国统筹城乡综合配套改革试验过程中制定的《重庆市促进开放条例》，深圳市出台的《深圳经济特区改革创新促进条例》和海南省在建设国际旅游岛过程中制定的《海南国际旅游岛建设发展条例》等。这些对舟山群岛新区建设具有重要的借鉴意义。我们认为，舟山群岛新区同样也需要通过类似“基本法”形式，为开发建设新区提供法律依据。与此同时，新区发展的总体部署和规划也需要以法的形式加以固定，尤其是新区发展规划应转化为法律、法规或者规章。规划虽然也具有法律效力，但其内容主要是远景陈述和资源利用的总体计划。其内容需转化为具体的、可操作性的方案，并配备具体的决策执行机构和可供支配的各种资源才能实现。而法律、法规是规则，是战略性计划的具体化，是预设的具体行为模式和法律后果，能够具体操作。将规划转化为法律、法规或者规章，能够提升规划的可操作性、特色性和权威性。应通过制定法律、法规将各项《规划》确定的各政策目标尽可能量化，同时制定具体的措施、管理程序和奖惩办法，以利于目标的实现。

三、海洋产业发展需要法制接入规划

《浙江舟山群岛新区发展规划》已经国务院批准，其对舟山群岛新区战略定位首要的是浙江海洋经济发展的先导区。要充分发挥战略区位重要、海洋资源丰富等综合优势，加快构建现代海洋产业体系，迅速提高海洋经济的综合实力，将舟山群岛新区建设成为浙江省海洋经济开放水平最高、增长质量最好、产业结构最优、发展潜力最大的先导区域，为推动浙江省经济社会发展发挥重大的引领带动作用。其发展目标之一是建设成为我国重要的现代海洋产业基地。要加快汇集产业、资金和人才，建设海洋科技研发和成果转化基地，发展技术领先、产品高端、特色鲜明的海洋产业集群，将舟山群岛新区打造成为海洋产业集聚岛，进一步提高我国海洋产业的总体实力。

基于以上战略定位和发展目标，舟山群岛新区的建设，必将是一个产业链条构建、产业布局调整、新兴产业崛起的过程。在此过程中不可避免地会带来社会风险、附加社会问题。不仅新兴产业的落地、入海所需要的一系列资金要素、人力要素等生产要素的聚集融合，需要法律规范的保护和调整，尤其是在产业发展过程中，必然会涉及外界投资的问题。吸引投资一直以来都是发展经济的一个重要环节。就产业投资来说，浙江省政府尚未颁布专门的产业投资法律法规，舟山市也未获得自行立法的法律授权，新兴产业投资处于“无法可依”的状态。而且，在开发开放过程中所触及的一些社会利益关系的变化、社会纠纷的解决，也更加直接地需要法律的接入和法律的服务。因此，完全可以说：舟山群岛新区建设的进程一定是一个法律需求不断萌生和得到满足的过程，是一个法律和政策以及由此启发的非正式制度相伴生和发挥保障作用的进程。毕竟，法律是调整社会利益关系、规范社会交往行为、疏浚社会利益纷争的基本途径和必要手段。所以，既要看到群岛新区建设中的资金需求、政策需求，也要看到其中的法律需求。最直接和坚实的需求，是在新兴海洋产业的布局与集聚上有关产业项目审批立项的法律控制与激励的产业指导目录、优惠引资措施、投融资和证券化等的政策供应前提下的法律需要。这是舟山群岛新区建设中有关经济建设项目所依存的不可或缺的法律建设项目。

四、扩大对外开放需要法制支持保障

设立舟山群岛新区的一个重要考量就是为了顺应经济全球化、贸易自由化大趋势，充分利用舟山优越的地理区位和港航条件，建设国际物流枢纽，打造更富效率的交流平台和开放高地，迅速提高舟山群岛新区的国际合作能力和辐射带动能力，进一步增强与世界经济的密切联系。为了全方位提高我国对外开放的水平和层次，必须进一步拓宽对外开放领域。舟山群岛新区将扩大口岸开放范围、优化开放环境、做强开放型经济。为此，必须进一步提升对外开放层次。《浙江舟山群岛新区发展规划》提出，加快建设舟山港综合保税区，条件成熟时探索建立自由贸易园区和自由港区，将舟山群岛新区建设成为我国重要的海上开放门户。显然，扩大口岸开放范围、优化开放环境、舟山港综合保税区建设、自由贸易园区和自由港区的建立，都需要完备的法制支撑和保障。

目前，我国关于口岸管理的主要法规、文件有 1979 年的《中华人民共和国外国籍船舶管理规定》、1980 年的《国务院口岸工作条例》、1985 年的《国务院关于口岸开放的若干规定》、1995 年的《中华人民共和国国际航行船舶进出口岸查验管理办法》。上述规定有些已经不适应港口口岸快速发展的新形势。另外，有些立法层次低，有关口岸管理的内容零散、不系统。舟山群岛新区必须在遵循国家统一法律的原则下，扩大口岸开放范围、优化开放环境、做强开放型经济，同时注意与国际惯例接轨。要在地方立法的可能领域中，针对口岸管理等进行制度创设。

综合保税区建设、自由贸易园区和自由贸易港区的建立，必须有相关法律、法规的接入和支撑。所谓保税区，根据海关总署发布并实施的《保税区海关监管办法》第3条规定:“保税区是海关监管的特定区域。海关依照本办法对进出保税区的货物、运输工具、个人携带物品实施监管。”保税区可以大体上分为三种：贸易型保税区、生产型保税区、综合型保税区。综合型保税区整合了前述两类保税区的功能，舟山港综合保税区即属此种。自由贸易区是设区国为达到一定的经济目的、通过特殊的经济政策和手段而开辟的与其他地区隔离的特别经济区域。自由贸易港区是设区国为达到一定的经济目的、通过特殊的经济政策和手段开辟的与其他区域隔离的区港结合的特殊经济区域。纵观世界上成功的特殊经济区域，不管是美国的对外贸易区还是德国的汉堡港，不难发现，法律的制定和修改一直伴随着特殊经济区域的健康发展。我国实行依法治国、加快建设社会主义法治国家基本方略后，为了维护我国法制的统一，提高对外开放经济水平，更应该重视保税区等特殊经济区域的法制建设。实践证明，符合实际情况的法律制度往往能促进特殊区域的健康、良性发展，无法律制度或者法制制度长期滞后，往往会影响其正常功能的发挥，甚至发生混乱。这是因为，自由贸易园区和自由港区是实施特殊政策的非关税经济区域，政策制定得是否妥当、执行力度如何，直接关系到园（港）区吸引外资和对外贸易的广度和深度，及设区国能否达到预期经济目的。政策是特定历史时期的产物，具有较大的弹性，而法律法规则具有恒定性和较大约束力。

国际上主要自由贸易港区的通行做法都是用法的形式明确规定自由贸易的功能定位、优惠制度、管理体制、监管机制等原则性问题及实施细则，明示其所鼓励和限制的倾向，以便有效地发挥其优势，控制不利于其经济发展的诸因素，使各项政策真正起到促进自由贸易园（港）区发展的作用。除国家立法外，所在地方政府还制定了相应的条例规章，规范自由贸易区的各种活动，使管理者和投资者有法可依、有章可循。很多国家的发展经验也证明，自由贸易园（港）之所以具有独特的吸引力，不仅仅是由于它提供了完善的优惠政策，关键是由于它具有包括完善的法律体系在内的良好的投资环境。

相比国外自由贸易园区和自由贸易港区近百年的发展史，我国起步显然是比较晚的。国外自由贸易区和自由贸易港区几十年乃至上百年的发展史，其本身就是一个法制建设不断完善的过程。可以预见，舟山自由贸易区和自由贸易港区的建设本身，也将是一个法律机制创新的过程。但目前，我国在自由贸易园（港）区这方面的法律制度较少，有待进一步完善。而且，由于很多领域尚属法律空白区，在实际操作中有时只能以政策代替法律，严重影响和制约了我国保税区和保税港区的发展和相关功能的发挥。就保税区而言，我国还没有一部统一的全国性法律、法规。1997年，国家海关总署颁布了《保税区海关监管办法》这样一个具有普遍性的部门规章，并在1990年针对上海外高桥保税区发布了《中华人民共和国海关对进出上海外高桥保税区货物、运输工具和个人携带物品的管理办法》。除此之外，就都是各保税区所在地区政府制定的只适用于本区域的法律规范了，如1996年上海市人大常委会通过的《上海外高桥保税区条例》，这是我国第一部关于保税区的地方性立法。上海市人民政府还制定了《上海外高桥保税区管理办法》和《对进出上海外高桥保税区货物、运输工具和个人携带物品的监管和免征税实施细则》。在深圳，深圳市人民政府制定了《深圳福田保税区管理暂行规定》、《深圳市沙头角保税工业区暂行管理办法》和《中华人民共和国九龙海关对福田、沙头角保税区货物、运输工具和个人携带物品的监管和免征税实施细则》等。

这些法规、规章的制定和实施，使我国保税区的运行和发展有章可循，初步构建了既体现中国特色又有保税区特点的法律、法规体系。但是，我国已有的相关法律中，主要是各保税区所在地区政府制定的只适用于本区域的法律规范，以及一批由国务院各部门发布的针对保税港或与保税区相关的规范性文件，尽管内容广泛涉及海关、检验、外汇、税收等多个领域，但真正意义上的自由贸易园区和自由港区的法律规定在我国国家层面上还没有，相关的法律制度基本上还是空白。这正是舟山群岛新区要探索的领域。在这样的背景下，要加强舟山港综合保税区建设，探索建立自由贸易园区和自由港区，必须由地方性立法机关和政府陆续出台相应的法规或规章，首先是要由浙江省人大或政府制定《舟山港综合保税区条例》或《舟山港综合保税区管理规定》，随后相继出台《舟山自由贸易园区条例》和《舟山自由港区条例》。

五、海洋海岛开发需要法制保护规范

建设海洋海岛综合保护开发示范区是舟山群岛新区的重要发展目标，在建设中我们必须遵循市场经济规律、自然规律、社会发展规律和海洋开发特点，统筹推进资源环境可持续开发利用，创新我国海洋海岛综合保护开发的体制机制，为我国海洋海岛综合保护开发提供示范。

“海岛资源是国土资源的重要组成部分，是海洋开发战略中不可或缺的一部分。随着我国海洋经济的发展，海洋开发利用的深度和广度不断拓展，无居民海岛作为一类具有综合资源价值的自然资源越来越受重视。对无居民海岛的开发利用，已经成为发展海洋经济和海洋事业的重要领域。”[1] 然而目前，舟山群岛新区在海洋海岛保护开发

[1] 周学锋．基于建设海洋强国的无居民海岛管理研究．经济地理，2014（1）：32.

问题上，尚缺乏海洋资源综合开发与环境法治一体化发展的理念。在大力开发海洋的大背景下，舟山的海洋生态环境形势日益严峻，海洋环境受到了工业和生活污染、船舶油污染、海水人工养殖带来的污染、海上石油开采以及其他污染等，海洋环境承受的压力越来越大。再加上气候变化、地震等自然灾害以及溢油等突发事件对海域所造成的影响，保护海洋环境已成为舟山海洋经济可持续发展所面临的主要问题之一。海洋环境的污染破坏了海洋生物栖息与繁衍的生态环境，一些珍稀物种已濒临绝迹；近海渔场的过度捕捞导致渔业资源的枯竭；陆源污染物的违规排放和不合理的海洋油气开发造成海洋环境的持续恶化；海岸工程建设和过度的围垦则导致近海岸地区的生态环境严重破坏。种种环境问题将严重威胁一直以“港、景、渔”为特色的舟山的海洋经济产业的可持续发展。

海洋生态环境问题之所以会这么突出，主要是因为人们对海洋资源的重要性认识深度不够，海洋环境保护意识还比较薄弱，环保设施的建设又相对滞后。一些海洋自然保护区还没有建立起来，对海洋自然保护区的管理与保护工作也没有得到应有的重视。这些都是保护海洋环境所必须正视的和解决的问题。我们不仅要了解海洋资源是什么，更要懂得如何去可持续利用海洋资源。对人类来说，发展占全球表面积71%的海洋及其资源将是一个战略性的行为。人类至今熟悉的只是海洋的表面，但对其蕴藏的资源却是陌生的。所以，这也造成了在海洋资源保护工作上的缺位。以采砂为例，舟山海域可供开采的海砂储量越来越少，而海砂是不可再生资源。据调查，目前舟山海域作业的海砂船采砂量比初期增长了10倍多，其中也不乏非法采砂者，不仅严重破坏了海洋生态环境，还严重影响了舟山海域航道、锚地等安全。舟山、宁波两地政府曾经联手，对两地海砂开采业进行了大规模整顿、整合，实行配额开采，并加大对非法采砂船的打击力度，但非法采砂现象仍时有发生，并在一定程度上造成了航道阻塞情况。所以，对海洋资源的开采行为的整顿，是一个漫长而又非常重要的任务，需要采取法律手段加以严格控制。唯有政府在统筹新区海洋资源开发与海洋生态保护的基础上，尽快出台相应的法规加以保护和规范，方能保证新区海洋资源的可持续利用和海洋经济的可持续发展。

众所周知，舟山群岛新区发展海洋经济的立足点是海洋和海岛。海岛的开发与保护、海岛资源的合理开发和利用，对推动新区的海洋经济的发展，进而使之成为长三角地区经济发展的重要增长极，具有极其重要的现实意义。舟山群岛有大小岛屿1390个，已命名的岛屿947个，岛礁816个。除98个较大的岛屿有人居住外，其余无居民岛屿及海礁共计1665个。目前，有居民海岛人口密度过大，对海岛自然资源和生态环境的可持续发展造成极大的压力；而无居民海岛的开发随意性较大，普遍存在管理无序、开发无度、使用无偿现象。此外，随着近年来“大岛建、小岛迁”政策的实施，一些小岛居民纷纷搬迁至大岛，无居民岛屿不断增加。因此，新区要进一步规范海岛开发利用秩序，加强对无居民海岛的资源保护，就必须要有相应的法律规范。

简言之，在新区大力进行海洋海岛保护开发的过程中，要按照地方立法所遵循的“不抵触原则”，同时注意到海权所关涉的可能的国际法的因素以及我国已有的海域使用管理法、海岛保护法、海洋环境保护法等国家立法的制度规范，在地方海洋立法的可能领域中，针对海洋物权、海洋生态等进行制度创设。

六、社会管理创新需要法制跟进调整

舟山群岛新区经济转型升级的过程、海洋经济壮大的过程，也是一个社会全面发展的过程。随着新区一系列先行先试措施的实施和各方面改革的推进，必然导致区内利益格局的变化，甚至社会结构的改变。尽管这些属于政府行政和社会管理领域的问题在其他地方也会出现和存在，但是毕竟有着它们在舟山群岛新区建设中的特殊性。要在比较突出和可能凸显的经济、社会、环境、治理等方面，本着经济转型与制度创新相衔接的思路，努力将适应经济层面的治理变革、制度创设进行固化和提升，从而使舟山群岛新区在成为“经济”示范区的同时，也成为在社会管理创新、政府监管创新和法律规范创新的综合意义上的“示范区”。

正是基于上述考虑，《浙江舟山群岛新区发展规划》提出要围绕建设繁荣、富裕、幸福、稳定的和谐海岛，着力改善民生，创新社会管理，推进军民融合发展。全面提高民生保障水平，提高城乡就业水平，提高居民收入水平，提高社会保障水平，提高全民健康水平，提高居住环境质量。深入开展“网格化管理、组团式服务”工作，坚持抓本治源，建立完善多元化的矛盾化解机制，积极预防和妥善处置各类群体性事件。要改善流动人口服务管理，做好特殊人群的帮教管理工作；加强对涉及群众生命、财产安全的食品药品和重点产品质量安全监管，提高突发公共卫生事件处置能力和公共卫生应急保障水平；加强预防预警和应急处置体系建设，增强有效应对各种自然灾害、事故灾难的能力；改进沿海边防治安管理服务，加强预防打击偷渡、走私等违法犯罪工作；加强社会治安综合治理，进一步健全社会治安防控体系，扎实推进平安海区建设，依法严厉打击各种犯罪活动，维护国家安全和社会稳定，保障人民群众安居乐业。所有这些的落实，都是需要有适合新区特质和总体发展规划要求的法律制度的跟进调整。只有通过法律手段采用利益救济、利益重整等方式平衡彼此间的利益冲突，才能有保障地实现利益的优化，使其契合新区的特质和发展要求。

不可否认的是，新区与特别行政区的性质是完全不同的。后者是享有高度自治权的独立的行政区域，而前者则是为了进行综合改革、先行先试而在经济方面享有某种特殊待遇的区域。因此，舟山群岛新区的改革实验应以经济改革为主。然而，任何经济改革都不可能孤立地进行，都不可避免地要受到社会其他领域改革的掣制。因而，新区的法制需求也不可能仅限于经济方面，它必然要涵盖与新区经济发展密切相关的社会生活的其他领域。

法治并不单单是调控经济的手段，还是保障和谐社会环境的基本方略和实现现阶段发展需求的良好的调控手段。作为国家刚刚批准下来的新区，一套完善健全的社会法律制度对于舟山群岛新区的发展无疑是十分重要的。在现阶段，着力构建完整的社会法律制度更是重中之重。它是维系民生之法，符合《浙江舟山群岛新区发展规划》中提出的构建文明富裕的和谐海岛的要求，更是发展舟山群岛新区经济的基石。舟山群岛新区的建设离不开完善的社会法律制度体系的支撑。

（一）新区公平的社会生活需要社会法律制度的调节

自古以来，人们都希望能在既公平又合理的社会中生活。这种理想的境界是人类一直所追求的。也正是基于对这种公平合理生活的追求，社会生活也逐渐趋于合理化。近几年，舟山市政府和群众都对社会公平的问题给予了很大的关注。舟山市政府也在积极地创造条件来解决公平的问题。现在的社会收入分配制度是多样化的，政府可控制的收入分配范围还是比较狭小的，对于贫富不均现象，政府更多的只是通过税收的手段进行调控。也就是说，政府更多的只是通过二次分配的手段，并不是在第一次的分配环节上进行收入差别的调控。从而可以看出，现阶段的舟山群岛新区在居民收入调节能力上还是比较薄弱的。所以，在建设舟山群岛新区过程中，关于居民收入分配的调整是非常有必要的，也是在建设富裕和谐海岛过程中必须解决的问题。制定出相应的社会法律制度来调节收入分配，以逐步缩小不合理的收入差距，提高中等收入者比重，形成公正合理有序的收入分配格局非常必要。

（二）新区良好的社会秩序需要社会法律制度的维护

在舟山群岛新区发展的过程中，社会秩序问题是不容忽视的。因为对一个地方来说，只有其政治、经济、社会生活秩序都能够建设好，这个地区才能稳定健康地发展，三者缺一不可。如果社会中出现秩序混乱的情况，那么公平和安全就无法得到相应的保障。现在的舟山群岛新区还是个不成熟的新区，很多法律法规需要重新定义，尤其是社会法律制度。因此，制定出一套健全的社会法律制度是舟山市政府迫在眉睫的事情。

（三）新区稳定的就业机制需要社会法律制度的保障

就业水平不仅影响人力资源的利用程度，而且还关系到社会稳定。对于一个国家如此，对于舟山群岛新区也是如此。就业问题事关民生之本，事关安邦之策，不仅是重大的经济问题，还是重要的政治问题。保证就业，是改革、发展、稳定的重要基础，是保障和提高人民群众基本生活水平的根本措施，是构建舟山群岛新区社会和谐的重要因素。而要建立这样一个稳定的就业机制，就必须依靠社会法律制度的保障。建立与完善就业法律制度，是充分保障国有、集体和私营企业人员基本人权，保证社会稳定和经济持续快速发展的重要举措。

（四）提高新区的社会保障水平需要社会法律制度的支撑

社会保障水平是衡量社会经济发展水平的重要指标之一，是一个质与量相统一的范畴。目前，舟山群岛新区还存在着诸如城乡之间存在较大差距、国家财政支持力度不够、资金筹集渠道狭窄、社会保障基金管理方面的社会保障问题。此外，随着我国市场化、工业化、城镇化的推进和人口老龄化的加剧，今后社会保障的需求还会进一步加大。因此，建立完善的社会保障法律体系就变得尤为重要。社会保障法能够调节收入差别，缩小贫富差距；能够调动劳动者积极性，提高劳动生产率；能够推进我国企业制度改革；能够维护社会稳定；还能完善社会主义法律体系。因此，社会保障法律制度能成为新区社会保障水平提高的重要支撑力量。

七、提升海洋文化软实力需要法制支持保障

舟山群岛新区的建设需要多方面法律制度的护航。除了经济与环境方面的法律建设外，保障新区可持续发展的完善的法律制度，还应包括文化方面的法律制度。舟山群岛新区的规划应高起点、高标准，以长远发展为目标。因此，其建设过程中科技、人才、旅游与文化保护都应全面发展。文化事业在经济和社会稳定发展中一直占据重要地位，与文化相关的法律建设的重要性也就不言而喻。文化法律建设包括的内容是丰富的，但是目前文化法律的体系并不健全。

文化的成分无穷无尽，对此现在尚无统一的界定。在社会主义现代化的建设中，我们可以将其理解为精神文明。在国家和区域建设中，文化是一种软实力。文化是经济发展的精神动力，并深刻影响政治建设，也是推动社会和谐的重要因素，更是提高公民素质的核心。文化法制的建设，通过立法、执法和司法，以保障文化能够顺利发挥其重要作用。舟山群岛新区是以海洋为特色和核心的新区。《舟山文化产业发展报告》表明，到 2015 年文化产业增加值将占舟山 GDP 的 7% ~ 8%，文化产业将成为舟山的支柱产业之一。因此，迫切需要加强文化法制建设。

（一）建设海洋科教文化中心需要文化法制的保障

舟山拥有丰富的海洋资源，面积500平方米以上的海岛占全省的45%，全国的25.7%。新区发展目标是建立我国重要的现代海洋产业基地，打造科学高端的新型海洋实验基地。现代海洋产业基地需要适用的配套设施，海洋科教文化中心便是其中之一。我们建立海洋科教文化中心以增强新区在科技、教育与人才上的综合实力，保证海洋科研的创新、相关人才的聚集，并且培养更适用的高端海洋人才，最终促使新区海洋软实力提高。海洋科教文化中心的建设与发展，立法的支持必不可少。例如，只有对海洋科研加强保护特别是加强相关科技知识产权和专利的保护，才能促进科研工作的有效和积极进行，创新能力也才有更持续的发展。海洋教育基地的建立需要教育法等相关法律法规的保障，人才培养机制则需要高等教育、职业教育与民办教育的多方努力。但各项教育的投入、各类学校的建立以及各个学校的自主权划定，都需要法律条文的明确和支持。从中可知，舟山新区无论是科技还是教育的建设都离不开文化法制的保障。

（二）建设国家海洋文化名城需要文化法制的支持

海洋文化是海洋资源的重要组成部分。舟山的海洋文化资源丰富，包括海洋历史文化、海洋渔业文化、海洋民俗文化、海洋旅游文化、海洋宗教文化、海洋饮食文化等，将其加以整合能够建立起一座国家级的海洋文化名城。国家海洋文化名城的建立，能为舟山新区贴上更生动积极的标签。海洋文化的传承和发展，自然需要法律法规来规范与保障。

旅游业的发展能推广舟山新区海洋文化名城的形象。2009年，舟山的旅游收入占舟山总GDP的20%以上，而旅游的发展更是与相关的文化法律法规有密切联系。海南岛早在1995年就出台了第一部地方性旅游法规，为海南岛旅游业飞速发展打下了基础。舟山新区有丰富的旅游资源，在新区建设的契机下，出台推动旅游发展的法律是极为必要的。文化法制的建设能处理好各种关系，文化法制的支持是舟山新区建设国家级海洋文化名城的必要条件。

（三）构建完备的新区法制体系需要文化法制的完善

依法治国是治理国家的基本方略，而这一观念的深入需要融入到各个地方的法制建设中。舟山群岛新区要依法发展，并且通过完善的法律体系来保证新区各项工作的顺利进行。在不违背不抵触国家各项法律的情况下，我们应争取最大的立法自主权，保证新区的法制建设有地方性特色，既有支持新区建设的优越性，也有自身的创新。

我国目前的法律体系并不完善，特别是文化法制的建设存在诸多问题，部分重要的文化领域存在着立法空白。文化法制得不到完善，法制体系的完整也就无从说起。我们在新区法制建设时要尽量避免法律的空缺和不完善，文化法制作为法制建设的重要组成部分是不能缺少的。

第二章　新区法制建设现状研究

一、现行法制不能满足新区需求

法律制度作为上层建筑，它和经济基础之间的矛盾始终存在。只要矛盾的斗争性超出了统一性，必然会引起统一体的破裂，进而形成新的稳定均衡体系。法律制度作为上层建筑的一部分，它的严谨性、规范性和权威性决定了法律的相对稳定性。因此，尽管任何法律都必然要随着社会的变化发展而不断修订完善，但在一段时期内为保证社会秩序的稳定，法律要维持总体的连续性，避免频繁的修改和变更。

然而，改革的单向突进方式、渐进路径和应急性，使得法律制度超前于改革或者落后于改革成为常态。更重要的是，它使得法律体系之间的不协调日益剧烈。我国过去 30 多年的改革特点导致改革和法制之间的不协调，“改革超前，法制滞后”的矛盾尤为突出。一方面，现有法制与试点区域的经济社会发展水平不相适应。从全国来看，虽然整体法制环境比改革开放初期有明显改善，但许多法律已经落后于快速发展的经济社会现状，特别是国家综合配套改革试点多是在经济较为发达的地区实施，法制滞后的矛盾更为突出。另一方面，违背法治精神的规章制度过多过滥。有些部门片面追求制度数量的增长，而对于制度质量考虑不多；不少制度带有明显的保护部门利益、垄断利益的特征，“立规谋私”现象比较突出；某些制度甚至成为政府部门滥用权力的工具和保护伞。这些制度限制了市场主体从事经济活动的自由，成为制约制度创新、影响经济社会发展的严重障碍。

舟山群岛新区综合改革试验是在我国社会主义市场经济初步建立，相应的法律体系基本建成的基础上进行的。从全国来看，虽然整体法制环境比改革开放初期有明显改善，但许多法律已经落后于快速发展的经济社会现状。舟山群岛新区改革的任务就是要着眼于创新，调整已有的权力和利益关系格局。因此，它已对现有法律制度提出了更高的要求。如果完全以现行法律规范为基础，新区改革的全面、深层次推进是不可想象的。新区改革试验的本质是制度创新，制度创新的主要内容就是对政策法律的缺失和滞后进行完善和修订，进行“有破有立”的制度创新。这样的制度创新不仅要在经济领域展开，还会在政治、社会和文化等各个层面展开。新区的制度创新将不会对核心和敏感问题“绕行”，而是力图找到解决问题的根本办法。新区的制度创新将会采用自上而下和自下而上相结合的办法，把政府、企业和居民都纳入到政策法律制度变迁的力量体系当中，使得制度变迁的阻力降到最低，并形成公共收益最大的制度安排。

国务院批复的《浙江舟山群岛新区发展规划》明确了舟山群岛新区作为浙江海洋经济发展先导区、全国海洋综合开发试验区、长江三角洲地区经济发展重要增长极“三大战略定位”，和中国大宗商品储运中转加工交易中心、东部地区重要的海上开放门户、重要的现代海洋产业基地、海洋海岛综合保护开发示范区和陆海统筹发展先行区“五大发展目标”。基于这“三大战略定位”和“五大发展目标”，新区将要重点进行包括海洋经济发展体制、海陆统筹发展体制、涉外经济体制、海洋海岛管理体制机制、用地用海管理体制机制、旅游管理体制机制、金融和投资体制机制、财税制度、科技体制、统筹城乡综合配套、社会管理体制、行政管理体制、招商引资体制机制、渔农业体制机制等十余方面的改革创新。这些改革创新涉及社会秩序重构、利益格局的重新划分和调整，面临着破与立的全面平衡。这就不可避免地带来改革创新与法律规制之间的冲突，其背后所隐藏的法律问题是非常复杂的。总的来看，改革创新的每个方面与现有法律规范都或多或少地存在一些冲突。尽管我国目前已具有了一套相对完整的法律制度，但这些法律规范或是滞后于舟山群岛新区的发展，或是存在立法空白，或是停留在改革的某一个方面，往往缺乏可操作性。现有的法律规范体系已经不能满足舟山群岛新区发展的新要求，具体可以概括为以下几个方面。

（一）存在法律空白地带，有很多法律盲点

新区改革试验进行大胆创新，就是从无到有、开创性地试行一些措施和方案。但某些重要方面的法律未能出台，严重缺失。法律法规的空白，导致没有相应的法律规范可以遵守，无法可依。

1. 海洋立法的不足

21 世纪是“海洋的世纪”和“海洋经济时代”，探索海洋、开发海洋将会成为人类面临的新机遇和新挑战。近些年来，我国与周边国家的海洋权益争端有逐步上升的趋势。《联合国海洋法公约》确立了一系列全新的海洋法律制度，沿海国都将海洋立法和海洋政策提高到了战略高度。各国纷纷在批准公约的同时完善国内海洋立法制定新的海洋政策，以最大限度保护本国的海洋利益，由此形成新的开发、利用

海洋的高潮。

作为以海洋经济发展和海洋综合开发为主题的新区，浙江舟山群岛新区面临着海洋资源开发利用和海洋生态环境日益严峻的形势，主要表现在：近海渔场的过度捕捞导致渔业资源的枯竭；陆源污染物的违规排放和不合理的海洋油气开发造成海洋环境的持续恶化；海岸工程建设和过度的围垦则导致近海岸地区的生态环境严重破坏等。凡此种种环境问题，将严重威胁一直以“港、景、渔”为特色的舟山海洋经济产业的可持续发展。必须在统筹新区海洋资源开发与海洋生态保护的基础上，对此有相应的法规加以规制，方能保证新区海洋经济的可持续发展。但是目前，在我国，对海洋开发还主要采用政策调控手段，而非法律保障手段和综合监管手段。因此，在我国的海洋立法方面不论是中央的基础性立法、专门性立法与综合性立法，还是地方的自主性立法、补充性立法、实验性立法，都还非常薄弱。这就需要对法律体系的完善和深化的新的历史阶段加以审视，切实加强前瞻性的海洋立法。可以预见和必须加强的当是由政策调整转而由法律调整，以实现有序开发、文明开发和依法开发，实现海洋生态文明、海洋经济繁荣和海洋法制建设的并举并行。

从他国立法情况看，可以说，自觉、清醒并善于运用先期立法的方式和法律实施的手段来规范海洋开发的进度与秩序，协调海洋开发中的环境效益、经济效益和社会效益，突出海洋开发中的人类利益、公众利益、国家利益、地方利益和产业利益之间的法律调整力度与深度，增强各种涉海保护和开发利用活动在法律规范的创设完善和实行之中的刚性约束、程序规范、权责明晰，是包括日本、加拿大等诸多国家的海洋经济强势发达和持续发展的一个重要经验、基本做法和共同规律。日本作为一个海岛国家，在强烈的国土意识、浓厚的资源意识和精细的开发意识之下，就海洋立法进行了全方位的努力并高度重视海洋综合监管执法。日本不仅有《海洋基本法》，还先后制定和实施了《海岸法》、《港湾法》等一系列海洋资源保护、生态养护和海洋产业的专门法，明确保护、开发、利用海洋的国家义务、政府职责、社会参与和产业主体等的权利和义务。还特别对一些重点港湾和临海地域，制定专门法律规范开发秩序。比如制定《大阪湾临海地域开发整治法》，对大阪府、兵库县和歌山县等 41 个市町地区的开发活动进行了规定。借他山之石，面对在舟山群岛新区建设中的一系列政策实施问题、资源配置问题、利益调整问题，我们需要首先切实加强立法供给，以保障群岛新区建设的积极稳妥开展。

从国家层面看，我国宣布建立专属经济区和大陆架制度以后，国家管辖海域的扩大使海洋管理面临严峻而重大的新任务。我国于 1996 年批准了《联合国海洋法公约》，开始全面享有和承担公约赋予沿海国的权利和义务，这也迫使我国必须构建完善的海洋法律体系去覆盖这些权利和义务。但是，对应这些需要的我国海洋法律体系建设却仍存在诸多问题：第一，现有海洋法律法规尚不完备，海洋法律制度不够健全，没有形成完善的海洋法律体系。第二，现行海洋法律法规过于原则化，有些已经建立的海洋法律制度内容不够完善、不配套、不系统。第三，我国现行的海洋法律法规不能覆盖公约赋予沿海国的所有权利和义务。第四，立法进程滞后，尤其是对在海洋经济的发展中出现的海洋开发与资源、环境的保护、可持续发展等比较突出的问题，缺乏严密而适用的法律规范。

各国制定的海洋法律可以分为四类：基本海洋法规、专项海洋法规、区域性海洋法规、地方海洋法规。我国海洋立法，特别是专项海洋法规的建设取得了一定成就，但是仍不适应我国海洋开发的发展。主要存在两大问题：一是海洋基本法不健全；领海法、专属经济区法、大陆架法已经出台，但仍不完善。许多觊觎我国海疆领土的国家正是钻了我国海洋基本法的空子，明目张胆地侵占我国海岛及其周围海域，掠夺海洋资源，构成对我国主权和安全的严重威胁。二是区域性海洋法规不健全，如海岸带管理法、海岛开发管理法、东海开发管理法、南海开发管理法、渤海开发管理法和综合性管理法仍属空白，涉海行业、部门或地区之间争海域、空间，争岸段、争滩涂、争资源等冲突的调解无法可依。此外，诸如保税区特定领域的监管制度问题，船舶修造业、海洋渔业和海洋制药产业等相互之间的冲突问题，海洋渔业权益和海洋交通、海洋建设之间的矛盾问题，旅游国际化的法律问题，也都还没有中央的立法和地方的立法项目出台。

2. 经济体制改革中自主创新方面的法律、法规缺失

经济体制改革领域中，自主创新方面的法律、法规缺失尤为明显。目前，创业风险投资业的发展严重滞后于高科技产业的需要，特别是没有建立风险投资退出机制，这已成为高科技产业的发展瓶颈。试行非上市股份有限公司的股权转让系统，可以为非上市的股份有限公司提供融资平台，也为风险投资拓展有效的渠道。目前，我国尚未有专门法律规范非上市股份有限公司的股权转让。此外，通过政府财力的公信力和相对优惠的退出机制，引导和集聚海内外专业创业投资资金，也是健全风险投资退出机制的重要补充。但是，创业风险投资引导基金的运行也缺少法律规范的保障。

3. 社会管理创新方面的法律、法规缺失

在社会体制改革领域，过去渔农村社会保障程度偏低，提高保障水平有利于改变二元经济和社会结构。在养老农民自愿的基础上，不改变土地用途，不改变土地所有性质，收回养老农民的土地承包权，同时为农民提供社会保障，使农民老有所养，解除农民的后顾之忧，是提高农村社会保障水平行之有效的做法。但这种做法没有相关

法律的保护和配套措施的跟进，而且即使需要落实相关规定，也要突破有关的法律规定。法律、法规的缺少导致改革发展无法可依。

4. 海洋文化建设方面的法律、法规缺失

总体来说，当前中国文化立法的法律、法规并不健全，立法盲点较多，某些领域甚至无法可依。这些问题在舟山群岛新区中则有更为具体的体现。舟山群岛新区作为海洋综合开发试验区，在海洋文化法制方面还没有必要的发展海洋文化的法律法规。首先，从新区将建立国家级科教文化中心来看，舟山缺乏对创造巨大价值的海洋科技专利和知识产权的专门保护法规，在教育上的扶持和人才的引进方面也没有明确的法规保障。其次，从舟山新区要建立海洋文化名城来看，舟山对海洋历史文物遗产与非物质遗产的挖掘保护需要用立法来规范，而对旅游业与娱乐行业则更是需要进一步完善立法。最后，从舟山浓厚的宗教氛围来看，舟山的特色立法缺失的现象还应进一步重视，特别是在风俗宗教和海洋科技方面。舟山群岛新区可以根据自身的定位，填补这些文化方面立法的空白。

（二）有相关法律、法规规定，但不适应新区改革发展需要

现代市场经济条件下，成文法存在明显的滞后性，对现实经济的需要回应不足。这种滞后就像给新区的改革套上了枷锁一样，严重阻碍改革创新的深入进行，致使一些先行性的改革举措游走在“违法改革”、“超越立法”的边缘。譬如，在行政管理体制方面，《地方组织法》第 66 条规定，各地地方政府的各工作部门依照法律或者行政法规的规定受上级人民政府主管部门的业务指导或者领导。按照此规定，地方政府必须建立与上级政府对口的部门，形成上下级政府在职能上重叠交叉的状况，而不能借鉴国际先进经验,形成职能互补、功能交叉的精简、高效的行政管理体制。《地方组织法》第 68 条规定，市辖区、不设区的市的人民政府，可以设立若干街道办事处，作为它的派出机关。按照此规定，面积、经济社会发展规模较大的市辖区就不能在街道和区级政府之间设立派出机关。这不利于行政管理重心下移，不利于建立快速发现问题和解决问题的机制，阻碍行政效能提高，同时制约舟山群岛新区行政管理体制、海洋海岛管理体制的改革创新。

在经济体制领域市场准入制度方面，有关的法律、法规还不能适应经济技术和企业组织形式创新的需要。如:实行企业的权利能力（法人资格）和行为能力（经营资格）的分开登记制度，即企业在取得权利能力后才能再进行相应行为能力的许可申请，从事相关行业的经营活动。又如，现有建筑企业资质已经不能适应新形势的要求，体现建筑企业的核心竞争力的人员执业资格、团队力量、技术专利等规定应当进一步加强。

而目前的法律法规规定不能这样做。再如税制方面，部分税制未能及时得到修改，与现实社会经济生活严重脱节。

在社会管理体制方面，总体上讲，我国社会法律制度也还不够完善，社会立法方面存在着刻不容缓必须解决的问题。一是立法工作的不协调，管理混乱。我国社会保障事业的管理一直都是多个行政职能部门同时进行的。这样的立法主体较多，因而出现各个部门之间有不同的社会法现象。由于这种立法的多元化，相应地导致我国目前的社会法律制度混乱。在快速变化、复杂的社会现实生活中，社会立法不具备个性化、细致化的思量，多元化的立法主体也会最终导致立法者对现实的不熟知，因而影响社会立法的质量，同时也给地方政府对于社会法律制度的解读带来一定的难度。从另外一个角度来说，社会法中只有《劳动法》是由全国人民代表大会制定的，而其他的法律法规都只是属于行政法律法规。这样的结果会导致社会法律制度建设立法依据不充分，立法体制不规范，对社会法律制度建设也极其不利，也不利于地方社会法律制度的建设。而对于舟山群岛新区来说，更是不利于其经济社会的快速发展。二是社会法中的救济程序不完善。如果社会法中的救济程序不够完善，公民的社会权就难以得到实现。简而言之，就是公民权益的保护是基于社会法程序的完善。可是我国现有的救济程序对于社会权益的保障来说还是很不可取的。目前社会上实行的社会法救济程序周期都是相对较长的，并且灵活度不够，诉讼的效率也很低。还有就是在权益损失的时候，弱势群体往往需要付很高的成本才可以弥补自己的损失，有悖于舟山群岛新区构建和谐的海岛新区的要求。因此，完善社会救济程序对舟山群岛新区来说更是重要。三是有关法规、规章已经不适合发展的需要。如《社会团体登记管理条例》规定，对行业协会等社团组织实行登记部门和业务主管部门双重管理体制，即：设立社团要到民政部门登记，还要有主管部门前置审批。但是，随着经济社会的发展，一些新兴产业、行业和领域所组成的社会团体，找不到相对应的主管部门，也就无法注册登记，比如物流行业涉及经济、贸易、交通运输等现代服务领域，要对应一个与其业务十分贴切的主管部门较难。

在口岸管理体制改革方面，口岸改革是我国涉外经济体制改革的一个组成部分，对外开放离不开口岸开放。它是国与国交往的门户。《浙江舟山群岛新区发展规划》明确提出，扩大口岸开放范围。研究简化口岸开放程序，探索扩大新区政府口岸管理事权，完善口岸管理机制，加强跨区域口岸合作，深入推进舟山群岛新区与内陆省份区域通关改革，探索建立适应舟山群岛新区特点的口岸监管模式。科学规划口岸查验机构的布局和设置，合理配置查验机构和人员编制，加大口岸基础设施建设投入，推动电子口岸建设，对提升口岸监管、查验效能，提高通关效率是十分必要的。口岸改革正是舟山群岛新区发展外向型经济、国际贸易、国际交往的重要创新内容。但在法律方面存在一些问题。目前关于口岸管理的主要法规、文件有1979年的《中华人民共和国外国籍船舶管理规定》、1980年的《国务院口岸工作条例》、1985年的《国务院关于口岸开放的若干规定》、1995年的《中华人民共和国国际航行船舶进出口岸查验管理办法》。上述规定基本上已经不适应港口口岸快速发展的新形势。另外，有些关于口岸管理的内容零散、不系统，不具有操作性。可见，立法滞后和不完善已经阻碍口岸改革的快速发展，影响我国的对外开放和国际交往。

综上所述，一些法律法规由于颁布时间过早，其内容、手段、范围未能及时得到修改或废止，与现实社会经济生活严重脱节，不适应当前经济发展的要求，需要进行修改和完善。

（三）法律法规之间的不配套和不协调，新区改革的合法性标准受到挑战

改革开放后特区的设立和诸多地区和城市的开发开放，实际上都是法律制度的进一步突破和创新。值得注意的是，国家级新区改革和以往的区域开发开放不同。过去的特区建设和城市开放，是在政策和法律缺少、存在诸多空白情况下的开发开放，而现在国家综合配套改革则是在法律法规日趋繁多、日趋完善情况下的重要战略。因而，国家改革试验区的改革面临更多的不协调和冲突，改革深入的合法性标准受到挑战。如在行政管理运行机制方面，整合行政管理流程是目前提高行政效能比较有效的手段之一，但各部门采用的行政管理标准不同，成为建立电子政府、推进信息公开透明和共享的法制障碍，不利于整合行政管理流程。又如，基本建设项目审批有立项、规划到施工许可证等7个审批环节，计划、外资部门按产业目录分类和投资规模划分审批权，规划按重要地区和非重要地区划分审批权，环保部门依据审批环境影响评价建设项目目录进行审批分工，民防按建设规模划分审批权。这样，仅行政机关办理相关审批就需要100个工作日。如果能将这些审批事项进行整合，建立统一的审批平台，再造审批流程，将大大节省企业办事的时间和成本。

综上所述，舟山群岛新区目前处于起步阶段，在发展的实践中难免会遇到困难、发现问题。这些冲突和问题集中暴露了新区法制现状的不足之处，对新区法治社会的建立造成了影响，妨碍了新区的建设与发展。如何构建完善的法制来应对和解决发展中的冲突和问题，值得我们思考。

二、新区法制供给面临立法困境

法律需求决定法律供给。当人们在经济生活中对法律这种调整手段迫切需要并积

极谋求法律秩序的维护时，法律供给就必然发生。舟山群岛新区开发建设蕴涵多元新的法制需求，迫切要求增加法制供给。法制是典型的公共产品，具有消费上的非排他性和非竞争性。如果由私人来提供法律制度，由于“搭便车”的原因会导致私人边际收益小于社会边际收益，理性的经济人便不愿意提供这类公共产品，因而需要由代表公共利益的政府来提供。在舟山群岛新区开发建设的背景下，政府供给法制的数量和质量，不仅关系到新区建设的成败，而且关系到整个社会中的每一个公民的生命、健康、权利能否得到保障。因此，法制的供给对于新区建设具有重要的意义。

法律制度的供给并不是无限的，受供给者有限理性的制约和特定历史时期社会经济、政治、文化等条件的约束。法律制度供给具有稀缺性和待修正性的特点。具体而言，法律制度供给的约束条件包括社会经济状况和经济结构、社会习惯和文化传统、既定的社会政治秩序、哲学和意识形态背景、社会科学知识的储备、法律生产的技术水平及研究开发的弹性、法律的生产成本、法律供给的预算约束、法律供求信息和供给者的预期等。当前，我国仍是发展中国家，区域发展不平衡，经济结构不合理，自然资源利用率低。我国又是一个以陆域为主的国家，海洋意识相对薄弱，整个社会对于如何建设以海洋经济发展和海洋综合开发为主题的新区尚处在讨论探索阶段。再加上粗放型的立法方式，导致我国法律生产的技术水平偏低。这些条件的约束都是新区建设中法律供给的障碍。

如前所述，新区建设的法制供给是由代表公共利益的政府来完成的。那么这种法律供给是由中央政府主导统一进行，还是利用地方政府的主动供给？舟山群岛新区的法制供给可以从这个角度来探索全国性法律供给的方向，积累全国性法律供给的经验，进而推动全国性的法律供给。在新区建设初期，由地方政府来供给法律是一项较优的选择。原因有以下几个方面：首先，地方政府的法律供给具有非常重大的意义，能够为中央政府的法律供给提供经验性方向和知识积累，提高中央政府法律供给的成功率；地方政府的法律供给能够部分缓和整个社会对于法律需求的压力，填补一些法律供给的空白地带；地方政府的法律供给能够促进地区间法律供给的竞争，加快整个社会法律供给的速度，优化法律的供给。其次，从我国以往法律制度创新的路径来看，一般也都是先由地方政府主导供给法律，待这些法律制度比较成熟之后，再在全国范围内推广。国内其他先行开发开放的地区，如深圳等经济特区、海南国际旅游岛建设、上海浦东新区建设和天津滨海新区建设、湖南长株潭城市群“两型社会”综合配套改革试验区建设、湖北武汉城市圈“两型社会”建设综合配套改革试验区、广西北部湾经济区建设，都是由地方权力机关和政府制定特区、新区、试验区相关法规和规章来促进和保障开发建设的。1981 年，由全国人民代表大会及其常委会先后通过立法授权深圳、珠海、汕头、厦门和海南五个经济特区在遵循宪法法律和行政法规的基本原则下，制定地方性法规。深圳的经验告诉我们，经济特区立法权是深圳真正的优势所在。第五届全国人民代表大会常务委员会于1981年11月26日通过了《全国人民代表大会常务委员会关于授权广东省、福建省人民代表大会及其常务委员会制定所属经济特区的各项单行经济法规的决议》。深圳经济特区于1992年获得全国人大的授权，享有了经济特区立法权。2000年《中华人民共和国立法法》的颁布实施，在保留了经济特区授权立法的基础上，又进一步赋予经济特区所在地的市以较大市的立法权。从1992年获得立法权至今，深圳市人大及其常委会出台了300多项法规和有关法规问题的决定，构建起基本的法规框架，有效地规范、促进了经济、政治、文化和社会等各项事业的蓬勃发展，立法探索试验与改革开放试验均为全国的“排头兵”。自海南建省办经济特区23年来，省人大常委会充分运用地方立法权和全国人大授予的经济特区立法权，共审议通过或批准地方性法规、经济特区法规和法规性决议382件次，其中现行有效的地方性法规和法规性决定、决议220件。这些法规涵盖了政治、经济、文化和社会生活的各个方面，为海南改革开放、实现经济又好又快发展提供了法制保障，为国家立法提供了有益借鉴，为确保中国特色社会主义法律体系如期形成作出了应有的贡献。这些很值得舟山借鉴。面临新区建设紧迫的法制需求，舟山市政府同样应该主要由地方政府进行法制供给。但舟山新区囿于无地方立法权，无法制定符合自身特色的法律、法规，而上位法所确立的制度又较为原则，且法律覆盖面不足，导致具体实践中操作性低。这是舟山群岛新区法制供给面临的最大困境。

三、新区“基本法”缺位待定

《浙江舟山群岛新区发展规划》的获批，标志着新区改革发展蓝图正式绘就，也标志着全国海洋经济发展试点工作进入新阶段。从法治国家和依法行政的要求出发，亟需制定一部新区“基本法”性质的法规，以回应对新区设立和建设的合法性质疑。同时，通过制定“基本法”，以立法形式把舟山群岛新区的地位、发展目标以及优惠政策和投资保护措施确立下来，将规划转化为行为规则，一方面能够避免在新区建设发展过程中走弯路，使之步入科学发展的轨道，另一方面能在法律层面上解决新区发展中存在的一些突出问题。

从2012年3月开始，舟山市已着手准备《条例（草案）》的起草工作，市法制办成立了专门起草小组。2012年5月至7月，舟山群岛新区立法工作小组赴上海浦东新区、天津滨海新区、深圳前海新区、珠江横琴新区、重庆两江新区进行了考察调研。经过专题分工、专题论证、形成立法调研报告、走访听取意见等环节，通过反复逐条讨论和修改完善，2012年10月《条例（草案·征求意见稿）》形成。《条例（草案·征求意见稿）》作为综合性立法文件，以总则、分则和附则的结构来布局。《条例（草案·征求意见稿）》

以“总则”作为开篇，是统领整部法规的基础，主要规定立法目的、依据、适用范围、战略定位、发展原则、组织领导等内容。“分则”的具体内容取决于舟山群岛新区建设发展中需要立法解决或保障的重点问题，归纳为管理体制、产业促进、开放合作、生态环境保护与建设、社会建设、法制保障等内容。2013年初，舟山代表团向浙江省十二届人大一次会议提交议案要求尽快制定条例，浙江省人大已将其列入2014年立法计划。

四、新区区域法律法规失调待理

《浙江舟山群岛新区发展规划》从新区的战略定位和发展目标出发，提出为了把新区建设成为东部地区重要的海上开放门户，要创新区域合作模式，加强与各个国家和地区的经贸合作，尤其是要推进与中国香港、澳门、台湾等地区在金融、航运、现代海洋产业等方面的对接，深化交流合作，要加强与东北亚主要国家和地区在海事、海警、渔业、海上搜救等方面的合作。为了把新区建设成为陆海统筹发展先行区，还要加强国内区域合作：首先要加强与上海、宁波的深度合作，主动接受上海、宁波的辐射和带动，深化在产业、金融、科技、人才、信息、政策、资源、基础设施等领域的全面对接与合作，实现资源共享、优势互补、差异竞争、共同发展；其次要加强与长江三角洲地区的广泛对接，重点加强在旅游、金融、信息、人才等领域的交流合作，协同建设长江三角洲地区统一开放的市场体系和涉海公共服务体系，统筹制定和实施江海一体的水环境综合治理规划，标本兼治，江海联动，逐步修复河流生态系统，共同改善长江下游及近岸海域水质；还要加强与内陆地区的互补发展，广泛吸引内陆地区以各种形式参与舟山群岛新区建设，规划建设海洋产业合作发展示范基地，优化资源配置，细化相关政策，重点解决内陆企业在项目用地、技术人才等方面的需求，为合作发展创造良好条件。

舟山群岛新区在和其他地区协调发展以及向东北亚开放过程中存在着一系列法律问题，比如地区间利益多样化、沟通渠道较少、协调成本大，在一定程度上影响了发展效率和实效；区域法律制度建设滞后，区域内贸易摩擦不断出现，司法上缺乏有效的实施保障机制等。显而易见，区域法律制度建设的滞后，会使得舟山群岛新区的开放开发缺乏必要的协调渠道和法律保障，在和其他地区的协调发展上存在矛盾，在区域经济全球化的进程中处于不利地位。

五、新区配套法规体系探索待建

舟山群岛新区的建设发展除了要有“基本法”之外，还必须有一系列与之配套的法规和规章，以形成一个完整的法规、规章体系，只有这样才能形成完善的新区建设发展的法制保障机制。这也是我国已有经济特区和改革试验区的成功经验。如深圳经济特区，截至2003年12月31日，深圳市人大及其常委会共制定218项法规（含修改和废止决定），其中属于经济特区立法205项，较大市立法13项。在经济特区法规中，约三分之一是在国家相关法律法规尚未制定的情况下，借鉴中国香港及国外优秀法律文化先行先试的；三分之一是根据特区经济发展和改革开放的实际需要，遵循宪法的规定和法律、行政法规的基本原则，对国家法律、行政法规进行必要变通、补充和细化形成的；还有三分之一属于为加强行政法制、环境保护、特区城市管理以及精神文明建设需要而制定的。通过这些法规的制定，深圳初步形成了适应经济特区社会和经济发展以及城市管理所需要的，与国家法律体系和广东省法规相配套的，与国际惯例相衔接的特区法规框架。再如海南国际旅游岛建设上升为国家战略以来，海南省人大常委会积极编制实施《海南国际旅游岛建设发展专项立法计划》。2010年海南省人大常委会组织力量，对国际旅游岛建设发展专项立法计划进行系统研究，同时通过媒体向社会公开征集立法项目。在该专项立法计划制定过程中，海南省人大常委会多次征求相关部门意见，前后七易其稿，经省委批准，最终制定出《海南国际旅游岛建设发展专项立法计划》，包含56个立法项目，基本构建起国际旅游岛建设发展的法规体系框架。

就浙江舟山群岛新区而言，也应在《浙江舟山群岛新区规划》编制完成并获得国务院批准后，即着手根据规划对在舟山群岛新区建设中的一系列政策实施问题、资源配置问题、利益调整问题，加强地方立法供给，构建与新区建设发展相适应的地方法规体系。要对舟山群岛新区建设发展立法计划进行系统研究，同时通过各种方式向社会公开征集立法项目，据此制定出具有预见性、指导性和滚动性的《浙江舟山群岛新区建设发展立法计划》。通过该计划的实施，构建起与浙江舟山群岛新区建设发展相适应的法规体系。而目前这项工作尚未起步。

六、新区行政管理体制陈旧待创

（一）舟山现行行政管理体制及其历史沿革

1. 现行行政管理体制

在行政管理层级上，目前舟山实行市、县（区）、乡镇（街道）三级行政体制，市下辖两区、两县（定海区、普陀区、岱山县、嵊泗县）。其中定海区下辖6个街道、7个镇、3个乡、272个行政村和80个渔农村新型社区；普陀区下辖5个街道、5个镇、3个乡、

199个行政村、42个渔农村新型社区；岱山县辖6个镇、1个乡、86个行政村、39个渔农村新型社区；嵊泗县下辖3个镇、4个乡、48个行政村、17个渔农村新型社区。

在机构设置上，目前舟山市委设置工作部门共10个，其中纪委与监察局合署办公；政法委与社会综合治理委员会办公室合署办公；机构编制委员会办公室由市委市政府双重领导，列入党委序列。市政府设置职能部门32个，其中特设机构1个。监察局与市纪律检查委员会机关合署办公；民族宗教事务局与统战部合署办公，列入政府工作部门序列，不计入政府机构个数；城市管理行政执法局与住房和城乡建设局合署办公；人民防空办公室挂民防局牌子。此外，设置部门管理机构2个：物价局，由发展和改革委员会管理；规划局，由住房和城乡建设局管理。县（区）政府机构设置与市里基本相对应，但因机构限额控制，实行了综合设置。

2. 历史沿革

第一阶段，成立宁波的定海县：1950年5月17日舟山群岛解放，成立定海县人民政府，属宁波专区管辖。第二阶段，成立舟山专区：1953年3月经政务院批准，定海县辖区分为定海、普陀、岱山3县，从江苏省划入嵊泗县，成立舟山专区。1954年又将原属宁波专区的象山县划入舟山。1958年象山县划归台州专区。1959年撤定海、普陀、岱山、嵊泗县，合并成立舟山县。1960年11月，嵊泗人民公社划归上海市。1962年5月撤销舟山县，重新设立舟山专区，下辖定海、普陀、岱山、大衢、嵊泗5县。1964年撤销大衢县，其辖区分别划归岱山、嵊泗2县。1967年3月起舟山专区改称舟山地区。第三阶段，成立舟山市：1987年1月，经国务院批准，撤销舟山地区和定海、普陀2县，成立舟山市，辖2区（定海区、普陀区）2县（岱山县、嵊泗县），实行以市领导区、县的体制。

舟山建市以来，先后经历了5次较大的机构调整。第一次机构调整是市区（定海区）合署。1987年，舟山撤地建市，1994年，市委、市政府为了解决市与定海区在城市管理体制上存在的矛盾，实现统一规划，加快城市建设，对市与定海区的党政管理体制进行了调整，与定海区党政机关48个部门和团体实行合署办公。第二次机构调整是1995年，主要为了适应建设社会主义市场经济的需要而进行的调整，重点是将专业经济部门改建为经济实体，同时对市委、市政府工作机构进行了调整，对市区合一的行政管理职能进行了合理划分。调整后，市级党政机构设置44个，比原来55个减少11个，精减20%，人员编制比原来精简24.96%。第三次机构调整是2001年，为了消除政企不分的组织基础。1995年机构改革虽然将专业经济部门转为经济实体，但实际上这些部门只是退出行政机构序列，职能没有从根本上转变，许多职能仍委托这些部门承担。这次机构改革，除盐业公司受政府委托继续承担盐业行业管理职能外，其他4家转体单位的行业管理职能全部移交给市经济贸易委员会承担，政企不分的组织基础在很大程度上得以消除，实现了政企分离，同时也调整了市政府的工作机构，机构总数比原来减少了6.5%，行政编制精简20%、政法专项编制精简10%，大幅度裁减行政审批事项，完善审批程序，简化审批环节，规范审批行为。第四次机构调整是2005年，抓住当时社会经济发展阶段的突出问题，进一步转变政府职能。主要是加强对经营性国有资产的监督管理，加强对经济社会发展的综合协调，加强安全生产监管体制建设和食品药品安全监管体制建设。第五次机构调整是2011年，着重转变政府职能，理顺部门职责关系，明确和强化责任，调整优化组织机构，探索实行职能有机统一的大部制体制。整合完善了经济和信息化、内外贸易管理，理顺了食品药品管理体制，加强和改善了以民生为重点的社会管理和公共服务部门建设。同时，对水务管理和市场监管体制进行了调整，撤销了市水务局，将水务局承担的行政管理职能划交市水利水务围垦局；撤销了市场管理服务局，组建市场开发集团公司，按现代企业制度运作。

（二）舟山现行行政管理体制存在的问题

舟山现行的行政管理体制与一般的地级市行政管理体制没有什么特别的不同之处，主要还是以行政区为主，传统体制的各种弊病依然存在。各县（区）政府在职能定位、机构设置、行政区划和运行机制等方面与新区一体化开发和发展的要求不相适应。

1. 各县（区）发展各自为政，缺乏统一规划，不利于统筹发展

舟山各县（区）虽然在同一市行政区内，但缺乏统一规划、统一协调、统筹发展的约束力。各县（区）政府为追逐本行政区利益，使以地方行政力量为中心的政策资源超越市场资源而对内强化、对外拒斥、各自为政，具体表现为有利互争、无利互推、不利互阻、他利互脱、分利互顶，产业同构和重复建设现象严重，形成无序竞争和内耗式竞争格局，导致资源的空间配置低效率。同时由于区位条件、资源禀赋、财政体制等原因，各县（区）经济社会发展水平很不平衡，基础设施和社会服务功能差距较大。本岛上的定海、普陀两区经济发展较快，而岱山、嵊泗两县经济发展相对落后。因此在传统行政管理体制下，各县（区）的发展各自为政，“诸侯经济”格局始终难以从根本上打破。

2. 各级政府的机构设置、运行机制不够科学、高效

条条运行，这是我国现行行政体制的重要特征，也是舟山现行行政管理体制的重要特点。这种体制具有三个明显特征：第一，相同职能分散。按照业务单一化和职能简单化要求，政府职能设置硬性地把具有因果联系的综合职能分割成若干单一职能，由不同的职能部门各自负责。第二，不同权力重叠。一个政府部门往往同时具有决策、

执行、监督三种不同性质的权力，政府部门既自己“掌舵”又自己“划桨”，既自己管理又自己监督。第三，条条管理。在职能分割背景下，相关部门严守职能边界，职能纵向延伸到底，各自为政，越到基层条条垄断现象越突出，出现分割式管理链条。舟山虽然只是一个百万级人口的城市，但政府部门机构设置基本与上级政府部门机构设置相对应，凡是省里有的行政单位，舟山基本上也对应设置。这一方面造成机构偏多、过细，另一方面严重影响了行政效率。同样，从市、县（区）来看，岱山、嵊泗由于是海岛县，陆域面积小、人口少，经济总量又不大，但机构设置基本与市里机构设置相对应。比如嵊泗全县只有 8.6 万人，大约相当于定海区的四分之一多，但是政府机构设置总数却跟定海区一样（有 23 个部门），跟市里面也基本对应，相对于地方规模，机构设置过于庞大。

3. 政府职能转变相对滞后，社会管理能力有待提高

受高度集权的传统行政体制影响，目前舟山各级政府的权力和功能都很强大，政企不分、政事不分、政社不分现象仍然很严重；职能越位、错位、不到位的问题还是比较突出，以至于对部门利益有利的抢着管，无利的谁也不管。这些问题严重影响了经济社会的健康发展。另外，政府提供公共服务的能力建设不足，社会中介服务组织培育缓慢，尤其是对社区建设和管理还存在许多薄弱环节，总体还不能有效地满足人民群众的期望和实际需求。

4. 渔农村社区管理体制不够完善

近年来，舟山市共建成渔农村社区 191 个，大大提高了渔农民的生活质量和文明程度，改变了渔农村的人居环境和面貌，加快了城乡一体化发展，取得了明显的社会效应。但是，由于是创新之举，没有可借鉴的经验，法律法规建设滞后，还存在不少困惑和问题。一是社区、村、经济合作社三者关系混乱，设置不合理。除社区党组织外，还存在社区管委会、村委会、社管会三块牌子并存重叠、纠结不清的现象。职能重复，关系复杂。二是工作方式机关化，乡镇街道办事机构的行政色彩浓厚。社区干部作息时间和工作考核都参照乡镇街道，与渔农民的期望相悖。村民的监督相应减弱，致使工作方式机关化。乡镇街道办事机构的行政色彩更为明显。三是渔农村社区法律身份不明确，功能定位和职责模糊。渔农村社区在法律上缺乏认证，在经营、管理、服务等功能定位上也比较模糊，职责不清，导致在很多场合是名不正、言不顺，只能内部非正式运作。四是社区自身没有经济来源，缺乏可持续开展公共服务的实力。渔农村社区经济上缺少造血功能，完全靠市、县（区）、乡镇街道三级财政供养，缺乏可持续开展公共服务的实力。

5. 行政编制规模与新区发展需求不相适应

近年来舟山经济社会等各项事业快速发展，与之相应的公共管理和公共服务需求也快速增长，然而行政编制规模却跟不上社会的发展。一是舟山行政编制基数小。舟山的行政编制是 20 世纪 80 年代初由省里根据区划面积、经济总量、人口数量等参数核定的。随着舟山经济社会的快速发展，原有核编要素已经发生了很大变化，但是核定行政编制数却变化不大。以旅游部门为例，2001 年核定行政编制 10 名，2011 年核定行政编制 12 名，10 年间仅增长了 2 名。这与旅游产业在舟山经济社会发展中所起的作用是不相配套的。二是舟山是海岛城市，陆域面积 0.144 万平方千米，海域面积 2.08 万平方千米。舟山人长期以海为家、以海为生，海洋和渔业管理是重点、难点，然而在行政编制上却没能充分体现，海洋与渔业局算上后勤编制才 39 个。三是群岛新区的开发建设对行政管理提出了新要求。舟山群岛国家级新区的发展建设必然导致新的政府职能不断增加，机构编制的刚性增长则更为突出，而现在的行政编制显然是不能适应的。目前，全市党政机关行政编制数 2708，其中市本级 1103，定海 391，普陀 413，岱山 418，嵊泗 383，在全省范围内看属于编制相对较少的地级市。这与舟山群岛新区未来的发展是不相适应的。

（三）舟山群岛新区行政管理体制改革面临的新情况、新要求

浙江舟山群岛新区的开发开放同我国其他经济特区、新区开发相比，所处的历史时期完全不同，国内国际环境也有较大的差别，尤其是其战略功能和承担的使命有很大不同。因此，浙江舟山群岛新区的行政管理体制改革在继续深化建立与市场经济相适应的行政管理体制改革、克服计划经济下形成的旧体制惯性等一般性问题的同时，还面临着由于新区特有的战略定位和发展目标而产生的各种新情况、新要求。

1. 探索海洋经济科学发展之路，要求改革海洋管理体制

《国务院关于同意设立浙江舟山群岛新区的批复》明确要求：要把设立浙江舟山群岛新区作为实施区域发展战略和海洋发展战略、贯彻落实《中华人民共和国国民经济和社会发展第十二个五年规划纲要》的重要举措。并指出：设立并建设好浙江舟山群岛新区，对于深化海洋管理体制改革、创新海洋海岛综合保护开发方式、加快转变经济发展方式具有重要意义。

国际海洋法对于海洋管理有明确要求。《联合国海洋法公约》确立了“专属经济区”和“大陆架”等制度，将世界海洋 35．8%的面积划归沿海国管辖，并明确“海洋区域的种种问题都是彼此密切相关的，有必要作为一个整体来加以考虑”。所以，沿海

国都把国家管辖海域作为国土一样对待，以国家行为来维护、开发和整治，并承担国际法规定实施“综合管理”的国际义务。这说明海洋问题具有多元性。对海洋资源、环境和空间的开发利用，既需要各类资源开发部门的行业管理，更需要国家着眼于民族的整体发展利益和可持续发展，来对工业、渔业、采矿、交通、旅游、治安、防卫等方面及其影响因素进行统筹兼顾、综合平衡，实施统一的海洋国土综合管理。目前，联合国和世界主要海洋国家，都把海洋作为一个特殊的政治和地理区域，建立和完善以海洋区域综合管理与传统分部门管理结合的管理体制。自《联合国海洋法公约》生效以来，沿海国家都相继建立了自己的海洋管理体制。联合国号召沿海国家改变部门分散管理方式，建立多部门合作、社会各界参与的海洋综合管理制度。世界海洋和平大会还特别推荐了四种海洋与海岸带综合管理模式，即荷兰模式、美国俄勒冈州模式、美国夏威夷模式和巴西模式。

我国目前海洋管理体制主要是计划经济时代的产物，也是陆域管理体制向海洋的延伸，基本上还是条块分割、单项管理、分散执法的管理体制，是以各行业和各部门管理为主，海洋、外贸、交通、环保、渔政、公安、海关等部门都在管理。由于管理部门分散，相互合作不够，形成了政出多门、令出多头的局面，再加上部门之间、地方之间、部门与地方之间的权益纷争，力量不集中，造成管理上的混乱。舟山目前在海洋管理方面也是这种状况。

设立浙江舟山群岛新区，是新时期我国推进实施海洋发展战略的重大举措。作为以海洋经济为主题的国家级新区，究竟用什么样的管理体制机制来进行海洋的开放开发，是舟山群岛新区行政管理体制改革面临的一个首要问题。必须充分运用新区所拥有的先行先试政策，借鉴世界主要海洋国家海洋管理的经验，创新政府的海洋综合管理体制机制，建立适合海洋经济发展和海洋综合开发的行政管理体制，为全国海洋经济发展试点和海洋综合保护开发工作积累宝贵经验。所面临的主要问题有：第一，新区应选择什么样的海洋综合管理模式，既参照国际上推荐的模式，也符合中国的国情和舟山群岛新区的区情？第二，如何健全海洋行政管理机构，切实履行海域使用监督管理、海洋环境保护、海洋权益维护和海洋开发等服务职能？第三，如何规范涉海管理部门的职责划分？第四，如何整合现行海上执法队伍，建立起统一的海洋管理执法体制？这应该是我国海洋执法体制改革的主要目标，也是新区行政执法体制改革的重要内容。

2. 探索陆海联动发展的新路径要求创新陆海统筹综合管理体制机制

海洋与陆地之间相互联系、互相影响，存在着广泛的物质能量交换关系。加强海陆经济的联动，实现海陆资源互补、产业互动和布局对接，已成为海洋经济发展的必然。为实现海洋资源优势和陆地经济优势的有效结合，最大程度地发挥海洋产业对区域经济的带动作用，沿海地区必须走海陆一体化、陆海统筹发展的发展道路。陆海统筹发展要求人们从海陆互动的视角认识开发海洋的重要性，突破按海洋自然规律或海洋经济规律办事的局限，扩展到统筹人与海洋的和谐发展、统筹海洋与社会的和谐发展、统筹海域与陆域的发展，将海洋发展纳入整个经济计划系统，发挥海洋在整个经济和资源平衡中的作用。浙江省在 2005 年提出了“推进陆海联动新突破，实现海洋经济新发展”的战略，力求在陆海产业联动发展、陆海生产力联动布局、陆海基础设施联动建设、陆海“ 科技兴海”战略联动实施、陆海污染联动治理、陆海体制和机制联动创新六个方面实现新突破。

舟山具有背靠长三角、面向太平洋的区位特色。因此,《国务院关于同意设立浙江舟山群岛新区的批复》和《浙江舟山群岛新区发展规划》明确舟山群岛新区的发展目标之一，就是要建成陆海统筹发展先行区。要通过舟山群岛新区的建设来带动长三角地区的发展，实现海陆的统筹发展。要依托舟山岛海相连、陆海相依、贯通南北、联动东西的自然优势和海洋产业基础，充分用好先行先试政策，积极创新新区建设管理体制机制，为全国陆海统筹发展提供经验。要统筹陆海协调发展，就必须创新陆海统筹综合管理体制机制，这是实现海陆经济互动协调发展的内在要求。由于舟山市目前的行政管理体制是陆域管理体制向海洋的延伸，无论是陆域管理部门还是海域管理部门，其管辖区域都没有完全覆盖海域一体化调控范围；同时，目前海域管理仍以分部门管理为主，不同的部门有着不同的资源开发利用价值取向。因此，政府推动、协调、综合管理是关键。为此，所面临的主要问题有：第一，如何推动区域合作，尤其是长三角区域合作，构建舟山群岛新区政府与沪苏浙两省一市政府协作平台，如建立联席会议制度等？第二，如何通过建立较高层次协调机构和建立法律法规进行规范约束，从而推动海陆一体化进程？第三，如何构建海陆互动协调发展的机制？海陆资源与产业一体化协调管理主要包括以下几方面：一是建立海陆资源与产业一体化综合管理规划，指导和规范当前和未来的海陆资源开发与产业协调发展；二是建立海陆资源与产业一体化综合管理立法机制，形成较为完整的政策法律体系，为维护海陆资源合理开发，合理布局生产力等提供基本保证；三是建立海陆资源与产业一体化综合管理体系；四是建立海陆资源与产业一体化综合管理协调机制，做好行业部门之间的协调、资源开发利用的协调以及海岸执法的协调；五是建立海陆资源与产业一体化统一执法体制，减少不必要的重复劳动，避免执法管理的盲区；六是建立海陆资源与产业一体化的科学参与机制，做好科学工作者与管理者之间的沟通；七是建立海陆资源与产业一体化信息保障机制，满足海陆资源与产业一体化发展的各种信息需求；八是建立海陆资源与产业一体化的群众参与机制，以保证各项工作的顺利实施。

3. 探索海岛开发开放新方式要求创新海洋海岛开放的管理体制机制

舟山群岛新区建设要着眼经济全球化、贸易自由化大趋势，按照国家完善区域开放格局和深化沿海开放的要求，全方位扩大舟山群岛对外开放，着力提高开放水平和层次，加快建设舟山港综合保税区，探索建立自由贸易园区和自由港市。因为海洋海岛的开放涉及口岸的问题，涉及方方面面。如果管理体制机制不创新，在开放方面就会受很多现有体制的制约。这是舟山群岛新区行政管理体制改革创新所要面临的又一个新情况、新要求。

《国务院关于同意设立浙江舟山群岛新区的批复》明确舟山群岛新区的发展目标之一是要建设海上开放门户，其总的路径和主要目标是在建设舟山港综合保税区和自由贸易园区的基础上，借鉴新加坡、中国香港等经验，全面推进贸易和投资自由化，推动地区性、全球性资源的分拨配送向舟山群岛新区集聚，带动舟山群岛新区向国际门户城市转型，逐步将舟山群岛新区建设成为中国的自由港市。因此，构建什么样的保税区、自由贸易园区和自由港政府管理体制，是舟山群岛新区在进行行政管理体制改革开放创新中的重要内容。目前，我国保税区的政府管理体制从宏观上讲是一个自上而下的三层管理体系，它包括了中央政府层面、地方政府层面和保税区内部三层结构。一般来说，中央管理层主要由海关总署会同国家发改委、商务部、财政部、交通部、国土资源部、国家税务总局、国家工商总局、国家质监局、国家外汇管理局等10部委组成，而保税区所在的地方政府和保税区的内部管理机构则组成了保税区的地方管理层的基本结构。舟山群岛新区在建设保税区、自由贸易园区和自由港过程中面临的主要问题有：第一，区内政府管理模式的选择。目前世界主要自由贸易港区管理体制有三种模式，即政府主导型、企业主导型和政企混合型。舟山群岛新区在建设保税区、自由贸易园区和自由港过程中，在运作之初可以考虑采取政府主导型的管理模式，当政府管理经验丰富以后，则该借助区内管理公司的力量，在区内推行政企混合型的管理模式。第二，新区政府对保税区、自由贸易园区和自由港区如何进行管理和监督，有哪些职能，如何履行职能？第三，保税区、自由贸易园区和自由港区内设立的作为新区政府派出机构的管委会有哪些职能，其内部的工作机构设置如何？第四，管委会与海关、工商、税务、公安、土地管理、商检、动植物检疫、卫检、边防检查等部门的驻保税区办事机构如何进行职能分工和协调？

4. 在现有完整市建制下建设新区要求市区联动保障行政管理体系的顺畅高效运行

《国务院关于同意设立浙江舟山群岛新区的批复》明确指出，舟山群岛新区范围与舟山市行政区域一致。这意味着舟山是在完整的市建制下，在原来的市行政区域范围内设立新区。而其他三个国家级新区，都是重新划定区域范围来设立新区，如浦东新区包括原川沙县、上海县的三林乡，以及中心城区杨浦、黄浦、南市的浦东部分。天津滨海新区由天津港、开发区、保税区三个功能区及塘沽、汉沽、大港三个行政区组成。重庆两江新区以北部新区和两路寸滩保税港区为核心，包括江北、渝北、北碚三个区的部分区域。这三个新区都是打破原来的行政区域划分，重新组建机构，聘请人员，创新机制来高效推进新区建设。

舟山群岛新区与舟山市行政区域一致，新区政府构建和运作不可能完全另起炉灶，在相当长的一个时期内将是现有市政府行政管理体系与新区开发建设管理体系共存并行。随之而来的问题是，新区的管理体制变革会与传统的城市管理体制发生冲突。这就势必使得新区行政体制改革面对三个问题：第一，新区开发建设管理机构与市政府及其职能部门的关系如何理顺，职能如何划分？新区开发建设管理机构主要是指作为省政府派出机构的浙江舟山群岛新区管委会及其工作机构和各功能区、保税区管委会及其工作机构。如何在市政府的权限范围内推进旨在保障管委会统一事权管理的体制调整，同时按照行政组织设立的完整统一原则理顺管委会和现有市、区、县政府及其职能部门的关系，保证管委会机构设置要完整统一、领导指挥要统一，减少区内“一事两办”、“政出多门”的现象，将是新区在行政管理体制改革创新过程中所要面临的问题。行政组织只有坚持完整统一原则，树立全局整体观念，行政组织之间协调一致进行有机的配合，才能有利于提高行政效率。第二，在现有市政府行政管理体系与新区开发建设管理体系共存并行的管理格局下，必然涉及众多公务员工作岗位乃至级别的调整。如何使公务员积极适应和配合这种调整，也将是新区行政体制改革过程中面临的一个现实问题。美国学者卡斯特曾指出，社会心理系统的作用在实施来自其他方面的变革中有着决定性意义。如果一项变革需要个人或群体方面的适应，那么就需要在全面分析中对此类因素给予考虑。如果需要支持而又不支持，技术变革的影响作用可能成为零（甚或为负）。我国传统的“官本位”思想对我国的行政文化仍然有着很深的影响，官职级别的高低在很大程度上被视为地位和价值的象征。因此，当行政管理体制改革需要进行级别上的调整时，公务员尤其是领导干部往往抗拒这种调整。并且，一些公务员可能因为改革而需要适应新的工作岗位，从而带来工作内容上的变化，部分公务员可能难以适应这种改变。实践证明，任何一项改革的实施过程都不会一帆风顺，困难与阻力不可避免。新区行政管理体制改革的实施同样可能会遇到一些问题。第三，在理顺管委会和现有市、区、县政府及其职能部门的关系的基础上，如何保证两管理体系的顺畅、高效运行？政府能否全面正确履行职能，是检验机构设置调整是否科学合理的重要标准。必须合理界定政府部门职能，明确部门责任，确保权责一致。

要理顺部门职责分工，坚持一件事情原则上由一个部门负责。确需多个部门管理的事项，要明确牵头部门，分清主次责任。为此，必须健全部门间协调配合机制，尤其是现有市、区、县政府及其职能部门与各级管委会及其工作机构之间协调配合的问题。

第三章　新区法制建设框架研究

一、制定新区“基本法”

如何才能制定出一部高质量的、适应浙江舟山群岛新区建设发展要求的“基本法”，既需要深入舟山群岛新区建设自身的政策法律需求及其制度设计定型的内在机理进行捕捉和把握，也需要在世界各国和地区经济性特区的有益立法经验和我国改革开放以来的经济特区立法和综合改革试验区即“新区”的立法保障实施成效中获得启示和借鉴。

（一）国内外各经济特区和综合改革实验区（新区）的立法经验

1. 世界各国和地区经济性特区的立法经验

用法律手段管理特区是国内外经济特区的成功经验之一。从世界范围看，各国和地区设立经济性特区，都要进行相应的立法，这已成为世界经济特区发展的共同经验。如韩国马山自由出口贸易区是根据 1970 年 1 月的《自由出口贸易区设置条例》（第 2180 号法令）设立的；菲律宾巴丹出口加工区（当时叫自由贸易区）是根据 1909 年 1 月“5490”号共和国法决定设置的；我国台湾地区的高雄、楠梓、台中出口加工区和新竹科学工业园分别是根据“加工出口区设置管理条例”和“科学工业园设置管理条例”设立的；美国 1934 年 1 月通过《对外贸易法案》，设立了第一个自由贸易区（在纽约的布鲁克林）。

（1）从各国和地区经济特区立法内容来看，主要有以下方面：①制定投资安全及其补救与保证措施。几乎所有国家的立法对经济性特区的外资都不实行国有化、没收和冻结措施。②用立法确保各项特殊政策的稳定性和可兑现性。特殊政策是世界经济性特区存在、发展和繁荣的基础。各种优惠待遇和措施不应只是制度上规定的一种许诺，更重要的是要在实际执行中充分发挥其作用，这就必须借助法制的权威性、稳定性和保障力来加以贯彻实施。③经济性特区作为各国和地区对外开放的“前沿”和体制改革的试验地，其有别于国内其他地区的自由经济政策、功能、发展目标，必须用法律规定下来，从而形成有别于设区国其他地区的一套法律制度。在全国通用但不适应经济特区情况的有关法律，放弃在经济特区使用。如韩国规定“自由出口贸易区是一个保税地区，国内的有关法令在这里不全部适用或放宽行使”，同时规定有关外汇管理法和对外贸易法中“有关进口批准的规定将不适用于自由出口贸易区”。

（2）从各国和地区经济特区立法的目的看，主要有以下两方面目的：①通过立法给予投资者经济上的优惠和各种便利措施，达到更大程度地引进资金、技术的目的。主要表现在：第一，税收上的优惠。韩国规定，在出口自由区内投资，企业建立后5年内全部免除公司税、所得税、财产税，5年期满后再可3年免除50%，被雇佣的外国人在5年内免除个人所得税等。第二，土地优惠。各经济特区根据自己所鼓励的行业或所期望投资的方面，在土地的使用形式、年限、费用等问题上给予优惠。如《泰国工业区管理局条例》（1979年的B.E.2522号法案）规定设立泰国工业区管理局的目的时指出：“A. 为设立和扩大工业或为有助于开展泰国工业区管理局业务以及与它有联系的其他企业取得土地。B. 营造第一项所规定的土地，以便为工业企业厂商提供服务和方便，如提供公路、排水系统、废水处理、发电厂和供水站。C. 为了有利于工业区的经营，出租，或按分期付款方式出卖工业区的不动产或动产。”该法令还规定，外商投资厂商可以在工业区内拥有土地。第三，金融管理上的优惠。以外汇为例，尽管各国对外汇管理宽严不一，但大体上都允许外商所得的合法利润分期、分批自由汇回母国。如菲律宾规定，进口商品、设备和原材料优先配给外汇。在出口加工区内投资的企业所得利润及股份，可以自由汇出菲律宾，其资金在结业时可以全部汇出。第四，劳动工资制度。韩国制订的关于外国人投资的工会及调节劳动纠纷的临时特例法，对出口加工区的一些企业限制工会活动，用防止劳资纠纷的发生来保证外资企业营业活动的顺利进行。第五，简化手续，提高行政效率。我国台湾奉行经济性特区管理一体化，实行“一条龙”服务。根据“加工出口区设置管理条例”，加工区管理处掌有包括外销事业申请创设的审核、所在区物资进出口签证、所在区外汇贸易管理在内的18种职权，基本上独揽了加工区的一切行政管理权力。这使得厂商在加工区投资办厂所需办理的各种手续的绝大多数，只需在加工区管理处或分处即可办理完毕，从而大大提高了行政效率。菲律宾有关法令规定，进出口手续的所有证件、手续在48小时内办理完毕，企业申请书和项目可行性研究报告书提交管理局后，项目评估处即进行评估与审查，两个星期内审查完毕并提交加工管理局批准。②通过立法对经济性特区实行有效管理。立法作为经济特区管理的主要手段，除了保障外资和技术的流入外，还必须保障特区经济的发展符合设区国的国民经济发展的总体要求。对一些不利于设区国社会和经济发展的因素，必须通过立法加以限制和禁止。第一，控制投资导向。各国或地区往往通过立法，制定和公布外国投资优先顺序表，或明确规定鼓励、允许、限制和禁止投资的行业和地区，从而做到有选择地利用外资发展特区经济。如新加坡规定，凡与公共事业发展有重要关联的行业，都实行管制。凡对金融、保险业的发展有重要影响的经济活动，都要事前批准。第二，技术管制。实现技术转移从而提高设区国的科学技术水平，是设立经济特区的目的之一。为了有效地引进外国的先进技术，防止引进工作中的盲目性和避免技术转让者钻空子，各国都重视对经济性特区的技术引进工作，加强合理的管制措施。第三，利润汇出的管制。例如阿根廷规定，汇出利润必须用政府印发的外汇券，交税 17.5%，如果汇出值超过注册资本的 12%，交超额利润税。第四，劳工及技术、管理人员的限制。各经济性特区一般都主张劳工及技术、管理人员的本地化，这有利于设区国扩大就业机会，增加外汇收入，有利于引进国外先进技术和管理经验。为此，各国立法都作了相应的规定。如菲律宾的出口加工区规定，外籍高级技术人员的雇佣，以企业注册时起 5 年为期，并限定各类外籍人员只能占企业总人数的 5%。

2. 我国经济特区、新区和经济区制定“基本法”的立法经验

我国已有的各个经济特区、新区和经济区在建设发展过程中大多制定了“基本法”性质的法律或法规，其立法经验对制定《浙江舟山新区条例》有着重要的借鉴意义。

（1）广东省制定经济特区“基本法”——《广东省经济特区条例》的立法经验

1979 年 1 月，广东省委决定将宝安县改为深圳市，3 月 5 日国务院批复同意。同年 4 月，中央召开工作会议，确定在对外经济活动中授权广东实行特殊政策、灵活措施，并在深圳、珠海、汕头试办特区。为此，深圳市起草了《深圳经济特区条例》，广东省政府根据该条例草案形成《广东省经济特区条例》（草案），由广东省人民代表大会通过后，报全国人民代表大会常务委员会批准。1980 年 8 月，第五届全国人民代表大会常务委员会第十五次会议审议通过《广东省经济特区条例》。该《条例》共 6 章 26 条。第一章，总则；第二章，注册和经营；第三章，优惠办法；第四章，劳动管理；第五章，组织管理；第六章，附则。通过这些规定，首先在法律上明确经济特区的地位。“为发展对外经济合作和技术交流，促进社会主义现代化建设，在广东省深圳、珠海、汕头三市分别划出一定区域，设置经济特区（以下简称特区）。特区鼓励外国公民、华侨、港澳同胞及其公司、企业（以下简称客商），投资设厂或者与我方合资设厂，兴办企业和其他事业，并依法保护其资产、应得利润和其他合法权益”（第一条）。其次规定了经济特区有别于其他地区的经济制度：一是鼓励外国公民、华侨、港澳同胞及其公司、企业投资办企业，并依法保护其资产、应得利润和其他合法权益；二是允许外商有偿

使用经济特区的土地，并发给土地使用证；三是允许经济特区的企业按照契约的原则招用人员，实行劳动合同制；四是赋予经济特区企业在税收等方面的一系列优惠措施，从而确立了经济特区有别于其他地区、与改革开放相适应的基本经济制度，最后确立了经济特区建设的管理体制。

以现在的眼光来看,《广东省经济特区条例》似乎过于简略、粗线条，也不够全面系统，作为经济特区“基本法”似乎不够。但是作为我国第一部专门为经济特区所进行的立法，还是有不少成功经验值得借鉴：第一，该《条例》的框架结构业已成为后来同类立法的框架模型，即一般都是由确立“区”的地位、规定“区”有别于其他地区的经济制度、确立“区”建设的管理体制三大块内容构成，并且一般都是比较原则和宏观的综合性法规。第二，以吸引外商投资为立法的中心问题，以营建一个安全、稳定、优惠的投资法律环境，实行更加灵活开放的法律保障措施为立法重点。这些也为后来同类立法所借鉴。第三，从实际效果看，该《条例》的制定和实施，对保障和促进经济特区的建设和发展确实发挥了应有的作用。同时期设立的福建省厦门经济特区在建设和发展上落后于广东的几个经济特区，其影响也远不如广东的深圳和珠海，原因当然多方面的。但没有及时制定一部经济特区的“基本法”，将经济特区的地位、特殊的经济制度和各种投资优惠政策措施以法律的形式加以宣示出来和固定下来，应该是其原因之一。

（2）天津市制定天津滨海新区“基本法”——《天津滨海新区条例》的立法经验

1994 年，天津市在原天津经济技术开发区基础上设立天津滨海新区，范围包括塘沽区、汉沽区、大港区三个完整的行政区，和东丽区、津南区的一部分。当时对新区的定位是：以建设现代化工业基地和现代物流中心为目标，重点发展高新技术产业和现代服务业，立足天津，服务周边，面向世界，建设高度开放的经济区。2006 年，天津滨海新区上升为国家发展战略。2002 年 10 月，天津市第十三届人民代表大会常务委员会第三十六次会议通过《天津滨海新区条例》(简称条例)。《条例》共 4 章 20 条：第一章总则，共 4 个条文，主要规定了立法依据、新区范围和新区建设发展目标；第二章管理机构和行为规范，共 4 个条文，规定了新区的行政管理体制；第三章投资促进和保障，共 9 个条文，规定了为促进和保障投资、营建良好投资环境的各种法律保障措施；第四章附则，共 3 个条文，主要是对《条例》的生效和效力范围所作的规定。

值得注意的是,《天津滨海新区条例》是在天津滨海新区上升为国家发展战略之前，即《国务院关于推进天津滨海新区开发开放有关问题的意见》(国发〔2006〕20 号）发布之前制定的，虽然也曾在天津滨海新区建设发展过程中发挥了积极的作用，产生了重要影响，却不是一部国家级新区“基本法”意义的立法。正因为如此，天津市正在着手修编《天津滨海新区条例》，将对其内容与时俱进地进行充实和调整，要使其体现国务院20号文件的精神和党的十七大对天津滨海新区的发展要求，使其真正成为今后一段时间内天津滨海新区开发开放必须遵循的工作准则，成为天津滨海新区法制框架的“宪章”。从《天津滨海新区条例》的制定和修编中，我们也能得到一些有益的启示：第一，该《条例》被认为是我国同类经济新区中制定、颁布的第一部地方性法规。这种由地方立法机关制定一部法规，用来规范和引导新区的开发建设的做法值得借鉴。第二,《条例》内容简略，条款比较笼统不具体，而这样的立法样式正是各种开创性、探索性立法的明智选择。第三,《条例》制定和实施后，随着新区建设发展进程的推进，及时根据国家对新区所作出的新的定位、新的要求和部署进行修改完善，最终使其成为一部合格的新区法制的“宪章”。

（3）湖北省为武汉城市圈“两型社会”建设综合配套改革试验区制定“基本法”——《武汉城市圈资源节约型和环境友好型社会建设综合配套改革试验促进条例》的立法经验

2007年，“武汉城市圈”获批“全国资源节约型和环境友好型社会建设综合配套改革试验区”。2008年9月，国务院下发了《关于武汉城市圈“两型”社会建设综合配套改革试验总体方案的批复》，对城市圈的各项建设提出了全局性的要求。2009年7月，湖北省人大常委会通过了《武汉城市圈资源节约型和环境友好型社会建设综合配套改革试验促进条例》(下简称条例)，以此作为城市圈试验区建设的“基本法”。《条例》共30条，其中前10条相当于总则，后20条相当于分则。总则中主要涉及立法目的、适用范围、指导思想、基本原则、组织领导、行政协调、社会参与、区域规划等内容，分则部分则主要涉及产业发展、科技创新、人力资源、土地政策、资源节约、环境友好、城乡统筹、基础设施、社会保障、公共服务、商贸信息、金融市场、财税政策、对内对外开放、行政管理、法制保障、表彰奖励等内容。

《武汉城市圈资源节约型和环境友好型社会建设综合配套改革试验促进条例》——在制定过程中也有不少立法理念、思维和立法技术值得总结借鉴。第一,在内容上,该《条例》既突出了特色——资源节约和环境友好，又总揽了全局——城市圈改革试验所涉及的产业、科技、民生，经济、文化、社会等众多领域。第二，在立法体例上，该《条例》采取的是不分章节但逻辑思路明确的体例，即不区分章节，但条文的前后顺序有着清晰的逻辑主线：大主线为“总则——分则”；小主线为“以产业发展为抓手，以科技及人才为引领和支撑，以资源节约和环境友好为核心和特色，以统筹城乡、社会事业发展及改善民生为重点，以其他相关配套改革为保障”。第三，在定位上，该《条例》从一开始就被确定为城市圈试验区建设的“基本法”，其调整对象不限于区内的某一特定事项，而涉及经济社会生活的方方面面。既涉及改革试验的指导思想、主要目标及措施等宏观性问题，又涉及责任主体、发展规划、协调机制、五个一体化和九个方面的体制机制创新等重要领域。第四，在调整方法上，该《条例》注重了引导性方法的运用。《条例》制定者认识到，由于试验区的先行试验性，其“基本法”的立法重点不在于单纯的规范性和强制性，而在于体现在引导中规范，在促进中完善。因此《条例》中有大量宣示性、引导性规定，其中，“促进、支持、鼓励、加快、推进、发展”等关键词一共出现100余次。

（4）广西自治区为广西北部湾经济区建设制定“基本法”——《广西北部湾经济区条例》的立法经验

2008年1月，国家批准实施《广西北部湾经济区发展规划》（以下简称《规划》），要把广西北部湾经济区建设成为中国—东盟开放合作的物流基地、商贸基地、加工制造基地和信息交流中心，成为带动、支撑西部大开发的战略高地和开放度高、辐射力强、经济繁荣、社会和谐、生态良好的重要国际区域经济合作区。为促进《规划》的实施，2010年1月广西壮族自治区人大常委会通过了《广西北部湾经济区条例》（下简称《条例》）。该《条例》作为北部湾经济区的基本法，主要用以规范北部湾经济区开放开发涉及的宏观、原则问题，包括北部湾经济区是什么、干什么、怎么干、怎么管等问题。《条例》共30条，分别规定了立法目的、北部湾经济区范围、发展目标、发展原则、管理体制、管理机构及职责、产业重点、土地资金人才保障、城乡统筹发展、改革试验、授权规范和免责规定等北部湾经济区发展涉及的基本问题。

《广西北部湾经济区条例》在立法体例上也不分章节，但也有清晰逻辑主线：以产业发展为抓手，以开放合作为特色，以人才开发为支撑，以土地利用和用地保障、金融服务、资金支持为要素保障，以保税物流、口岸建设、基础设施建设、生态环保、城乡统筹、非公经济发展为重点，以改革试验、行政审批改革、授权规范、政策落实、表彰奖励、监督检查、免责条款等为制度保障。在调整方法上，该《条例》也注重了引导性方法的运用。该《条例》中关于“授权规范”和“免责条款”的规定值得关注。“授权规范”的规定，是广西作为少数民族自治区对民族区域自治地方的立法变通权的很好运用。这对保障经济区的改革创新，无疑有着非常积极的意义。“免责条款”的规定，可以消除改革者的顾虑，支持和鼓励大胆改革。这也是近年来各种新区和综合改革试验区立法中一个引人关注的作法。《重庆市促进开放条例》（2008年）、《深圳经济特区改革创新促进条例》（2006年）也有类似规定。

（5）珠海经济特区为横琴新区制定“基本法”——《珠海经济特区横琴新区条例》的立法经验

2009年8月，国务院正式批准实施《横琴总体发展规划》，将横琴岛纳入珠海经济特区范围，逐步把横琴建设成为“一国两制”下探索“粤港澳”合作新模式的示范区。2011年11月24日，珠海市人大常委会通过《珠海经济特区横琴新区条例》（下简称《条例》)。《条例》内容全面，涵盖了横琴新区开发、建设、管理、营运等主要方面，共6章65条。除总则和附则外，分为“管理体制”、“区域合作”、“产业促进”、“法制保障”等4章。《条例》立足珠海和横琴新区实际，借鉴国内外先进经验进行重大制度创新，包括确立珠海主导横琴新区开发；通过建立高效科学的决策、执行和监督机制，理顺横琴新区管理体制等。《条例》的另一亮点是赋予横琴新区独立的“人、财、物”管理权，规定横琴新区的土地收益，自2012年1月1日起至2020年，全额留存横琴新区，用于横琴新区的土地开发、基础设施建设和融资信用保障。此外，《条例》把法制创新摆在了突出的位置，提出要把横琴打造成为一个与港澳法制互通互融的法治之区；建立港澳法律问题专家小组，研究涉及港澳的法律问题；通过立法转换吸收借鉴港澳法律制度，让在横琴新区的境外投资者和生活在横琴新区的外籍人士能够享受港澳民商事法律服务；规定横琴新区公安部门应当在粤澳警务交流合作机制框架下，加强与澳门警务部门的交流与合作，共同打击横琴新区内的跨境犯罪行为；规定设立专门的审判、检察机构，加强横琴新区的司法保障和法律监督。

《珠海经济特区横琴新区条例》是充分运用经济特区立法权，大胆借鉴国际先进经验而制定的一部具有先行性、探索性、变通性的特区法规。其制度创新力度之大在国内同类立法中极为少见，真正体现了通过立法创设制度、鼓励改革、引导创新的作用。其条文规定较为简明、精准，针对性、操作性较强。虽然《条例》是以《横琴总体发展规划》为依据制定的，但其规定极少照搬规划的表述，而是尽可能将规划的各项政策目标转化为具体行为规则，在立法技术上表现得较为成熟。这些非常值得我们在制定浙江舟山群岛新区条例时学习借鉴。

总结上述国内经济特区、新区和各种综合改革试验区及经济区制定“基本法”的立法经验，可以归纳为以下几方面：

第一，在立法权限的运用上，各经济特区、新区、综合改革试验区和经济区在制定其“基本法”时一般都是运用省、自治区和直辖市地方立法权。虽然《广东省经济特区条例》是由全国人大批准的，但其整个立法程序主要是由广东省人大完成的。当然也有个别例外，如《珠海经济特区横琴新区条例》。所运用的地方立法权又有几种不同情况：有些只是运用一般地方立法权如湖北、天津；有些则运用了特别地方立法权，一是经济特区立法权，如广东、海南；二是民族区域自治地方立法权，如广西。由于运用一般地方立法权进行的立法属于职权性立法，因此所制定的“基本法”基本属于执行性法规，即为执行国家批准的有关区域规划而制定地方性法规，其内容多为执行性、宣示性、引导性规定。而运用特别地方立法权进行的立法因为有一定的自主性和灵活性，可以对上位法进行变通、补充，因此所制定出来的“基本法”通常是较有创新性、变通性的地方性法规，其内容也会有一些自主的创造性规定和操作性强的强制性规定。

第二，在"基本法"效力等级上，各经济特区、新区、综合改革试验区和经济区所制定的"基本法"多为省级地方性法规，只有珠海横琴新区的《珠海经济特区横琴新区条例》是由市级人大运用经济特区立法权制定的经济特区法规；而适用范围都限定在各自经济特区、新区、综合改革试验区和经济区的行政区域之内。

第三，在"基本法"的调整对象和内容上，由于各经济特区、新区、综合改革试验区和经济区所制定的"基本法"，一般都将其定位为综合性地方法规，所以其调整对象往往不限于特定区域内的某一特定事项，而涉及经济社会生活的方方面面。但立法的重点内容经历了由最初的主要规定经济特区有别于其他地区经济制度的地方"经济立法"，到地方经济立法、文化立法、社会立法等交织在一起的综合型立法的发展过程。

第四，在"基本法"的体例上和框架结构上，各经济特区、新区、综合改革试验区和经济区所制定的"基本法"在体例上有两种：一种是分若干章，一般是四至六章，层次一目了然；一种是不分章，但条文的前后顺序有一定的逻辑主线；在框架结构上，一般都是由四大块内容构成：其一，总则，包括立法目的、适用范围、"区"的定位、指导思想和基本原则等;其二，管理体制;其三，特有经济制度、文化制度和社会制度;其四，保障措施。

（二）制定浙江舟山群岛新区"基本法"需要解决的主要问题

1.《浙江舟山群岛新区条例》的定位问题

必须认识到，《浙江舟山群岛新区条例》不仅是一部省级人大制定的综合性法规，而且是为实施国家海洋战略而设立的国家级新区所制定的"基本法"，要能够为浙江舟山群岛新区建设其他相关单行法规、政府规章以及其他规范性文件的制定和修改提供立法根据，并在立法原则、立法技术等方面提供指引，能据此审查其他有关浙江舟山群岛新区的法规、规章或行政规范性文件。因此，《条例》在立法视野和立法技术上，需要注重宏观性、前瞻性、创新性的有机结合。既要为先行先试指引方向，又要避免过多涉及尚不成熟的具体操作层面的内容，从而保持一定的空间、张力和弹性，防止压抑或束缚了改革创新精神。

2. 制定《浙江舟山群岛新区条例》的立法权限问题

根据国务院关于设立浙江舟山群岛新区的批复："浙江舟山群岛新区作为浙江海洋经济发展的先导区、海洋综合开发试验区和长江三角洲地区经济发展的重要增长极，要加强体制机制创新，扩大对外开放，逐步建成我国大宗商品储运中转加工交易中心、东部地区重要的海上开放门户、海洋海岛综合保护开发示范区、重要的现代海洋产业基地、陆海统筹发展先行区”，其中有关加强体制机制创新扩大对外开放的内容，当然必须在“基本法”有所体现，并且要作为立法重点，然而这又可能超越一般地方立法的立法权限。

《中华人民共和国立法法》第 8 条规定，下列事项只能制定法律：“国家主权的事项；各级人民代表大会、人民政府、人民法院和人民检察院的产生、组织和职权；民族区域自治制度、特别行政区制度、基层群众自治制度；犯罪和刑罚；对公民政治权利的剥夺、限制人身自由的强制措施和处罚；对非国有财产的征收；民事基本制度；基本经济制度以及财政、税收、海关、金融和外贸的基本制度；诉讼和仲裁制度；必须由全国人民代表大会及其常务委员会制定法律的其他事项。”而要把浙江舟山群岛新区建设成为我国东部地区重要的海上开放门户和我国海洋综合开发试验区，其所要进行的体制机制创新和对外开放等先行先试举措中，必然有不少属于“基本经济制度以及财政、税收、海关、金融和外贸的基本制度”以及“必须由全国人民代表大会及其常务委员会制定法律的其他事项”中的只能制定法律的事项，如：建设舟山保税港区，建设舟山大宗商品自由贸易园区，打造舟山自由港市，扩大口岸开放，创新金融和投融资体制，深化财税制度改革，创新民营经济管理体制、创新海洋管理体制等。《立法法》第六十三条规定：省、自治区、直辖市的人民代表大会及其常务委员会根据本行政区域的具体情况和实际需要，在不同宪法、法律、行政法规相抵触的前提下，可以制定地方性法规。第六十四条规定，地方性法规可以就下列事项作出规定：为执行法律、行政法规的规定，需要根据本行政区域的实际情况作具体规定的事项；属于地方性事务需要制定地方性法规的事项。可见，一般地方立法权的运用必须遵循不抵触原则，其制定的地方性法规主要是执行性法规，不能变通上位法的规定，自主性立法也不能涉及法律保留事项。这对于新区在先行先试的改革创新中那些需要突破现有法律、法规束缚，化解与现有法律规范冲突、超越滞后立法等问题都无法及时解决。而由全国大制定一部全国性法律又不现实，我国还没有由全国人大就一个经济区制定专门法律的先例。而且，鉴于新区的区域试验性，其立法在开始时也应以地方立法为宜。

要破解以上两难问题，就必须由浙江省向中央申请授予浙江省经济特区立法权，即由浙江省申请全国人大会常委会授予浙江省人大会及其常委会制定浙江海洋经济示范区和浙江舟山群岛新区经济法规的立法权。获授权后，省人大即可运用此立法权制定《浙江舟山群岛新区条例》。《立法法》第六十五条规定：经济特区所在地的省、市的人民代表大会及其常务委员会根据全国人民代表大会的授权决定、制定法规，在经济特区范围内实施。第八十一条规定：经济特区法规根据授权对法律、行政法规、地方性法规作变通规定的，在本经济特区适用经济特区法规的规定。可见，经济特区法规可以对上位法作变通规定，有更大的自主性和灵活性。这正是制定《浙江舟山群岛新区条例》所必须的。基于这一授权制定的《条例》，在法律位阶上不同于一般地方性法规，而是一部由省人民代表大会根据全国人民代表大会的授权制定的国家经济特区法规，只是其适用范围仅限于浙江舟山群岛新区。

3. 新区管理机构的法律地位问题

所谓新区管理机构的法律地位，是指新区管理机构独立地行使行政职权，作为当事人参加行政法律关系时所具有的地位，即它在行政管理过程中所处的地位，主要是指其在政府组织法中的性质及行政法上的独立行政主体资格。

国务院批复的《浙江舟山群岛新区发展规划》明确规定："赋予舟山群岛新区省级经济社会管理权限，设立浙江舟山群岛新区管委会。"由此产生的问题是：新区省级经济社会管理权限如何行使，主体是谁，是舟山市政府还是新区管委会？如果是管委会，管委会的法律地位就必须在法律上得到确认，否则将严重影响新区体制优势的发挥。因为，如果管委会的法律地位不明确，就会由于在行政权的归宿问题上心存犹疑，新区管理机构对上级机关或过于依赖或请示汇报过甚，从而导致行政效率下降；而上级机关由于担心"别人生病，自己吃药"，无辜背负新区管理机构不当或违法行政行为产生的法律后果，导致本该下放的行政权迟迟不愿意下放，新区的体制优势将大打折扣。而且，这一矛盾如果得不到不解决，新区管理机构所实施的行政行为都将被置于"主体不合法"的危险境地。在行政法上，新区管委会是不是一个独立的行政主体，关系到新区依法行政的全局。

关于新区管委会的法律地位，目前国内大多数开发区、经济特区、高新技术园区和新区管理机构被认定为地方政府派出机构。但这并不符合行政法原理，也不符合新区管理机构的实际情况，无法解决新区发展中的体制障碍。从行政法理论上看，依行政组织法一般原理，政府派出的组织应该为派出机关，部门派出的组织应该为派出机构；从实践要求看，新区管理机构与地方人民政府的派出机关，比如行政公署、区公所、街道办事处最为相似；从授权范围来看，新区管理机构获得的授权相当广泛，而政府职能部门的派出机构获得的授权比较单一；从实施行政行为时使用的名义看，新区管理机构能以自己的名义实施行政行为，而职能部门的派出机构只能以派出他的职能部门的名义实施；从责任能力看，新区管理机构在授权内和授权外都是当然的责任主体，而职能部门的派出机构在授权外不能充当责任主体。因此，将新区管理机构认定为政府派出机构有待商榷。

4. 新区的管理体制问题

通过《条例》明确新区的管理体制和运行机制是保障管理体制的科学性、规范性和相对稳定性的重要条件，是实现规划目标的重要立法需求。立法的关键在于如何设计高效、廉洁、具有海洋海岛特色的管理模式，科学构建职能、结构、机制三要素，推进政府职能的科学化、规范化、法定化运作。在重构管理体制时，既要总结其他新区的已有经验，又要考虑舟山特质，还需关注如何消除目前不利于市场基础性作用发挥的体制机制障碍，积极推进责任政府、服务政府和法治政府建设。

目前，国内其他新区在管理体制上主要有天津滨海新区、上海浦东新区、珠海横琴新区等管理模式。其中，天津滨海新区通过立法成立新区管委会统一管理，但现行管理体制正在改革完善，核心是加强管委会的职权。上海浦东新区则是成立新区政府，由新区政府统一负责、统一管理；珠海横琴新区通过立法设立“发展决策委员会”、“管理委员会”和“发展咨询委员会”，分别负责决策、执行、监督，形成“三位一体”的管理格局。其他新区的成熟经验对舟山群岛新区无疑具有积极借鉴意义。但是也必须认识到，舟山群岛新区虽同为“国家级新区”，但具有许多特质。首先，舟山系既成的省辖市建制，且新区范围与舟山市行政区域一致，具有完整的市县（区）两级政府。因此，舟山新区不管是成立管委会还是直接设立新区政府，均具有宪法和组织法律依据，可以视情况撤并原县（区）机构，不会产生浦东、滨海新区直辖市下设立新区政府而必须撤销原区政府的问题。其次，舟山新区作为我国海洋综合开发试验区和浙江海洋经济发展的先导区，要与国际经济发展接轨，体现海洋经济特色，以为国家提供海洋经济发展新模式的示范作用为目标，这是在新区管理体制设计时必须要考虑的重要特色性因素。再者，舟山新区作为中国首个群岛新区，其在地理环境、人文因素等方面的特质也是制度设计中必须要纳入考量的因素。

为此，要通过《条例》的制定进行制度创设，理顺和创新新区管理体制。首先，确立法制化、规范化、精简高效的行政管理体制改革原则；其次，要明确新区管委会的法律地位及其具体职权。再次，要明确管委会的工作机构设置及与市政府职能部门合署办公的关系；最后，要对功能区管理机构的设立作出规定，确立各功能区管理机构依法行使县级经济管理职能，各县、镇人民政府和街道办管理行政和社会管理事务的模式，同时对社会各界参与管理作出倡导性规定。

5. 新区特殊政策的稳定性和可兑现性问题

特殊政策是世界经济性特区存在、发展和繁荣的基础。各种优惠待遇和措施不应只是制度上规定的一种许诺，更重要的是要在实际执行中充分发挥其作用，这就必须要借助法制的权威性、稳定性和保障力来加以贯彻实施。现代社会的一个显著特点就是，国家政策须以法律形式加以系统的阐述。只有这样，国家政策才更有可操作性、特色性和权威性。从国际经验来看，各发展中国家和地区在设立经济特区时，都首先制订有关的法律，把经济特区的地位、发展目标以及优惠政策和投资保护措施用法律确立下来，并公诸于世，以吸引投资者。国务院批复的《浙江舟山群岛新区发展规划》明确了舟山群岛新区的“三大战略定位”和“五大发展目标”。基于这三大战略定位和五大发展目标，《规划》赋予新区一系列特殊政策，包括海洋综合开发试验政策、开放合作政策、海洋产业发展政策、海洋海岛生态环保政策、海洋海岛生态环保政策、海洋科教文化提升政策、社会管理创新政策等。作为新区“基本法”的《浙江舟山群岛新区条例》必须将这些特殊政策加以宣示和固化，为后续制定其他相关单行法规、政府规章以及其他规范性文件提供立法根据。同时，既然是“基本法”，也就无需过多涉及尚不成熟的具体操作层面的内容。

6. 新区先行先试的法制保障问题

为了保障《浙江舟山群岛新区条例》规定的各项制度和政策措施得到贯彻落实，同时也为了给改革创新、先行先试创造宽松的环境，《条例》应建立和健全相应的激励和约束机制。

（三）《浙江舟山群岛新区条例》的立法宗旨、指导思想和基本原则

1. 立法宗旨

制定《浙江舟山群岛新区条例》的根本目的，就是从法律制度上将中央给予浙江舟山群岛新区各种先行先试的特殊政策和海洋经济发展、海洋综合开发等管理创新机制固定化、法律化，把浙江舟山新区建设的战略定位、指导思想、基本原则和主要措施等以法规形式确定下来。在突破旧的体制性障碍的同时，鼓励、引导先行先试，为新区建设构筑制度保障。

2. 指导思想

根据《中华人民共和国立法法》等法律法规和《国务院关于同意设立浙江舟山群岛新区的批复》，结合《浙江舟山群岛新区发展规划》，在制定《浙江舟山群岛新区条例》的过程中，应以《国务院关于同意设立浙江舟山群岛新区的批复》和《浙江舟山群岛新区发展规划》所确立的建设浙江舟山群岛新区的指导思想为立法的指导思想，即：以马克思列宁主义、毛泽东思想、邓小平理论和“三个代表”重要思想为指导，深入贯彻落实科学发展观，按照国家海洋发展总体战略部署和国家“十二五”规划纲要总体要求，围绕国务院确定的“三大定位、五大目标”，以海洋经济科学发展为主题，以加快转变经济发展方式为主线，以深化改革为动力，以先行先试为契机，充分发挥战

略区位和资源优势，统筹海洋经济与陆域辐射、经济建设与民生保障、资源开发与生态保护，做强海洋战略性新兴产业，增强科教文化软实力，加大涉海政策和体制机制创新，为实施海洋强国战略、推进东部地区发展方式转变、促进全国区域协调发展作出更大贡献。

3. 基本原则

所谓《浙江舟山群岛新区条例》的基本原则，就是贯穿于整部法规之中，指导该法规的制定和实施等活动的基本准则，是对法规全部具体规范的精神实质的概括，反映着法规的价值和目的所在。因此，在明确了《浙江舟山群岛新区条例》的立法宗旨、指导思想的基础上，要制定出一部具有科学性、规范性、有特色、可操作的高质量的地方性法规，还必须明确《条例》应当贯彻的基本原则。至于《条例》应当贯彻哪些基本原则，从根本上讲，需要深入到浙江舟山群岛新区建设自身的政策法律的原则需求中探求；从立法的政策根据讲，具体应从《国务院关于同意设立浙江舟山群岛新区的批复》，尤其是《浙江舟山群岛新区发展规划》中提炼和把握。因为，经国务院批准的《浙江舟山群岛新区规划》是有关新区地位、发展目标以及优惠政策和投资保护措施的总体计划，而《浙江舟山群岛新区条例》主要就是将这一总体规划转化为行为规则的法规，《规划》所确立的新区建设发展的基本原则也应当是《条例》所应贯彻的基本原则。

第一，理性有序，科学发展原则。新区开发要遵循海洋开发规律，注重开发时序、强度和广度，正确处理对外开放与国家安全、经济发展与民生保障、整体推进与重点突破等关系，实现群岛理性有序、科学发展的目标。

第二，逐岛定位，特色发展原则。突出新区的“港、景、渔、海、岛”等特点，充分发挥海港优良、海岛众多、海域辽阔等优势，扬长避短，因地制宜，确立新区主导产业发展和各岛功能定位，形成特色鲜明、优势突出的新区开发格局。

第三，先行先试，创新发展原则。充分发挥新区的先行先试优势，重点在海岛开发、海洋开发、海陆统筹等领域改革中率先实验，用足用好用活国家赋予的政策。大力推进改革开放，创新体制机制，在开发开放中激发活力，创新发展。

第四，转型升级、高端发展原则。把优化经济结构和转变发展方式作为经济发展的主攻方向，大力建设高端化、高质化、高新化的现代海洋产业体系。以科技引领新区产业转型发展，深入实施科技兴海战略，建立海洋研发、试验基地，全面提高海洋综合开发的质量和水平。

第五，海陆统筹，联动发展原则。把海洋资源优势与陆域产业、科技、人才等优势有机结合，构建海陆统筹的港口集疏运、能源供给、水资源保障、信息通信、防灾减灾等网络，实现海陆产业联动发展、基础设施联动建设、资源要素联动配置、生态环境联动保护。立足区域视角，注重与上海、宁波等周边城市联动开发，协调发展。

第六，生态优先，持续发展原则。注重保护和开发并举，坚持海洋经济发展与海洋生态环境保护相统一，海洋资源开发利用与资源环境承载力相适应，把海洋生态文明建设放到突出位置，促进人与自然和谐，实现海洋经济的可持续发展。

第七，改善民生，和谐发展原则。始终坚持发展依靠人民，发展为了人民，发展成果由人民共享；努力增进民生福祉，充分发挥群众的积极性、主动性，保持社会和谐稳定。

（四）《浙江舟山群岛新区条例》的体例和逻辑结构

体例和逻辑结构问题是制定法律、法规时所要面临的一个基本技术问题。法律起草的规则之一就是"先结构，再具体"。因为"与句法相比较，法案的可理解性更多地依赖于它的结构"，任何一个第一次接触法律的人首先看到的也是法律的外在样式，立法起草要做的第一项工作，就是确定法律的整体框架。

1.《浙江舟山群岛新区条例》的体例

法律体例主要是指法律的外部结构形式，指法律卷、编、章，节、条、款、项、目的划分，段落的划分及划分的原则和技术等。法律规定的内容或事项通常以类或方面来概括，这就决定了一般法律不可能过于简单，以至于到了不需要划分的程度。同时，法律不同于一般的文书的最大特点在于，它作为行为规范，要求人们去遵守、执行，而为了遵守，执行的方便，不宜将它的规定通篇从头到尾不加以划分。对于法律体例，我国《立法法》第 54 条第 1 款、第 2 款规定："法律根据内容需要，可以分编、章、节、条、款、项、目。编、章、节、条的序号用中文数字依次表述，款不编序号，项的序号用中文数字加括号依次表述，目的序号用阿拉伯数字依次表述。"这是我国法定的立法体例。当然，并非所有法律都必须具备所有的组成部分。法律体例的复杂程度取决于该部法律内容的复杂性。如果法律所调整的社会关系比较单一，处理的社会问题并不复杂，涉及的权利义务关系也很简单，其法律体例也就必然简约。因此，在设计法律草案时，考虑采用何种法律体例，首先要考虑的是法律所调整社会关系的复杂程度。法律体例是形式，而形式取决于内容。通常只有内容比较复杂，所调整的社会关系庞杂、权利义务众多、法律篇幅较长的法律才会有分编。章则是绝大部分法律都有的组成部分，章可以不依编和节而独立设置。对于内容不复杂的法律而言，有时候也可以不设章而直接以条款表述。我国其他各经济特区、新区和经济区所制定的"基本法"在体例上主要有两种：一种是分若干章，一种是不分章节而直接以条款表述。总体上看，不分章节的其篇幅较短，一般都是 30 个左右条文；而分章节的其篇幅较长，一般都有 50 个以上条文。《浙江舟山群岛新区条例》作为浙江舟山群岛新区建设的“基本法”，其调整范围、涉及领域很宽，内容比较复杂，其调整对象不限于新区的某一特定事项，而涉及在新区建设发展过程的经济、文化、社会生活的方方面面的社会关系。浙江舟山群岛新区作为我国第四个国家级新区，从国务院对其确定的“三大定位、五大目标”中可以看出，它不同于其他经济特区、经济区，其所进行的改革试验更具综合性。这就决定了《浙江舟山群岛新区条例》调整的社会关系的广泛性、内容的复杂性，其篇幅不应过短，30个左右的条文显然支撑不了这样的内容。如果条文过少，其规定势必过于宏观、笼统、原则，就会失去法规应有的可操作性。因此，《浙江舟山群岛新区条例》以采取设章的体例为宜，章下面可以不分节，而是直接每章分若干条文。这种法规体例也是我国其他各经济特区、新区和经济区“基本法”常采用的基本体例。

2.《浙江舟山群岛新区条例》的逻辑结构

所谓法律的逻辑结构是指法律的内部结构，即组成法律的各种法律规范的内在构成，所关注的是法律规范在内容上的逻辑关系。《浙江舟山群岛新区条例》的逻辑结构也就是其各章和条文之间的逻辑关系及具体安排的逻辑顺序。在我国，综合性立法文件往往是按总则、分则和附则的秩序来布局。《浙江舟山群岛新区条例》既然是一部综合性立法文件，当然也可如此布局：以总则作为开篇，总则是统领整部法规的基础。总则一般应包括以下几个方面内容：立法目的，即立法者希望通过制定该法所要达到的目标；立法依据，即制定法律的社会现实依据和法律依据；法律原则；有关基本制度，即体现法规原则的实质性制度安排；法律效力范围，即该法规所具有的拘束力和强制力所及的范围，包括三个维度——对人效力范围、时间效力范围和空间效力范围。《浙江舟山群岛新区条例》在总则部分应规定立法目的、依据、适用范围、新区战略定位、新区建设发展应遵循的原则、实行体制创新等内容。分则是任何一部法律、法规的主体结构。分则的内容应对总则规定的基本原则、指导思想、基本制度等总括性内容通过法律规则加以具体化。我国目前所制定的大部分法律、法规中，分则的内容并未直接冠以“分则”之名，而是在总则之后分数章来体现分则的具体内容。《浙江舟山群岛新区条例》也当如此。分则的内容因法律、法规不同而呈现很大的差异，因而其编排的顺序也迥然各异，但各章和条文之间都应有一定的逻辑顺序，从而确保法律内容的连贯性和一致性。一般来说，对于实体法的分则，应按照各部分的内在逻辑来编排。分则内容的结构合理、层次清晰、顺序恰当，对于法规的有效实施具有重要作用，也有助于人们理解和把握法律的具体内容。至于《浙江舟山群岛新区条例》分则应安排什么样的具体内容，这取决于浙江舟山群岛新区建设发展中需要立法解决哪些重点问题。根据《国务院关于同意设立浙江舟山群岛新区的批复》和《浙江舟山群岛新区发展规划》，可将其归纳为新区建设的组织管理问题、开放合作问题、产业促进问题、生态环境保护问题、基础设施建设问题、科教文化发展问题、社会民生问题。其逻辑关系为：以组织管理为保证，以开放合作为牵引，以产业促进为抓手，以生态环境保护为重心，以基础设施建设为基础，以科教文化发展为支撑和指引，以社会民生为归宿。与此相应，《浙江舟山群岛新区条例》可设以下 8 章：组织管理、开放合作、产业促进、生态环境保护、基础设施建设、科教文化建设、社会建设、保障措施。附则是对总则和分则内容的补充，对于有些不适合放入总则或分则却是实施法律所必不可少的内容，即对总则和分则具有辅助作用的内容，则可以将其纳入附则中加以规定。我国现行的制定法中，附则的内容通常包括：关于实施日期的规定、关于废止或保留有关法律的规定、关于名词和术语的定义、关于实施细则的制订的授权规定，等等。《浙江舟山群岛新区发展规划》可设附则一章，主要是关于实施日期的规定和关于实施细则的制订的授权规定两项内容。

（五）《浙江舟山群岛新区条例》的主要条款设计

《浙江舟山群岛新区条例》作为浙江舟山群岛新区的“基本法”，重在规范浙江舟山群岛新区建设发展中的宏观、原则和重点问题，整部法规都应据此进行条款设计。根据前述浙江舟山群岛新区建设发展中需要立法解决的重点问题，《浙江舟山群岛新区条例》在其主体结构即分则部分，必须有以下几方面的主要条款设计。

1. 关于新区管理机构的法律地位

《中华人民共和国地方各级人民代表大会和地方各级人民政府组织法》第六十八条规定：省、自治区的人民政府在必要的时候，经国务院批准，可以设立若干派出机关。据此，将新区管委会认定为省人民政府的派出机关是有组织法上的依据的。《浙江舟山群岛新区条例》完全可以将其确定下来，明确规定：“省人民政府设立浙江舟山群岛新区管理委员会，作为其派出机关……”同时明确规定新区管委会的职权范围。如此，新区管理机构的法律地位问题就可以解决，同时新区省级经济社会管理权限如何行使、谁行使的问题也得以解决。

2. 关于管理体制

管理体制应单独设立章节，且应放在总则后的第二章节，体现其重要性。具体条款设置主要考虑以下几个方面：第一，组织领导。《浙江舟山群岛新区发展规划》提出，省人民政府要集全省之力推进舟山群岛的建设，切实加强对舟山群岛建设的组织领导，且不管采取何种管理体制，均需要省政府的支持。故条例中需对此首先予以重申、明确。

第二，设置原则。行政管理体制改革体现的是综合性体制创新力度，立法时需确立建设法制化、规范化、精简高效的行政管理体制的原则。第三，管理机构。设立浙江舟山群岛新区管理机构——浙江舟山群岛新区管理委员会，代表浙江省人民政府在浙江舟山群岛新区建设中依法行使省级经济社会管理权，并明确其管理职责。第四，新区管委会工作机构。明确工作机构的设立原则及与市政府职能部门合署办公的关系。第五，功能区管理机构。确立各功能区管理机构依法行使县级经济管理职能，各区、县人民政府管理行政和社会事务的模式。第六，对社会各界参与管理作出倡导性规定。

3. 关于海洋综合开发试验政策措施

建设我国海洋综合开发试验区，是浙江舟山群岛新区三大战略定位之一，《浙江舟山群岛新区发展规划》对此作了专章规定。该部分也是国家赋予舟山新区先行先试、体制机制创新的核心内容，是要素保障的重点。主要包括创新用地用海管理体制机制、创新金融和投资体制机制、创新民营经济发展方式、海洋管理体制以及深化财税制度改革、统筹城乡综合配套改革等。

第一，土地利用管理。土地资源是舟山的发展瓶颈，土地优惠政策是新区建设的重要保障，土地管理制度的创新是先行先试政策探索的主要内容。在立法中，要充分运用舟山独特的传统渔区和群岛特点，寻找土地政策的突破口。基于土地政策的刚性，比较其他先行立法的特区、新区，其立法规定都较为原则，只有国家给予具体土地优惠政策才在立法中予以明确规定。舟山新区发展的土地要素制约，主要体现在土地总量小，可开发土地更少；用地指标与土地规划严重倒挂；耕地保护和占补平衡压力较大等。为破解上述问题，必须争取土地优惠政策。《浙江舟山群岛新区发展规划》对用地保障提出一系列措施，包括推进全国土地利用总体规划定期评估和适时修改试点工作；调减基本农田保护任务和耕地保有量；建设用地计划指标实行差别化管理；实施国家重大建设项目用地政策，按市场化机制实施国家统筹耕地占补平衡；试行渔耕占补平衡新模式等。根据规划内容，结合舟山实际需求，在制定《浙江舟山群岛新区条例》时可作以下安排：其一，确认《浙江舟山群岛新区发展规划》的依据性效力，土地利用总体规划就应当依据《浙江舟山群岛新区发展规划》进行适应性修编。其二，新区建设用地计划指标实行差别化管理。其三，新区发展规划确定的重大建设项目在新增用地指标分配上拟制为国家级重大工程，以部分解决新区发展中建设用地指标紧缺的问题。其四，鼓励新区积极探索土地利用总体规划评估修改试点、综合改革试点，旅游产业用地改革试点，滩涂及围填海形成土地综合开发利用试点。其五，新区应当在执行土地用途管制的基础上，促进农村集体建设用地依法流转，逐步建立城乡统一的建设用地市场。

第二，用海管理。对于舟山来说，用海体制与用地体制处于完全同等重要的地位，或许长远来看，用海体制创新更有意义。用海体制主要包括海域使用权制度及围填海建设管理两方面。上述两方面的制度创新，可以充分发挥市场机制在海洋资源开发中的基础性作用，拓展新区在海洋立法方面先行先试的空间。对于海域使用权，具体应在《海域使用管理法》基础上就海域使用权的取得方式、海域使用权的登记、海域使用权转让制度等，作一些宣示性、强化性、补充性的规定。对于围填海管理，具体应对新区建设过程中加强围填海项目海域使用管理，严格围填海海域使用项目报批予以宣示性规定。还应将《浙江舟山群岛新区发展规划》中提出的"涉及新区重大建设项目的围填海计划指标由省政府优先保障，建设用海围填的建设用地应该依法申请国务院批准，不纳入建设用地指标"的政策固定下来。

第三，海洋管理。《浙江舟山群岛新区发展规划》规定了新区要探索建立海洋联合执法机制、海洋海岛综合开发保护的综合协调机制、海上执法预警系统和应对海上突发事件的快速反应工作机制。海洋管理机制创新是建设海洋综合开发试验区的重头戏。目前，舟山与其他沿海地区一样，受传统的"以陆定海"思想的长期影响，地方海洋管理部门与其他产业、其他管理部门职能相互交叉。海洋管理涉及海洋权益、海洋资源、海洋环境、海洋执法等方面，又涉及海洋渔业局、港航局、国土资源局等10多个部门。涉海管理部门多，且级别和权限较低，不具有统筹和协调海洋开发的职能，亟需改革创新。由于海洋管理体制改革是一个系统工程，涉及面广，《浙江舟山群岛新区条例》不可能就改革作系统具体的规定，可以将《浙江舟山群岛新区发展规划》的有关内容在《浙江舟山群岛新区条例》中作出宣示性规定，并授权浙江省政府和新区可以根据发展需要，在时机成熟的情况下制定有关海洋管理体制机制的行政规章和规范性文件。

第四，金融体制。《浙江舟山群岛新区发展规划》对于新区金融体制从金融机构建设、金融产品创新和金融管理体制改革三个方面提出了相应内容：一是支持舟山设立海洋综合开发金融创新试验区，允许设立外资银行，放宽外汇管理权限，在地方债券发行等方面给予优先扶持。允许通过上市发行股票、发行债券或资产证券化等形式募集市外资金，确保重点项目和重点工程建设融资需求。可建立舟山海洋产业投资基金，重点加强对海洋产业的金融支撑服务，鼓励金融机构创新金融服务产品，吸引民间资金进入海洋产业，构建多层次、多元化、多渠道融资体系。二是构建多层次的金融组织体系。争取设立浙江省海洋发展银行等政策性银行；鼓励外资银行在新区内设立分支机构；积极引进更多的专业银行、保险、担保、信托等金融企业在舟山设立分支机构；扶持发展地方商业银行、农村合作金融机构、村镇银行、小额贷款公司、村镇银行、农村金融机构等组织。三是构建涉海业务金融服务体系。银行业要积极探索创新航运融资方式，发展航运业多元化融资体系，大力开展包括船舶抵押贷款、船舶融资租赁、船舶融资租赁信托以及船舶出口信贷等融资服务，同时通过建立产业基金、股权投资基金，为航运业发展提供融资支持。银行业应与信托、租赁以及港航产业发展基金，联手建立起多渠道航运融资平台。对此，《浙江舟山群岛新区条例》应作出相应的概括性规定，为以后制定相关法规、规章准备立法依据。

第五，财税制度。根据《立法法》第八条的规定，一般地方立法无权设定关于税收、金融的基本制度，如果没有获得特别授权，《浙江舟山群岛新区条例》只能对优惠财政、税收政策作概括性规定，如：规定享受优惠税收政策的前提条件，即在新区投资兴办的企业享受国家规定的优惠政策；符合新区发展规划和产业布局的投资项目享受新区相应的特殊优惠政策。如果获得了经济特区立法权，可再制定新区财政、税收优惠办法。

4. 关于开放政策和区域合作机制

全方位扩大内外开放，实施港口全面开放和更为自由的贸易政策，加强亚太区域合作和深化国内长三角区域合作、甬舟沪合作，是浙江舟山群岛新区改革试验的主要特色所在，在其建设发展中起着至关重要的牵引作用。必须通过“基本法”将这方面的有关政策固定化、法律化，构建起制度化的区域合作运行机制。为此，根据《国务院关于同意设立浙江舟山群岛新区的批复》和《浙江舟山群岛新区发展规划》可作如下规定：浙江舟山群岛新区全方位扩大开放，实施宽领域、高水平的对外开放政策，创新对外开放体制机制，建设成为我国承接国际资本、人才、技术等要素转移，配置国内外资源的重要平台和长三角地区和长江流域重要的海上开放门户。同时，还要对保税港区的建设作出原则性规定，为以后出台相应法规准备依据；对自由贸易园区、自由港市作宣示性、引导性规定；对口岸开放的主要制度措施作出规定。《浙江舟山群岛新区条例》应当明确规定加强亚太区域合作和深化国内长三角区域合作、甬舟沪合作的主要内容、措施和协调运行机制。

5. 关于促进海洋产业发展的政策措施

建成我国重要的现代海洋产业基地，是浙江舟山市群岛新区的重要发展目标。海洋产业的快速、可持续发展，离不开保障促进政策措施的支持。为此，《浙江舟山群岛新区条例》应将《国务院关于同意设立浙江舟山群岛新区的批复》和《浙江舟山群岛新区发展规划》中确定的有关促进海洋产业发展的主要政策措施，转化为系列法律规范。现代社会的一个显著特点就是，国家政策须以法律形式加以系统地阐述。只有这样，国家政策才更有可操作性、特色性和权威性。当然，由于政策具有变动性和时效性《浙江舟山群岛新区条例》作为地方性法规，相对稳定，故不宜在其中规定过于具体的促进政策。但对一些已经定型的基本政策应在条例中规定下来、宣示出来。具体政策可以由《浙江舟山群岛新区条例》授权制定相关规章、规范性规定。具体而言，

《浙江舟山群岛新区条例》应对促进海洋产业发展作以下规定：一是明确规定重点培育和改造提升的相关产业，改革、完善产业准入制度。二是对制约海洋产业发展的土地、资金、金融、人才等关键问题的政策，作出原则性规定：明确创新用地方式，建立用海与用地相衔接的机制，改革完善用海用地保障制度；规定相关的税收优惠政策；规定设立浙江舟山群岛新区海洋经济发展基金，支持基础设施建设和重点产业园区、重大产业项目建设；设立口岸建设专项资金，用于口岸配套建设；舟山港域征收港口建设费全额返回舟山用于港口建设，养殖用海依法减免海域使用金；创新人才管理服务机制，制定有利于人才引进的优惠政策，完善人才公共服务体系，优化人才发展环境，建立海洋创新人才特区等。三是对加强金融服务、商贸信息服务、社会服务及中介培育的重要政策措施作出规定：组建区域性投融资平台，支持组建浙江海洋发展银行、浙江海洋开发保险公司；放宽外资航运金融和航运保险机构经营准入，允许外资银行在舟山设立分支机构，经营人民币业务；建立大宗商品贸易清算中心，开办跨境贸易结算、离岸金融业务、离岸服务外包业务、航运保险业务；试行船舶碰撞强制责任险，创新海事责任保险；建设大宗商品交易服务平台，完善大宗商品交易平台配套服务，搭建货物交易及运输一体化平台；培育发展社团行业组织、社会中介组织、志愿者团体等各类社会服务机构和组织；鼓励境内外从事金融、保险、律师、会计、信息咨询、风险投资、研究开发的组织和个人，在舟设立机构，依法开展业务活动等。

6. 关于海洋海岛生态环保

设立浙江舟山群岛新区是国家实施海洋发展战略的一项重要举措。《国务院关于同意设立浙江舟山群岛新区的批复》明确要求，浙江舟山群岛新区建设要突出科学发展主题和以加快转变经济发展方式为主线，要创新海洋海岛综合保护开发方式，建成海洋海岛综合保护开发示范区。在新区建设发展过程中，要始终坚持开发与保护并重、修复与保护并举的方针，要把海洋海岛生态环保、海洋生态文明建设放在极其重要的位置。这些当然也应该是《浙江舟山群岛新区条例》立法规范的重点问题之一。应设立专章规定以下内容：一是坚持开发与保护并重、修复与保护并举的方针，强化生态保护责任，实行生态环境保护责任制和问责制；二是建立健全岸线、海岛分类保护、海洋资源保护、陆海污染防治体制机制，建立健全海洋海岛生态补偿机制；三是支持、引导发展循环经济，建立与循环经济发展相适应的技术创新体系，完善发展循环经济的激励约束机制和统计评价制度。

7. 关于陆海统筹

探索陆海统筹发展新路径，是浙江舟山群岛新区担负的重要使命之一；建成陆海统筹发展先行区，是浙江舟山群岛新区建设发展的重要目标。为此，在浙江舟山群岛新区必须创新陆海统筹综合管理的体制机制，实现陆海产业联动发展、基础设施联动建设、资源要素联动配置、生态环境联动保护，为全国陆海统筹发展提供示范。对于这些，必须在《浙江舟山群岛新区条例》中有所体现。当然，既然是探索陆海统筹发展新路径，《浙江舟山群岛新区条例》没有条件也不宜对陆海统筹综合管理的体制机制和陆海统筹方式和措施作出具体规定。因此，《浙江舟山群岛新区条例》中关于陆海统筹问题的规定，可作以下处理：其一，将陆海统筹、联动发展作为《浙江舟山群岛新区条例》的一项基本原则规定下来；其二，在有关区域合作的规定中，设置关于陆海统筹，联动发展的款项，建立区域海陆一体化发展协调机制；其三，可以对《浙江舟山群岛新区发展规划》中已经规划出的关于基础设施联动建设重大建设项目和政策措施作出若干专项规定，其中可包括：综合交通设施、水利设施、能源设施、信息设施、防灾减灾设施等方面的条款，具体内容按《浙江舟山群岛新区发展规划》安排；其四，通过授权条款规定，浙江省政府和浙江舟山群岛新区管理委员会在时机成熟的情况下制定有关陆海统筹综合管理体制机制的行政法规和规范性文件。

8. 关于科教文化和社会建设

浙江舟山群岛新区的建设发展，必须全面落实科学发展观，大力实施科技兴海战略，提升海洋文化软实力，构筑我国重要的海洋科教文化基地。海洋科教文化发展在新区建设发展中具有不可或缺的重要地位和作用，既是其建设发展的目标之一，同时也为整个新区的社会经济发展提供精神智力支撑和指引。因此，如何促进海洋科教文化的发展、构筑海洋科教文化基地，是《浙江舟山群岛新区条例》立法所要规范的重点问题之一。为此，《浙江舟山群岛新区条例》中应当明确规定促进海洋科教文化发展的方针和措施：一是明确科技兴海战略方针，如规定浙江舟山群岛新区应当实施科技兴海战略，提升海洋文化软实力，使之建设成为我国重要的海洋科教文化基地。二是规定促进海洋科教文化发展的主要措施，包括建立健全科技、教育、人才三位一体的工作体系，建设国家级海洋科教基地，加强海洋科研创新载体建设，发展海洋高等教育和海洋职业教育，传承和发展优秀海洋文化，吸收现代文明成果，整合提升舟山海洋历史文化、民俗文化、宗教文化、生态文化、旅游文化，使之融合成特色鲜明的海洋文化，实现海洋文化的良性发展等内容。三是强化对知识产权的法律保护，规定依法保护知识产权，鼓励投资者以知识产权、创意和营销网络等无形资产参与投资创办企业。

建设海岛和谐社会是浙江舟山群岛新区建设发展的目标之一，改善民生、和谐发展是其建设发展中必须坚持的一项基本原则。在新区建设中，要始终高度重视民生工作，加强以全面改善民生为重点的社会建设，创新社会管理机制，提高基本公共服务均等化水平，促进社会公平正义，维护社会和谐稳定，形成人民幸福安康、社会和谐进步的良好局面。为此，《浙江舟山群岛新区条例》应对以全面改善民生为重点的社会建设作出规定：一是对保障就业作出规定，如规定建立市场化的就业促进体系，深化市、县（区）、乡镇（街道）、社区劳动保障和就业服务的三级网络四级管理体系建设，加强渔农民培训基地建设等。“就业问题不仅是一个经济问题，更是一个社会系统内在协调性和制度均衡性问题。”[1]二是对保证增加居民收入作出规定，如规定新区各级人民政府应当创造条件提高居民收入在国民收入分配中的比重，增加城乡居民财产性收入，健全工资收入分配制度，统筹协调机关、事业单位和企业工资收入分配工作，适时提高最低工资标准，促进低收入岗位工资增长。三是对社会保障体系建设和医疗卫生体系建设作出规定，如规定完善社会保险体系，建立覆盖城乡居民，以社会保险、社会救助、社会福利为基础，以基本养老、基本医疗、最低生活保障制度为重点，以慈善事业、商业保险为补充的社会保障体系和加强公共卫生体系建设，建立健全专业公共卫生服务网络等。四是对社会管理创新作出规定，如规定推进“网格化管理、组团式服务”工作，建立完善多元化的矛盾化解机制，全面落实重大事项稳定风险评估制度。

9. 关于保障措施

《浙江舟山群岛新区条例》对此应作如下规定，以建立健全激励和约束机制：一是规定省人民政府各部门和舟山县级以上人民政府及其各部门对推进浙江舟山群岛新区建设发展工作实行目标管理责任制，建立浙江舟山群岛新区建设工作考核评估制度，对省政府各部门和舟山县级以上人民政府及其各部门开展新区建设情况实行定期检查和专项督查。对因工作失职造成重大建设项目延误或者造成重大损失、恶劣影响的市、区、县人民政府和有关部门、单位的主要负责人，直接负责主管人员和其他直接责任人员，按照国家和本省的有关规定给予问责。二是规定接受人大监督制度。省人大常委会、舟山县级以上人大常委会通过听取本级人民政府有关工作情况的报告，适时作出决议决定，依法加强监督，支持和促进浙江舟山群岛新区建设工作顺利进行。三是规定奖励激励和责任减免条款。对在浙江舟山群岛新区建设发展中取得重大成绩和突出贡献的单位和个人，予以表彰奖励；对在浙江舟山群岛新区开放开发中改革创新、先行先试未达到预期效果，但具有法定情形的，可以减轻或者免除有关人员的行政责任。

[1] 周学锋，高猛．社会组织促进就业功能与制度路径．中国行政管理，2012（11）：36

我们拟定了一个写作条例的框架，供有关部门在制定舟山群岛新区条例时作参考。

浙江舟山群岛新区条例草案

（征求意见稿）

第一章　总则（共5条）

第二章　管理体制(共7条)

第三章　产业促进(共11条)

第四章　开放合作(共6条)

第五章　生态环境保护与建设(共5条)

第六章　社会建设(共6条)

第七章　法制保障(共4条)

第八章　附则(共2条)

第一章　总　则

第一条　【立法目的】为贯彻实施国家区域发展战略和海洋经济发展战略，科学、有序推进浙江舟山群岛新区全面开发开放，根据《浙江舟山群岛新区发展规划》和有关法律、行政法规的规定，制定本条例。

第二条　【适用范围】本条例适用于浙江舟山群岛新区(以下简称新区)。新区范围与舟山市行政区域一致。

第三条　【战略定位】新区作为浙江海洋经济发展的先导区、海洋综合开发试验区和长江三角洲地区经济发展的重要增长极，应当充分利用战略区位和海洋资源综合配置的优势，逐步建成我国大宗商品储运中转加工交易中心、东部地区重要的海上开放门户、海洋海岛综合保护开发示范区、重要的现代海洋产业基地、陆海统筹发展先行区。

第四条　【发展原则】新区开发应当遵循理性有序、科学创新的原则，以发展海洋经济为主线，坚持先行先试、海陆联动、集约发展，鼓励、支持和保护新区体制机制创新，实现经济、社会、生态可持续发展。

第五条　【组织领导】省人民政府应当加强对新区建设的领导，集中力量、统筹规划，加大对新区产业布局、重大项目、重点工程和重要基础设施的支持力度。

省级各部门按照职能分工推进新区相关建设工作。

第二章　管理体制

第六条　【管理机构】省人民政府设立浙江舟山群岛新区管理委员会(以下简称新区管委会)，作为其派出机构，对新区全面建设履行以下职责:

（一）组织实施新区发展规划；

（二）组织编制新区区域性城市发展规划、国土利用规划，经省人民政府批准后，组织实施；

（三）审批县域总体规划和各功能区发展计划及产业布局，报省人民政府批准后实施；

（四）协调或者批准建在新区内、属于省级审批的各类建设项目，协调、组织新区内跨行政区和功能区建设项目的实施；

（五）负责筹集、管理和使用新区建设发展专项资金；

（六）确定新区功能区管理机构与辖区内县、区人民政府的职能分工；

（七）协调省人民政府有关部门和国家有关部委驻新区机构的工作；

（八）行使本条例规定的相关行政审批职能；

（九）省人民政府赋予的其他职责。

舟山市人民政府与新区管委会合署办公。

第七条 【新区管委会工作机构】新区管委会按照精简效能的原则，设立必要的工作机构。

舟山市人民政府有关部门，按照整合统一的原则，与新区管委会工作机构合署办公。

第八条 【功能区管理机构】新区内各功能区设立相应管理机构。

新区内各功能区管理机构在新区管委会的领导下依法行使相应的县级经济管理职能。

新区内县、区人民政府根据职责负责辖区内的行政和社会管理事务。

第九条 【海洋管理体制】鼓励新区进行海洋管理体制创新，探索建立海洋资源保护、海岛综合开发、海洋执法等领域统一高效的综合协调体制机制。

第十条 【行政审批权下放】法律、行政法规规定由县级以上人民政府或者其有关部门行使且现由省人民政府或者其有关部门行使的行政审批权，由舟山市人民政府或者其所属部门行使，具体由新区管委会或者其工作机构负责实施。

法律、行政法规规定专属于省人民政府或者其有关部门行使的行政审批权，省人民政府或者其有关部门应当将该行政审批权委托新区管委会或者其工作机构行使，但法律、行政法规规定不得委托的事项除外。

省的地方性法规和地方政府规章以及部门规章规定由省人民政府或者其有关部门行使的行政审批权，由新区管委会或者其工作机构行使。

本条第一款和第二款规定的具体行政审批事项的目录，由省人民政府有关部门与新区管委会协商后，报省人民政府批准，并向社会公布。

第十一条 【省级部门审批集中】对于第十条第二款规定的法律、行政法规规定不得委托的事项，省人民政府有关部门应当根据需要向新区管委会行政服务中心派驻相应办事机构予以集中办理。

第十二条 【社会参与】完善社会监督机制，健全政府与社会组织、企业、民众的信息沟通和反馈机制，鼓励公众积极参与新区建设。

第三章　产业促进

第十三条 【产业重点】根据国家相关产业发展政策，结合新区资源优势和产业基础，科学编制新区海洋产业优先发展目录：

（一）重点推进现代物流业、海洋工程装备制造业、绿色临港石化产业三大功能板块；

（二）优化提升滨海旅游业、船舶工业、水产品精深加工和贸易以及海洋捕捞和海水养殖业；

（三）逐步培育海洋信息与科技服务业和海洋金融业；

（四）合理发展海洋资源综合开发利用业、海洋生物医药产业；

（五）适时扶持其他符合新区发展定位的产业。

第十四条　【产业准入】新区内实行开放的企业准入制度，鼓励符合新区产业目录的企业入驻新区。

新区可根据国家产业政策的变化，结合开发建设的实际需要，及时更新产业准入目录。

禁止在新区设置不符合国家产业政策和新区发展规划的高耗能、高污染生产项目。

第十五条　【企业登记】

（方案一）鼓励新区改革创新企业登记制度，实行有利于构建法治化、国际化营商环境的企业登记制度。

（方案二）新区可以在企业登记制度上进行改革，实行以下登记制度：

（一）企业主体资格登记与经营项目许可相分离的登记制度。企业可以自主选择经营项目，经营项目许可不作为企业主体资格登记的前置条件，属于一般经营项目的，由工商部门直接登记，属于许可经营项目的，凭审批许可部门审批文件或者许可证件经营；

（二）有限责任公司注册资本认缴制度。有限责任公司登记时，可以提交认缴出资的证明，按照公司法的规定确定出资方式和出资时间，无需提交验资证明；

（三）企业主体资格登记与住所或者经营场所审批相分离的登记制度。企业登记时，只需提交对住所或者经营场所享有使用权的证明，登记机关不再审查场地的法定用途及使用功能，企业还可以在住所登记后办理增设经营场所登记；

（四）其他有利于构建法治化、国际化营商环境的企业登记改革制度。

第十六条　【金融政策】

（方案一）新区应当按照政府主导、社会资本参与、市场化运作的开发模式，加强投融资平台建设，创新投融资体制和政策，鼓励社会资本参与新区的基础设施和公共服务项目建设。

鼓励外资银行在新区设立分支机构，支持各类金融机构在新区设立或者转型成服务海洋经济的专业性分支机构。

积极引入或支持国内外大型金融企业在新区建立涉海业务中心、总部。

支持创新金融产品、创新海事责任保险，探索构建综合性、多元化涉海金融服务体系。

（方案二）新区实行以下金融政策：

（一）支持依法设立浙江海洋发展银行、浙江海洋航运保险公司和舟山船舶金融租赁公司，放宽外资航运金融和航运保险机构经营准入，探索建立舟山离岸金融服务中心。

（二）支持国内外大型金融企业在新区设立涉海业务中心总部或服务海洋经济的专业性分支机构；允许外资银行在舟山设立分支机构、经营人民币业务；支持有条件的小额贷款公司转制为村镇银行。

（三）支持设立产业投资、股权投资、信托和创业基金，发行海洋经济开发债券；支持各类型企业在境内外证券市场上市融资；支持符合条件的企业发行各类债券产品。

（四）支持开办在建船舶抵押、海域使用权抵押、专利权抵押、仓单抵押、存货流动质押、运输仓储公司第三方监管信贷新品种。

（五）支持发展出口票据贴现、出口押汇、国际贸易订单融资、国际保理、船舶出口买方信贷等国际融资业务。

（六）建立大宗商品贸易清算中心，开办跨境贸易结算、离岸金融业务、离岸服务外包业务、航运保险业务。

（七）试行船舶碰撞强制责任险，创新海事责任保险。

第十七条 【税收政策】

（方案一）在新区投资兴办的企业，享受国家规定的优惠政策；符合新区发展规划和产业布局的投资项目，享受新区相应的特殊优惠政策。

（方案二）新区实行以下税收优惠政策：

（一）在制定产业准入及优惠目录的基础上，对符合条件的企业减按百分之十五的税率征收企业所得税。对从事国家非限制和非禁止行业的小企业，减按 20%的税率征收企业所得税。列为新区重点公共基础设施项目的投资经营所得，自项目取得第一笔生产经营收入所属纳税年度起三年内免征企业所得税，第四年至第六年减半征收企业所得税。（企业所得税优惠政策）

（二）对区内注册的物流企业优先推荐纳入国家发展改革和税务总局试点物流企业名单，实行营业税差额征税；对新区占地较大的现代物流企业，按规定缴纳城镇土地使用税确有困难的，可按照税收管理权限经批准后给予减免。（物流企业纳税优惠）

（三）新区企业为开发新技术、新产品、新工业发生的研究开发费用可在计算应纳税所得额时加计扣除；符合条件的固定资产可缩短折旧年限或采取加速折旧的办法；创业投资企业在新区从事海洋优先发展的创业投资，可按投资额的一定比例抵扣应纳税所得额。（计税方法优惠）

（四）对区内注册企业开展离岸贸易、离岸金融、航运服务业务的，参照技术先进型服务企业，给予税费优惠。

（五）对区内企业开展的海外船舶融资租赁业务试行出口退税。

（六）对在区内注册的物资储备基地企业和国内外航运、物流重点企业，实行税收属地管辖。

（七）对中资挂“方便旗”船实行特案减免税、启运港退税。

（八）在国家税制改革框架下先行先试的其他财政税收政策。

第十八条 【用地政策】新区土地利用总体规划应当符合新区发展规划。

新区建设用地计划指标实行差别化管理，省政府应当优先保障新区建设用地指标。

新区发展规划确定的重大基础设施建设项目、重大产业项目和重点海岛保护开发项目享受国家重大建设项目用地政策。

支持新区积极开展土地利用总体规划评估修改试点、综合改革试点，旅游产业用地改革试点、滩涂及围填海形成土地综合开发利用试点。

新区应当在执行土地用途管制的基础上，促进农村集体建设用地依法流转，逐步建立城乡统一的建设用地市场。

第十九条 【用海、用岛政策】发挥市场机制在海洋资源开发中的基础性作用，开展海域、海岛使用权收储，实行海域使用权注册出资，试行海域使用权二级市场流转制度。

改革用海审批制度，推行海域使用权招标、拍卖、挂牌制度，实行行政审批与招拍挂并举的用海审批制度，探索海域使用权试行属地登记制度。

加强围填海项目海域使用管理，严格围填海海域使用项目报批，涉及新区重大建设项目的围填海计划指标由省政府优先保障。

建设用海围填的建设用地应该依法申请国务院批准，不纳入建设用地指标。

海域使用权人可以凭海域使用权证、填海竣工验收批复文件、填海工程竣工测量图等材料，申请换发国有土地使用权证，换发国有土地使用权证不得收取土地出让金。换发国有土地使用权证的具体办法由新区管委会按照相关法律、法规的规定，结合新区实际制定。

第二十条 【基础设施】推进陆海联动综合交通基础设施建设，优化港口集疏运体系，加强重要航道、锚地、引航基地的建设。

统筹水利、能源、信息、防灾减灾等基础设施网络建设。

省人民政府应当建立新区基础设施建设发展专项基金，重点支持新区海岛集疏运、大陆引水等基础设施建设。

第二十一条 【人才政策】新区应当创新人才管理服务机制，制定有利于人才引进的优惠政策，优化人才发展环境，培育海洋创新人才集聚地。

新区应当建立人才发展基金，专项用于企业人才的教育与培训。

鼓励国内外各类人员到新区就业创业。新区内引进的留学人员以及科技、管理、经营等高层次人才，享受住房、配偶就业和子女入学等方面优惠政策。

第二十二条 【科研政策】建立和完善科技投融资体制，以政府科技投入为先导，以企业科技开发投入为主体，以银行贷款和其他投资为辅助，形成多元化的科技投融资体系。

鼓励企业增加科技投入，对于企业自主研发的项目，政府应给予一定比例的补贴，激发企业科技创新的积极性。

鼓励科研机构和研究基地进驻新区，设立科技企业发展贷款担保基金，建立科技贷款担保机构，通过担保机制吸引更多的银行贷款支持企业的科技创新活动。

完善科技创新的市场环境，增强科技成果转化能力。

第二十三条 【知识产权保护】依法保护知识产权，建立合理的知识产权保护机制和便捷高效的知识产权综合服务体系。

第四章 开放合作

第二十四条 【开放方向】全方位扩大开放，实施宽领域、高水平的对外开放政策，创新对外开放体制机制，建设成为我国承接涉海国际资本、人才、技术等要素转移，配置国内外资源的重要平台。

第二十五条 【综合保税区】新区应当按照新区发展规划的要求，建设舟山港综合保税区，逐步建立舟山自由贸易园区，探索打造舟山自由港市。

第二十六条 【口岸开放】新区实行更加开放的口岸政策，建立适应新区特点的口岸监管模式，加大口岸基础设施投入，提升口岸电子化水平，提高通关效率。

第二十七条 【国内区域合作】新区应当加强与长三角城市间的经济合作活动，扩大产业、资源、基础设施等领域的对接和合作，实现资源共享、优势互补、差异竞争、共同发展。

深化沪甬舟合作，完善三地港口合作机制，共建海洋经济创新合作平台。

第二十八条 【国际区域合作】扩大国际区域合作，建立、健全合作机制，创新合作模式，提升合作层次。

支持新区与周边国家建立海洋经济合作区，健全海上救生和救助服务体系。

第二十九条 【邮轮、游艇经济】发展邮轮经济，对国际海员、国际邮轮游客和国际旅游团队游客实行免签证。

鼓励国际邮轮或邮轮公司在新区登记注册。支持开展国际游艇及游艇装备交易业务，设立中国东部游艇和海洋旅游资源交易中心。

第五章 生态环境保护与建设

第三十条 【生态保护原则】坚持开发与保护并重的方针，严格执行海洋功能区划，创新海岛开发保护模式，建立良性循环的生态系统，整体推进新区生态文明建设。

第三十一条 【海洋生态保护】实施重大海洋生态保育工程，推进渔业资源养护、湿地保护与修复和海域生态保护计划。

加强海洋特别保护区的建设与管理，省政府应建立海岛保护专项基金。

加强对海上采砂、滩涂围垦等涉海项目工程监管，保护海底生态环境。

建立健全海洋、海岛生态补偿机制，增加政府对海洋、海岛生态补偿的投入。

第三十二条 【陆海污染防治】

（方案一）完善陆源入海污染物排放总量控制制度、涉海项目的规划环境影响评价管理和海域资源开发利用项目审议制度。

加强涉海工程和涉海排污口监督和监测力度，控制海洋开发利用污染物排放和海洋倾废。

推进跨区域海洋污染防治，与周边城市联合建立环境保护合作机制，完善海洋生态环境分类保护制度。

完善海陆同步监督机制，强化责任追究制度。

（方案二）新区开发坚持保护优先、预防为主、防治结合、源头治理与末端治理相结合的原则，科学划定环境功能分区。

在控制单位国内生产总值污染物排放指标基础上，新区探索实施以功能区环境质量达标考核为依据的环境容量和减排政策。

对国家重点布局的海洋经济发展重大项目所需的污染物排放新增指标，由国家和省里统筹解决。国家预留的污染物排放总量替代指标和省内统筹的建设项目新增排污指标，优先向新区倾斜。

第三十三条 【海洋循环经济】发展循环经济，构建海洋经济循环链，建设循环经济型园区，在水产加工、船舶修造、海洋工程等行业推进产业循环式组合。

建立与循环经济发展相适应的技术创新体系，完善发展循环经济的激励约束机制和统计评价制度。

第三十四条 【生态保护责任】新区各级人民政府应当确定生态环境保护的目标、任务和措施并组织实施，实行生态环境保护责任制和问责制。

第六章 社会建设

第三十五条 【社会管理】新区应当深化“网格化管理、组团式服务”工作，健全社会治安防控体系，完善多元化的矛盾化解机制，建设和谐、平安新区。

支持新区社会管理创新，在渔农村产权制度、户籍制度、社会城信体系、流动人口管理、发展新型组织等方面先行先试，促进城乡一体化发展。

第三十六条 【社会保障】新区应当在基础教育、就业促进、公共卫生、社会保障等方面改革创新，健全以改善民生为重点的各项社会保障体系。

第三十七条 【海洋文化发展】整合提升新区海洋历史文化、民俗文化、宗教文化、生态文化、旅游文化等，发展海洋文化产业，推进海洋文化名城建设。

第三十八条 【海洋科研创新】建设海洋科研基地和孵化器，支持国家海洋重点实验室建设，构筑我国新兴海洋科技研发转化基地。

支持企业与研发机构和高校，联合开展船舶与海工装备、海洋生物医药、海洋勘探开发等领域的科研合作。

第三十九条 【社会服务及中介培育】新区采取购买服务等方式，鼓励和吸引民间资本或者其他社会力量提供公共服务，引进国内外有关金融、法律、会计、资产评估、信息咨询等组织和个人在新区设立机构，推进海损理算、航运结算、保险等涉海涉港现代服务体系建设。

新区应当大力培育社会团体、行业组织、志愿团体等各类社会服务机构和组织。

第四十条 【军民融合式发展】新区应当坚持军民融合式发展，统筹经济建设和国防建设。

第七章 法制保障

第四十一条 【本地法规和规章的特别规定】省地方性法规、政府规章和其他规范性文件的制定机关根据新区先行先试的需要，应适时制定、修改或者废止有关地方性法规、政府规章和其他规范性文件。

省地方性法规、政府规章和其他规范性文件不适应新区实际情况的，新区管委会可以建议制定机关就适用问题作出决定。

在坚持国家法制统一和本省地方性行政法规、规章基本原则的前提下，省政府、舟山市政府可以为落实《规划》、促进新区发展制定相关文件在新区先行先试，并报省人民代表大会常务委员会备案；市人大及其常务委员会可以作出有关决定、决议在新区施行，并报省人大常委会备案。

新区建设必须的超越地方立法权限的事项，由省人大申请全国人大常委会授权省人大及其常用委会制定法规在新区试行。

第四十二条 【激励、惩罚机制】各级人民政府鼓励、支持新区建设，对作出突出贡献的单位和个人给予表彰奖励。

国家机关及其工作人员违反本条例规定，滥用职权、玩忽职守、徇私舞弊的，对直接负责的主管人员和其他直接责任人员，依法给予行政处分。

第四十三条 【司法保障】新区的审判机构、检察机构应当强化审判机制、检察机制等创新，为新区建设提供有力的司法保障。

新区应当支持发展海商、海事仲裁机构，鼓励国内外知名仲裁机构在新区设立联络点，提供仲裁咨询服务。

第四十四条 【创新免责】在新区开放开发中改革创新、先行先试未达到预期效果，但符合以下条件的，可以减轻或者免除有关人员的行政责任：

（一）决策和实施程序符合规定；

（二）个人和所在单位没有牟取私利；

（三）未与其他单位或者个人恶意串通，损害公共利益。

法律、行政法规另有规定的，从其规定。

第八章 附 则

第四十五条 【制定实施规章、办法】省人民政府、新区管委会和舟山市人民政府可以根据本条例制定具体实施办法。

第四十六条 【实施日期】本条例自 ××年 ××月 ××日起施行。

二、创建新区自主立法制度

立法又称法的创制，是指特定国家机关依照一定程序、运用一定技术、制定认可和变动法这种特定社会规范的活动。其内涵主要可分为三部分：一是立法体制，包括立法机构及其立法权限划分；二是立法过程，包括法案的提出、讨论、通过、公布等，是国家有关机关立、改、废法律规范性文件的法定步骤和方式；三是立法技术，指关于法律的内部结构和外部结构的形式、法律的修改和废止方法、法律的文体、法律的系统化等方面的规则、方法与技巧。

深圳的经验告诉我们，经济特区立法权是深圳真正的优势所在。第五届全国人民代表大会常务委员会于 1981 年 11 月 26 日通过了《全国人民代表大会常务委员会关于授权广东省、福建省人民代表大会及其常务委员会制定所属经济特区的各项单行经济法规的决议》。深圳经济特区于 1992 年获得全国人大的授权，享有了经济特区立法权。2000 年，《中国人民共和国立法法》的颁布实施，在保留了经济特区授权立法的基础上，又进一步赋予经济特区所在地的市以较大市的立法权。从 1992 年获得立法权至今，深圳市人大及其常委会出台了 300 多项法规和有关法规问题的决定，构建起基本的法规框架，有效地规范、促进了经济、政治、文化和社会等各项事业的蓬勃发展，其立法探索试验与改革开放试验同为全国的“排头兵”。这很值得舟山借鉴。浙江舟山群岛新区的内涵、特征以及任务，决定了它所需要的立法保障：不仅要有中央的立法保障，还要有地方的立法保障；不仅要有一般地方的立法保障，而且还要有经济特区特殊的立法保障。舟山市应抓住设立浙江舟山群岛新区的机遇，通过省人大向全国人大争取将浙江舟山群岛新区作为经济特区授予舟山市经济特区立法权，并以此取得较大的市的一般地方立法权。这不仅是浙江舟山群岛新区建设发展的客观需要，而且自主立法权的获得也将使新区的城市规格得以提升。

（一）争取自主立法权

1. 浙江舟山群岛新区建设发展需要独立地方立法权

浙江舟山群岛新区是基于国家海洋战略需要产生的，担负的是为国家发展海洋经济破题的使命。在其建设发展过程中，各种先行先试的改革创新举措的实施，必然会产生一系列新问题、新情况，需要及时依法解决。全国性立法不可能针对一个地区经济和社会发展的状况及时作出回应。而地方则不同，它可以通过地方立法解决本地区迫切需要解决的实际问题，完全可以在不便由国家先行立法或国家来不及立法的领域先行立法，及时保证地方经济社会的发展，同时还可以为中央立法在该领域进行探路并积累实践经验。地方立法的这种及时性和直接性，对于浙江舟山群岛新区建设的发展特别重要。由于浙江舟山群岛新区的地理区域限于舟山市，各种先行先试措施也是在舟山市范围内实施，而不是在全省范围内。因此，浙江舟山群岛新区建设发展所需要的地方立法不仅要有省级地方立法权，新区所在地的舟山市也应有独立的地方立法权。

2. 浙江舟山群岛新区建设发展需要经济特区授权立法权

根据我国宪法和立法法的规定，地方立法分为一般地方的立法和特殊地方的立法。省会城市以外设区的市被赋予地方立法权有两种情况：一是经济特区授权立法权。立法法第六十五条规定："经济特区所在地的省、市的人民代表大会及其常务委员会根据全国人民代表大会的授权决定，制定法规，在经济特区范围内实施。"深圳、汕头、珠海、厦门四个经济特区所在地的市已获得这一授权。二是经国务院批准的较大市的职权立法权。立法法第六十三条规定："较大的市的人民代表大会及其常务委员会根据本市的具体情况和实际需要，在不同宪法、法律、行政法规和本省、自治区的地方性法规相抵触的前提下，可以制定地方性法规，报省、自治区的人民代表大会常务委员会批准后施行。"前者由全国人大常委会作出授权决定而获得，后者经国务院批准为"较大的市"后按立法法的规定而拥有。从舟山实际情况出发，在申请争取独立地方立法权在策略选择上，直接申请经国务院批准的较大市的职权立法权不可取。因为国务院自从 1984 年、1988 年、1992 年和 1993 年先后批准唐山、大同、包头、大连、鞍山、抚顺、青岛、无锡、吉林、齐齐哈尔、淮南、洛阳、宁波、淄博、邯郸、本溪、苏州、徐州等 18 个市成为较大的市以后，再也没有批准过较大的市。浙江的温州市从1987年开始申请较大的市，历经20余年未果。舟山目前在经济社会发展、人口数量等基本指标上都不及温州，直接向国务院申请较大的市很难获得批准。而申请争取经济特区授权立法权对目前的舟山而言完全可行，而且正是时机。舟山与深圳等经济特区市一样，都是设区的市。新区与特区在性质上都是改革开放的试验区，而且新区是新时期更高水平的综合改革试验区。新区所在地的市理应拥有经济特区所拥有的授权立法权。上海浦东新区、天津滨海新区、重庆两江新区之所以没有申请争取这种立法权，是因为它们都只是直辖市下的市辖区，按照我国地方人大和政府组织法的规定，市辖区人大和政府不能被赋予地方性法规、规章的制定权。正是受此限制，这几大新区才没有申请这些区的立法权。从实际效果上讲，申请经济特区授权立法权可收“一举两得”之效。因为2000年出台的《中华人民共和国立法法》已将原来由国务院批准的较大的市和经济特区、省会城市统一为“较大的市”。因此，申请经济特区授权立法权一旦成功，在获得了全国人大常委会的正式授权后，舟山市自然就成为“较大的市”而拥有职权立法权。而且，经济特区授权立法权要高于职权立法。经济特区立法权之所以“特”，主要表现在以下四个方面：一是其授权主体是全国人民代表大会，权力来源于最高国家权力机关，是国家立法权派生的特别立法权，是国家立法权的重要组成部分，实际上享有国家立法同等的权力。二是特区立法权是全国人大越过省人大直接授予的权力，因此它超越一般地方立法权的权限，其权限比一般的地方立法更宽泛。三是特区立法权在遵循宪法、法律和行政法规的基本原则前提下，可以对法律和行政法规的具体制度进行变通，而一般地方立法不得与宪法、法律和行政法规的规定相抵触。四是与较大市立法相比，特区立法不需经过省人大的批准即可生效，拥有更大的自主权。立法权实际上就是国家赋予深圳的综合改革试验权。根据《立法法》的规定，职权性立法必须与上位法保持绝对一致，不能变通，否则其制定的地方性法规无效。这对于新区在先行先试的改革创新中那些需要突破现有法律、法规束缚，化解与现有法律规范冲突，超越滞后立法等问题都无法及时解决。而经济特区授权立法权可以对上位法进行变通、补充。因此，特别授权立法有更大的自主性和灵活性。这种特别授权立法是突破创新强有力的保障，是大胆改革的最好选择。舟山群岛新区承担着带动全国海洋经济发展的历史使命，面临着大量法律问题，它更需要这种特别立法权。有了这种特别立法权，就可以对上位法进行适当变通，化解所遇到的各种法律问题，而且面对一系列急需处理的重大问题和新情况，可以进行创制性立法，及时有力地为新区建设发展提供法律保障。

如果直接申请授予舟山群岛新区（舟山市）经济特区立法权确有困难，也可由浙江省申请海洋经济示范区特别授权经济立法权，使舟山群岛新区在此框架下获得海洋经济先行先试所需要的自主立法权。

（二）健全自主立法体制机制

浙江舟山群岛新区一旦获得自主立法权，就必须考虑如何用好立法权，既为新区建设发展提供有效的法制供给，满足新区的法制需求，同时也为国家的相关立法积累经验。

1. 健全立法机构

用好自主立法权，必须有与之相适应的立法机构与立法队伍，特别是要加强法规审议、统一起草等方面的建设。如：

扩大舟山市人大代表在常委会专职常委比例，建立专职常委的选拔制度和工作制度，优化委员结构，增强委员活力，提高委员的责任心、履职能力和履职水平；重点在法律、经济、社会、文化等领域加强专职委员的选拔工作。设立市人大常委会法律工作委员会，法律工作委员会负责研究立法理论、制定立法计划、起草法规草案、完善立法技术、搞好立法评估，以及做好人大代表和委员提交立法案的审查、服务工作，解决人大代表和委员提交立法议案难、提交的立法议案不能得到有效处理等问题；设立市政府法制法规起草机构，统一负责需提交人大审议的特区法规草案和政府规章的起草工作。

2. 完善立法程序

完善的立法程序是加强科学立法、民主立法，提升立法的科学性和公共意志，增强立法的合法性和合理性的内在要求。科学立法、民主立法必须通过制度的形式固定下来，才能减少人为因素，避免部门利益左右立法。

（1）建立立法项目编制制度，提高项目选择的合理性

立法项目的选择和编制要多方征求意见，特别要通过建立完善的审议、决策、听证制度等，确保立法项目选择的科学性和民主性。要建立立法规划项目库。

（2）建立科学立法制度，提高立法的科学性

建立专家库和专家咨询制度，确保制定法规的科学性。要学习国际通行的规定，制定和完善法规起草和审议的标准，完善法规技术规范。要加强立法后的绩效评估，检讨立法得失，及时修改和废止法规，提高立法质量。

（3）建立立法的公共参与制度，提高立法的民主性

对所有提交审议的法规草案，要在一定范围内采取报刊、网络形式公布，让公众知晓并参与立法讨论。要完善听证制度，确保公民对制定法规的知情权和参与权。

（4）建立健全立法审议制度，提高立法的专业性

建立人大常委会组成人员参与立法调研论证制度，提出立法建议和意见。可借鉴

罗伯特会议规则，建立民主规范相对竞争的审议机制，提高立法审议质量。要逐步建立国际上通行的辩论机制和个别条款表决机制，凡属关乎民生的重大立法，还应当征求政协及其他党派的意见。

要通过制定《浙江舟山群岛新区地方立法条例》将以上制度固定下来。

3. 提高立法技术尤其是地方海洋立法技术

立法技术是关于法律的内部结构和外部结构的形式、法律的修改和废止方法、法律的文体、法律的系统化等方面的规则、方法与技巧。地方海洋立法是指有立法权的地方国家机关，依照宪法和法律的规定或者授权，根据本地区的政治、经济和文化生活的特点，制定、修改和废止在本地区适用的海洋或涉海地方性法规和规章的活动。从世界和我国立法实践来看，各国海洋法一般都是由三个层次的规范性法律文件组成：国家海洋法、区域海洋法和地方海洋法。地方海洋法规作为各国海洋法律体系中极其重要的部分，正日益受到广泛持续的关注和重视。其对各国经济发展的核心地带——沿海地区经济和社会发展，正在发挥着越来越重要的规范、调整和保障作用。浙江舟山群岛新区作为我国首个以海洋经济为主题的新区和国家海洋综合开发试验区，更有必要加强地方海洋立法，在充分发挥其对海洋经济和新区社会发展的规范、调整、保障作用和引领、促进作用的同时，也为国家海洋法制建设和海洋法律体系的完善积累经验、提供示范。

自 1994 年《联合国海洋法》生效以来，我国在逐步完善国家层面海洋法规的基础上，地方海洋法也完成了从无到有、由少到多，由临时应急立法到有规划系统立法，由单项立法到综合立法的发展过程。地方海洋法已成为新世纪沿海地区地方立法的重点内容。据不完全统计，沿海省市地方海洋立法、涉海法规和相关发展规划等，已不下 1000 部。立法范围涉及海洋经济、海域使用权、海洋环境保护、海洋生物多样性保护、海洋自然保护区建设、滨海旅游、海洋工程、海岸工程、海岛、渔港渔船、辅助渔船、休闲渔船、人工渔礁、水海产品安全、海洋渔业管理等涉及海洋开发、利用、养护和管理等各个方面。随着全国沿海省市地方海洋法规体系的构建与初步完善，其对地方海洋经济和社会发展正在发挥着重要的规范、调整和保障作用，已成为我国社会主义法律体系不可或缺的重要组成部分；对贯彻落实国家海洋法规、推动地方海洋经济和社会事业的发展，规范海洋行政和海洋管理，保护海洋生态环境和海洋生物多样性，作出了巨大贡献。但是我们也应该看到，当前地方海洋立法在立法技术上还存在如下几方面问题：一是在与相应上位法即国家海洋法规关系的处理上，各地海洋立法处理混乱，相当不统一。例如，各地制订的实施性海洋法规的立法目的和原则，是否需要重复上位法？ 从法理上讲，地方实施性海洋法规除所依据的法律、行政法规的立法目的和原则外，不应再有其他的目的和原则。地方实施性立法应当严格按照其所依据的国家法律法规的立法目的和原则，对具体条文进行补充和细化。但一些地方的实施性海洋法规对所依据的法律、行政法规的立法目的和原则任意增删，这就违背了社会主义法制相统一的原则。如《中华人民共和国海洋环境保护法》第一条规定："为了保护海洋环境及资源，防止污染损害，保护生态平衡，保障人体健康，促进海洋事业的发展，特制定本法。"而辽宁、福建，浙江等省的《海洋环境保护条例》第一条规定基本都是："为了保护和改善海洋环境，保护海洋资源，防治污染损害，维护生态平衡，保障人体健康，促进经济和社会的可持续发展，根据《中华人民共和国海洋环境保护法》等有关法律、法规，结合本省实际，制定本条例。"普遍对上位法做了变动和增加，并且这种现象在海域使用管理法、保护区法等法规中普遍存在。二是各地海洋法规在形式名称和调整范围上的混乱与不一致。法的质量问题同法的形式、名称和调整范围有明显的关联。如果一国不同级别、不同层次的立法主体所采取的法的形式、法的名称没有区别，它们制定的法在调整范围方面没有清晰的界限，则该国法的形式体系和法的部门体系亦即法的体系便是紊乱的。虽然我国《立法法》对地方法规的形式、名称并未做出全面明确而具体的规定，但地方法规在法的形式、名称使用上必须清晰而明确，这是法律所具有的规范性、权威性和严肃性的必然要求。但在实践中，各地海洋法规在名称使用上表现得相当混乱。如宁波市人大常委会制订了《宁波市无居民海岛管理条例》，而厦门市人大常委会则用"办法"来命名相关条例。在立法体系和调整范围上各地也表现得相当不一致，如在渔港渔船管理法规上，广东省先后制订了《辅助渔船管理办法》、《港口管理条例》；辽宁省制订了《渔船管理条例》和《渔港管理条例》；而山东、浙江制订的则是《渔船渔港管理条例》。同一名称的海洋法规在各地的立法主体也差异很大，如各省制订的海洋使用管理法规，浙江、辽宁是由省政府以政府令形式制订的，而福建、江苏则是由省人大常委会以《条例》的形式制订的。地方海洋法规在形式、名称和调整范围上的混乱与不一致，是与我国海洋法治建设的要求不相符的。三是某些地方海洋法规的内容体系、法规结构不完整。法是由若干部分构成的一个统一整体，立法质量与法的结构的完善程度是分不开的。地方海洋法规作为我国法律体系的组成部分，应当具备一般法律所应有的主要内容，即：立法目的、依据、权利、义务、法律责任和附则等内容。法律责任的设定，应当与相应的行为规范相对应。如地方海洋法规作为技术性、专业性很强的法规，附则是不应该少的。附则是法律的重要组成部分，它对保障法的实施具有重要意义和作用。法规附则应该包括名词术语的定义、适用范围的参照、补充规定等，并放在最后部分。而目前各地海洋法规中普遍缺少附则部分，未能充分发挥附则所应有的法律意义和作用。四是法规的语言文字，形式上应该规范统一，内容上应该明确易懂。立法语言文字是立法主体表述立法意图、目的和体现立法政策的一种专门载体，应该比一般的语言文字更为严谨、规范、简洁、通俗和明确，这是保证立法质量必不可少的条件。这方面更是存在随意性大、不严谨的问题。如现行地方海洋法规中，对行政主体的表述方法就随意性较大，渔业法中的渔业行政主管部门的说法被广泛使用，但是这一说法从内容上很难将行政主体与政府机构的设置对应联系起来，在政府机构的设置中也并没有这一具体部门。另外，在相关法规的管理体制表述方式中，"主管"和"负责"就使用得比较混乱，虽然它们在实践中并没有什么根本差异，但这不符合法律语言的要求。

为保证地方海洋立法的科学性、合法性和协调性，提高立法质量，形成完整、规范、协调的法规体系和宽严适度的法律责任。舟山群岛新区在开展地方海洋立法时必须努力提高立法技术，尽力克服和避免当前在立法技术上存在的问题。

（1）加强地方海洋立法的理论研究

造成地方海洋立法中存在诸多问题和混乱的根本原因，就是法学理论界对地方海洋立法的理论，尤其是立法技术理论研究的严重缺失。在理论界，无论是从国际海洋法还是从国内海洋法的角度来看，海洋法律体系都基本被分为三个层次：国际海洋法一般分为国际海洋法、区域海洋法和国家海洋法三个层次；国内海洋法同样也分为国家海洋法、区域性海洋法规和地方性海洋法规三个组成部分。由于对如何正确理解和把握三个层次法律之间的联系与区别，科学认识各个层次海洋立法的特殊性，各个层次海洋立法所应遵循的立法原则和宗旨的处理，各个层次海洋立法体系和调整范围的划分，各自的具体法规的调整对象及适用范围的明确等地方海洋立法所涉及的重大理论问题，都缺乏应有的深入理解和把握，以至于各地海洋立法并不仅仅存在简单的缺乏特色、针对性和实施性的问题，更是存在着缺乏全局性、相互重叠，甚至是相互矛盾冲突的现象。因此，要研究海洋法和地方海洋立法的特性，研究其所具有的独特之处，大力加强海洋法基本理论研究，探讨地方海洋立法在立法技术方面所涉及的各种理论问题。这对提高地方海洋立法技术，制订海洋"良法"，实现海洋法治，构建和谐海洋，无疑是最重要的基础性工作。

（2）形成完整科学的海洋立法规划

法规的制订，必须首先了解当地社会经济发展对法律的客观需要以及立法的可行性等方面的情况，这就是立法预测。立法规划又称立法计划，是指各级立法机关对经过预测的立法项目进行通盘考虑，总体设计，对今后一段时间内立法任务的安排。为了建立完善的海洋法规体系，科学的立法预测并形成整体性的海洋立法规划，是保障各个层次海洋立法科学性、严肃性的重要因素，也是海洋立法工作的首要环节。目前，各地在立法预测与立法规划方面，尚缺乏整体性的统筹考虑和安排，立法的应急性和随意性都比较强。为此，舟山群岛新区应从如下两个方面完善这方面工作：一是组织有关学者、专家和相关行政部门开展海洋立法的调查研究，研究新区海洋经济和社会发展需要，完善立法预测工作，为形成科学、系统化的立法规划提供条件和基础。二是形成科学合理的立法规划。海洋立法规划的主要内容就是提出在一定时期内海洋立法工作的方向、目标、任务、具体的立法项目及进度安排，以及为完成立法规划的措施和保障等。通过立法规划，可以对海洋立法工作进行整体部署和安排，避免海洋立法活动的盲目和无序。当然，各级海洋立法规划的形成，必须在国家整体立法政策的指导下进行，使其不违背国家立法政策的精神、原则和要求，并与当地海洋经济发展形势和海洋资源环境基本状况紧密结合。

（3）加强前期的立法调研工作

我国各地方海洋立法的前期立法调研工作不细致的现象比较普遍，不仅仅是缺乏深入系统的前期理论准备，而且在前期的立法调查研究中与相关部门的沟通协调和后期的法规起草等工作，都较普遍存在多方面的问题。前期调研工作主要包括四个方面：一是地方海洋立法往往涉及多部上位法和相关法规，故要弄清哪些政策法规与本法规有关，特别是存在哪些抵触。要全面无遗地加以搜集整理，以便后期予以协调衔接。二是要详细了解本地经济社会发展的实际，明确立法所要针对和解决的主要问题，从而提高立法的针对性和可操作性。三是要研究和总结国内外各部门各地区已有的相关立法经验，从正反两方面借鉴相关的法规制度、标准和措施，进行系统的比较研究，以提供有说服力的理论和经验。四是由于我国当前海洋工作涉及部门众多，做好与相关部门在立法前的沟通协调非常重要。这些都是前期立法调研应当进行的，当前却被普遍忽视的重要内容。

（4）强化海洋立法的起草工作

法案起草是海洋立法过程中必经的最重要的环节，它对立法质量起着决定性作用。海洋立法的所有技术性工作都是围绕法案的起草而展开的。当前，我国海洋地方立法对立法的起草普遍重视不够，多是由行政主管部门或是执法部门自己组织起草并提出相关议案，由各地人大起草的法案数量比较少。鉴于此，舟山群岛新区在法案起草方面应从以下四个方面改进和完善：一是改进法规的起草机制，重要的环节在于起草主体的改革。实现立法民主化、科学化，必须拓宽法规草案的起草渠道，改变单一起草模式，向多主体、多渠道转变，建立开放的、多元化的法规起草制度。如涉及到几个部门职责的法规，应由政府法制部门或人大法工委牵头，有关政府部门参加，成立专门的起草班子进行起草。对一些理论性、专业性强的法规可以委托专家学者、科研机构起草。二是要在明确立法目的、指导思想和充分深入调查研究的基础上，设计出法案的整体框架和结构，拟定出法案提纲，从整体上设计法案的规范、结构和逻辑，并明确重点问题所在。对涉及的专业性、技术性问题，要进行研究，形成技术性解决方案。三是正式起草法规草案时，要在明确需要采取的法律制度和措施的前提下，形成法案雏型。四是起草过程中要有明确的分工、进度和步骤，从而拿出一份符合立法意图的高质量的法规草案。

（5）提高海洋地方立法的公众参与，尤其是专家参与的程度

在立法的开放度和公众参与方面，我国与发达国家之间还存在一定差距。要提高新区海洋地方性立法的开放度，主要应从以下三个方面来实施：一是向公众开放，提高公众在立法中的参与程度。公众参与可以通过预期参与、过程参与、末端参与来进行。二是保证专家参与立法。专家参与立法已成为当前世界各国立法的普遍性做法。专家参与立法最大的好处是法律专家法学理论功底扎实，执业经验丰富，熟悉国家法律、法规、规章、司法解释等法律体系，熟悉社会矛盾的法律关系，对法律漏洞之类的立法缺陷具有更强的洞察力。同时，他们的社会地位超脱，接触面广，与行业部门没有错综复杂的瓜葛，也没有自身利益，起草的法规稿、提出的法规草案修改意见具有全局意识，能够兼顾各方利益，法规的公平公正能较好地得到保证。三是履行海洋法公约等相关国际条约对缔约国的要求和国际义务，加强海洋环境保护的国际合作，积极参加区域性海洋行动计划，特别是"长三角" 海洋行动计划，结合新区经济社会发展水平和当前海洋问题的特点，调整完善现行的海洋环境法律体系。

逐步改进和完善地方海洋法规的立法技术，是建设社会主义法治国家、实现海洋法治的需要，是地方海洋立法真正实现民主化、科学化和法治化的需要，也是新区构建和谐社会、和谐海洋、和谐海岛的基本条件。

三、创新新区行政法制

（一）创新行政管理体制

国家对舟山群岛新区的建设提供了一系列的政策支持和资金投入。舟山群岛新区建设要紧紧围绕海洋综合开发试验区这个核心定位进行，从而为我国的海洋经济发展和工作提供宝贵的实践经验。要在政策支持下带动资金、人才和技术的涌入，为舟山开展新型海洋行政管理体制改革提供更多的政策开放机会。在我国发力海洋经济建设的态势下，舟山已获得更多的政策尝试权限和先行先试的机会，这为行政体制的创新提供了良好的保障，加快推动了舟山群岛新区行政体制的改革创新。

1. 舟山群岛新区建设对行政管理体制改革提出的要求

（1）发展海洋经济要求建立全新的海洋行政管理体制

我国海洋发展的总体战略部署继续坚持以海洋经济科学发展为主题，以深化行政体

制改革为动力，并对舟山群岛新区的发展提出了新的要求，要不断加快涉海的行政体制创新。此前，国务院批准设立的浦东新区和滨海新区、两江新区在行政管理体制的创新建设上表现卓著，它们采用统一的管委会模式并结合自身特点进行继承和发展，推动了行政管理体制改革的创新，获得了一定的成功。舟山群岛新区的行政体制改革可以借鉴国内先进开发区的成熟模式并不断继承和创新发展。目前，舟山群岛新区的政府仍然属于管制型的政府，要实现与舟山群岛新区建设相适应，就必须向海洋服务型政府转变，改进政府的管理方式。要根据新区的实际情况，结合海洋综合管理的发展理念，探索和实践符合舟山海洋经济发展的既能统一进行集中领导又能发挥各自优势，自由灵活的新型行政管理机制。并在此基础之上充分实践“三大定位、五大目标”，加快使舟山成为我国陆海统筹发展先行区的进程，创新优化舟山群岛新区海岛开发管理和保护机制，最终实现陆海管理机制的统筹和整合，实现政府职能的转变，完成体制创新与经济建设的全面接轨。

（2）建设海洋经济发展先导区要求突破传统行政管理体制

近些年来，国内多个开发区进行了行政体制改革的尝试，并取得了一定的成功。舟山群岛新区与之相比，无论是在区位优势还是经济条件等方面都无法相提并论。国内各个开发区的行政管理体制都是根据自身的实际情况进行相应的创新和发展的。因此，舟山群岛新区要想形成自己独特的经济优势，就必须走具有舟山特色的新型行政管理体制改革之路。滨海新区在行政管理体制改革上有十分丰富的实践经验。滨海发展区的行政体制改革始终坚持科学发展的原则，把区域作为一个整体的管理体制，充分发挥经济区和行政区合理的优化和整合优势，并通过不断完善机构的功能和系统配置来提高各区之间的分工水平，以打破不合理的行政区划设置。功能区管理体制的最大特点是在于探索构建一种互补型、高效率的行政管理架构。通过建立滨海新区管委会，充分发挥优势互补，每个行政区和功能区都应该坚持分工和合理配置的基本原则，以理顺行政系统，打破原有的行政区划，打破原有的区界，建立经济功能区的完善的行政管理体系，不断延伸和发展各个功能区，实现区域协调的整体发展的互补性。这些经验对舟山群岛新区的行政区划设置有非常大的借鉴作用。舟山群岛新区可以继承“管委会”模式，并根据舟山的实际情况通过适当调整行政区划，简化行政层级的划分，从而建立起既能够集中进行领导又能够发挥各自优势的灵活的行政管理体制要科学合理地设置各个功能区的部门机构，建立明确的行政职责，强化管委会的经济管理功能和作用，进一步探索大区域、扁平化、轻型化的行政管理体制。同时，针对滨海新区改革中存在的不足和失误，要结合自身情况进行改进。比如，滨海新区在建设过程中出现行政主体多元化，新区管委会在实行经济管理功能时职能受到限制，以及几个行政区仍实行原有体制，各功能区则实行新体制，造成各行政区各自为政，各功能区自行其是，出现体制摩擦、相互冲突、利益抵触现象。因此，在舟山群岛新区的建设过程中应该通过体制改革来理顺新区的行政管理体制，从根本上消除制约舟山经济和社会发展的障碍和因素，加强舟山群岛新区的统筹与规划。要注重各个功能区的协调发展能力，优化管委会的科学管理职能和政府机构人员的科学合理配置，从而为加快推进舟山群岛新区建设提供有力的体制保障，最终形成具有舟山群岛新区特色的新型海洋行政管理体制。

（3）建设海洋综合开发试验区要求改进行政管理体制

随着经济和资本全球化的快速发展，各国各地区都在极力发展自己的海洋经济。国内周边的多个沿海先进开发区也在极力为自己争取更多的资源，并在人才、技术、资金等多个领域展开了激烈的竞争。伴随着竞争方式和竞争手段的多元化，舟山群岛新区无论是在经济实力还是区位上，与滨海、浦东等新区相比都显得不是很突出。要想在激烈的竞争中拥有自己的合理位置，就必须形成自己的核心竞争力和独特创新能力。在积极地拓展新的海洋经济发展领域的同时，创新海洋行政管理体制。目前，舟山群岛新区虽然拥有国家政策的支持，但是由于自身的行政体制建设不到位，导致资源不能得到更好的优化与合理配置。因此，必须加快推进政府的行政管理机制创新，改进新区政府的管理方式和管理手段形成自己的核心竞争力，以适应日益激烈的竞争环境。

2. 舟山群岛新区行政管理体制改革的对策

（1）加快推进政府职能转变，建立新型海洋服务型政府

要推进舟山群岛新区的行政管理体制改革，必须加快推进政府的职能转变。要改变以前的管理型政府模式，并逐渐实现向公共服务型政府转变。建设服务型政府是舟山群岛新区政府深化行政管理体制改革与创新的最终战略目标和任务，而建设服务型政府就要求舟山群岛新区政府要改变之前的管理模式，实现由统治向服务的转变，以服务人民为核心，向公众提供更好的公共产品和公共服务，维持正常的社会经济秩序，实现舟山群岛新区经济的可持续发展。因此，舟山群岛新区政府必须建立和健全社会公共服务体制，并围绕建立新型的海洋综合行政管理体制，建立起既统一领导又能发挥各自优势的新型行政管理体制。同时，舟山群岛新区政府应该提升公共服务效率，通过不断完善新区公共服务职能体系，调整新区政府的管理方式和管理手段，推进公共服务机制的创新，并实现由“陆域管理”向“海陆综合管理”转变，真正建立起新型的舟山群岛新区海洋服务型政府。

为加快舟山群岛新区建设，必须进一步提高政府工作的透明度，不断规范政府自我监督机制和完善外部监督，加强对政府官员的行为约束和监督。要强化海洋行政问

责体制，并在现有行政问责体制的基础之上建设海洋特色的新型行政问责体制，与舟山群岛新区海洋综合发展示范区的海洋文化发展相适应。要创建一个真正有效的海洋行政问责机制，要调动舟山市民积极参与舟山群岛新区公共事务的管理。同时，应该学习沿海发达地区的成功实践经验以及国内和国外先进的管理体制，结合舟山群岛新区的实际情况进行创新和发展。要增强媒体、社会公众、人民代表大会等社会团体和政府组织对政府处理公共事务管理的影响力，建立和完善法律的问责制度，并加强政府官员的自我问责机制建设，明确问责主体。要做到有功必赏，有过必究，坚持依法执政。建立健全行政问责机制，是推动舟山政治民主化的进程，也是舟山群岛新区行政体制改革的必然要求，更是建设海洋服务型政府的重要组成部分。它是建立负责任的政府的重要载体。通过健全行政问责机制，可以有效提升新区政府的公共服务效率和水平，提高政府公职人员管理公共事务的积极性，最终建立起适应舟山群岛新区海洋经济发展的新型责任型政府体制。

（2）深化政府机构改革，建立高效能的海洋型政府

要重点建设海洋综合管理体制，并不断规范舟山群岛新区政府机构设置，合理分配各个部门的职责体系和行政区划，深化海洋综合行政体制的改革。要坚持以转变新区政府职能为首要目标，加快舟山市政府和企业、资本、政事的分离，充分调动市场在经济建设中的积极作用，并努力提升舟山市民参与新区公共事务的热情，以更好地监督舟山群岛新区政府行使好职能。要合理划分和明确新区的各个政府部门的职能，改善新区政府调控经济的能力，促进新区政府各个部门进一步明确各自的责任，以确保新区政府行使权力和责任的根本统一。要探索新型的海洋行政管理体制，促进各个部门之间的协调与沟通，从而提高相关新区政府部门机构的办事效率，精简和规范政府各部门机构。要严格贯彻和执行相关的法规规定，进一步优化政府公职人员队伍的素质和质量，降低行政成本，减少行政层级，进而建设高效能的海洋型政府。

（3）完善海洋综合执法管理体制，探索建立新型海洋行政管理体制

要加快舟山群岛新区的行政管理体制改革，必须进一步深化综合管理体制的创新和发展，并积极大胆探索符合舟山海岛新区的行政管理体制和法律法规体制，从而提升舟山群岛新区海洋和海岛的综合管理和开发保护能力。要加强海洋行政主管部门的海洋综合执法、海岛资源开发与保护、海洋资源的保护等方面的综合管理水平和协调能力。积极探索各部门海上联合执法，加强行政执法体制建设。要推动各个海洋综合管理部门的综合协调，提升经济管理和海岛开发等能力，完善海上执法预警机制和突发事件的快速协调和反应机制，并最终形成高效统一的海洋联合执法综合行政管理体制。要不断探索大区域、轻型化、扁平化的，既能进行统一集中领导，又能发挥各自优势的充满活力的新型海洋行政管理体制。要加快推进新区大部门体制和公务员选拔

和管理机制改革，适当进行行政区划的调整和划分，推动舟山群岛新区政府部门决策的高效化、公平化、合理化，最终建立起一套适应舟山群岛新区海岛经济发展的新型海洋综合行政管理体制。

要实现舟山群岛新区的行政管理体制改革的创新与发展，就必须坚持依法行政，并通过新区立法的方式来推动新区行政管理体制的全面改革和创新。强化法治手段，是提高行政运行机制和政府管理方式的法治化程度、加强依法行政的根本措施。针对舟山群岛新区发展规划的总体要求，要不断完善现有的行政法律法规，始终坚持科学发展观和海洋经济发展的基本战略，创新现有的海洋综合行政管理机制，以法律的形式来明确各部门的职责，做到权责统一。要通过法律法规来理顺各个行政管理部门及与其他国家部门机关的关系，加强对海洋行政部门行为的监督，建立健全海洋制约和监督机制。要充分发挥“先行先试”的优势，创新海洋行政管理法规，努力把舟山群岛新区建设成为全新的海陆统筹管理的新型法治政府。

（二）创新海洋管理体制

充分发挥海洋渔业、环保、交通、边防、海事、海关、检验检疫等涉海部门的职能作用，积极探索海洋管理综合行政执法和联合执法体制，是舟山群岛新区创新海洋管理体制的重要内容。

1. 我国海洋管理体制存在的问题及原因分析

（1）我国海洋管理体制存在的问题

第一，权责不够明确，体制不够完善。我国海洋管理主体众多，相互之间权限不明、职责不清。主要表现为：一是角色混乱。因为存在政企不分、行业管理与执法监督不分的状况，所以我国有些海洋管理部门不仅要承担海洋开发职能，还要承担执法职能。二是中央与地方政府之间各种矛盾和冲突不断。由于各地经济发展水平和理念的差异及基于自身利益考虑，各地方政府对国家海洋政策的理解不同，往往只注重地方利益而不顾全局利益，从而引发矛盾和冲突。

第二，法律、法规体系不完善，海洋开发总体规划不合理。我国海洋管理的法律不够健全。《中华人民共和国海域使用管理法》自实施以来，仍有许多相关配套细则还未出台，使《中华人民共和国海域使用管理法》多数规定仍停留在原则层面上，无法具体实施和落实，擅自占用或转让、出让、出租海域的现象仍然存在。同时，我国不同区域海洋开发的立足点完全出于各自区域的条件，当然有其自身的规律性和科学性。但这种偏重于地方和行业利益的海洋开发，可能会产生“副作用”，导致各种矛盾与冲突，造成海洋资源的大量浪费。完善中央层面的海洋总体规划体系，可以正确处理局部和整体的关系，统筹兼顾地方和中央的关系。

第三，海洋综合管理部门缺乏一定的权威性。虽然我国是由国家海洋局代表国家管理海洋事务，但现实是国家海洋局仍处于副部级层次，缺乏宏观调控能力。国家海洋局的职责未能及时到位，很难协调在海洋开发利用过程中各部委之间的矛盾与冲突，所以海洋综合管理事务就难以实施和落实。

第四，管理的标准和尺度不一且各自为政。由于我国海洋综合管理部门众多，必定会出现“政出多门”的现象，造成管理对象的无所适从。更为不利的是，各部门往往在管理中以各自部门利益为重，出现“有利大家争，无利大家推”的现象。另外，我国海洋管理部门规模庞大，仅海上执法队伍就有五支队伍，人员规模已达十几万人。虽说我国每年的总投入不少，可均分到各个部门反倒显得不足。这种总投入多而平均少的现象会导致执法水平低下，执法装备落后，有限执法资源不仅不能得到充分发挥作用，反而会造成巨大的浪费和重复建设。

（2）我国海洋管理体制存在问题的原因

第一，缺乏高层的组织协调和科学决策机构。目前，我国在海洋开发过程中轻管理、重开发的现象，导致各个涉海管理部门各自为政。往往是先开发、后治理，出了问题才去解决问题，很少做到防范于未然。虽然偶尔有跨部门的联合执法或协调行为，但是这种联合、协调行为有时也是自发的，并没有形成统一的规范机制，处于一种随意为之的非正式、非官方的状态。因此，缺乏高层的组织协调和科学决策机构，是造成我国海洋管理体制问题的重要原因之一。

第二，国家海洋综合管理部门职能较弱。一是没有指导所有涉海部门和产业的中长远的全国海洋发展战略；二是在中央一级未能建立一个强大的、统一的领导海洋工作事务的协调机制，未能统筹兼顾各项海洋工作；三是海洋综合管理部门职能薄弱，缺乏足够的权威性；四是尚未建立高效、军民通用的海洋服务系统。

第三，海洋政策法制建设不完善。保护海洋环境和海洋经济的健康发展的关键，在于我国海洋法律法规体系的建立。目前，虽然我国已基本建立了海洋法律法规体系，但我国海洋立法相对于我国海洋开发明显滞后，且分散于各单行的行政法规，缺乏能与国际公约对接的综合性的法律。少量已经制定的综合性法律要么因规定不够全面、意义不够明确而难以落实；要么原则性太强，而且缺乏相关配套的具体实施准则。另外，相关部委在起草法律法规过程中，由于出于自身利益的考虑，经常在起草过程中倾向于维护本部门的利益，从而造成这些法律法规在起草初期就已“夭折”。而且，有时同一项法律法规往往会出现重复立法，导致立法相互矛盾和抵触。

第四，缺乏海洋经济效益、生态效益和社会效益统一意识。我国要想走上海洋可持续发展的道路，就必须贯彻落实科学发展观在全国海洋开发利用的各个环节中。在开发利用的同时，实现海洋社会效益、生态效益和经济效益全面统一。海洋的发展同样应遵循可持续发展的要求，要满足每一代人的需求。在实际中，片面地追求海洋经济效益，导致人们错误地把海洋管理目标简单地定义为经济发展目标，因此忽略了海洋社会效益和生态效益的统一。由于这些错误的认识，造成了我国海洋事业的发展，往往以牺牲海洋资源和海洋生态环境为代价。

2. 国外海洋管理体制构建对我国的借鉴

（1）英国、韩国和美国的海洋管理体制对比

英国的涉海管理机构有：内政部，海洋税务和海关总署，交通运输部，环境、食品和农村事务部。各机构的职能是：内政部保障国家边境安全；海关总署进行海上征税；交通运输部负责海上交通事务；环境、食品与农村事务部则负责海洋渔业的综合管理。海上执法队伍设置为：海事和海岸警备局、海上事故调查局、边境局、海洋和渔业管理局。执法范畴：海事和海岸警备局管理海上交通安全工作；海上事故调查局管理海上事故调查；边境局管理征税，打击移民犯罪；海洋和渔业管理局负责与渔业有关的政策和法规的贯彻实施。

韩国的涉海管理机构有：文化体育观光部、环境部、国土海洋部、农林水产食品部、知识经济部、法务部、计划财政部。各机构的职能是：文化体育观光部管理海上旅游；国土海洋部行使海洋综合管理等多方面职能；法务部管理海上出入境；环境部观测海洋气象；计划财政部管理打击海上走私事务；知识经济部制定造船业等政策；农林水产食品部管理海洋渔业。海上执法队伍设置为：关税厅和出入境管理事务所、海洋警察厅、渔业指导事务所、地方海洋港湾厅、中央海洋安全审判院。执法范畴：海洋警察厅维护海上治安；地方海洋港湾厅管理港口的运营；中央海洋安全审判院管理海上事故调查与审判；渔业指导事务所管理海洋渔业；关税厅负责打击海上走私；出入境管理事务所管理海上出入境。

美国的涉海管理机构有：海洋政策委员会、运输部、环境保护局、商务部、联邦海事委员会、国家运输安全委员会、内政部、国土安全部。各机构的职能是：海洋政策委员会协调联邦与州政府之间的海事活动关系；运输部管理船舶港口业；环境保护局调查各类生态环境事故；商务部负责海洋信息管理；联邦海事委员会负责海外运输；国家运输安全委员会维护海上安全；内政部负责海洋资源开发和保护；国土安全部综合管理海事安全。海上执法队伍设置为：海洋渔业局、移民与海关执行局、海关与边境保护局、海岸警卫队。执法范畴：海洋渔业局负责海洋资源管理与保护；移民与海关执行局贯彻实施海关法律；海关与边境保护局管理查禁毒品及征收进口关税；海岸警卫队综合行使海上执法职能。

通过对上述海洋国家海上执法和涉海机构设置的分析可以看出，一个海洋强国需要具备以下几点要素：一是科学合理的海洋管理机构；二是各机构职权明确；三是新型海上执法模式；四是执法主体的执法范畴。所以，我国在进行海洋管理体制构建过程中，应该充分考虑海上执法队伍的建设和海洋管理机构的设置。

（2）对我国海洋管理体制构建的建议

第一，加强海洋管理专业化导向。随着人类开发利用海洋的日益广泛和不断深入，海洋开发和利用的专业化分工越来越细，与之相对应的海洋管理也必然会发生转变，由过去的粗放型向专业化、科学化转变。最近兴起的海上石油业，如：深海钻井、海底勘探、采油和运输等都是新兴的产业。这些新兴的产业与生命和环境安全密切相关，需要专门的机构进行专业化管理。海上交通安全涉及的船只登记、检验、船员的技术考核、航道、引水、航标管理等一系列技术问题，也需要专业知识的导向。海洋开发相比陆地开发，风险更高、难度更大、技术含量更高。可以说没有专业的行业管理，海洋开发将无从谈起。

第二，强化海洋综合和协调管理。随着全球经济的不断发展，海洋经济已经成为各国关注的焦点。20世纪后期，世界各国开始对本国的海洋管理体制进行研究与构建，制定符合本国利益的全新海洋战略，强化了本国的海洋综合管理。某些国家如今已走在海洋经济发展的尖端，上文中提到的英、韩两国的海洋管理模式是值得我国借鉴的。

第三，强化国家海洋管理部门对海洋事务的领导。在海洋管理过程中应该充分发挥政府的主导作用，因此必须成立具有权威性的国家海洋管理机构，统领海洋管理体制的构建工作。同时，政府部门、非政府部门、科研机构、私营部门和公众之间的伙伴关系也要充分利用。

第四，不断完善国家海洋管理执法队伍。为了确保海洋管理体制能构建完善，保障海洋综合管理工作的实施，建设国家海洋执法队伍尤为重要。一支科学的海洋管理执法队伍应该具备以下几点：精简的机构、高端的人才、较低的执法成本、较高的执法效率等。所以，在建设完善国家海洋管理执法队伍过程中，要避免各部门职责的交叉、重复执法，做到统一协调，提高执法效率。

第五，强化行业管理的选择性。强调海洋协调、综合管理并非是要全盘否定行业管理，而是要把高度集中的产业管理机制也充分用于海洋协调、综合发展。将部分重要的海洋事务集中交予少数机构处理，一方面是将有限的海洋管理力量集中以完成主要工作；另一方面，将主要海洋事务集中起来，减少管理部门数量，有利于它们之间关系的协调。另外，为了冲破地方利益的局限，还可以将部分重要的海洋事务集中交予中央部门管理。

3. 海洋管理体制创新的对策

（1）明确权责划分，完善职能分工体系

关于海洋管理职能，有学者将其界定为：海洋权益维护、海洋经济调节、海洋公益服务、海上秩序监管、海洋文化建设。在海洋管理职能体系中，首先需要明确划分中央与地方对海洋事务的权限。中央的核心功能应定位为：维护国家海洋权利和利益，外交、海事立法，制定海洋经济发展政策、战略和总体规划；发展重点为专属经济区、毗连区、大陆架和国际海底资源等方面的综合管理。而地方海洋管理职能则侧重于其自身的执行力，具体执行中央制定的各项政策和事务的管理。可以将内水、潮间带及领海等离海岸较近而且开发利用相对密集的海域，授权给地方政府管理，这样不仅能调动地方政府积极性，也可以大大减轻中央的工作压力和难度。其次，要进一步明确各涉海部门的职能分工，有冲突的要及时调整，避免职能的交叉重叠或空缺。

（2）建立健全统一的海洋管理执法体系

当前国内外严峻的海洋安全形势迫使我国加快组建海岸警卫队。

首先，我国已具备组建海岸警卫队的条件。第一，组建中国海岸警卫队经济投入不多，各省的执法队伍也已初具规模，已初步形成了海上执法网络体系；海上执法经验的不断积累，也为中国的海上执法队伍奠定了基础。第二，组建海岸警卫队具有坚实的社会基础。由于我国法制建设的不完善，维护国家海洋权益的不力，导致人们不断渴望成立中国海岸警卫以充分维护我国的海洋权益。第三，有利的国际政治环境。因为海岸警卫队是非军事力量且是国际通行做法，在组建过程中不会引起其他国家的敏感和不安。第四，国内的海洋管理的法制环境已经具备。继《中华人民共和国政府关于领海的声明》后，我国相继出台许多涉海法律、法规，已初步形成海洋法规的基本框架。

其次，组建中国海岸警卫队是维护国家海洋权益的迫切需要。当前，在我国 300 多万平方千米的海域中，约有 120 万平方千米与周边八国或存在争议，或被侵占。在黄海，中韩两国有争议的海域有 17 万平方千米，中朝两国有争议的海域有 3000 平方千米；在东海，钓鱼岛问题已成为全球瞩目的海域争端，日本严重侵犯了我国神圣的领土；在南海，我国传统的九段虚线设有旗标，其中越南占领我岛 30 个；马来西亚占领我岛 6 个；菲律宾占领我岛 8 个；印尼和文莱分别声称拥有我国主权海域是 50000 平方千米和 3000 平方千米。而我国（包括台湾地区）仅控制其中 9 个。当前，整合现有执法资源，组建中国海岸警卫队是一项十分迫切而重大的政治任务。

（3）统筹兼顾，完善区域海洋管理机制

健全的区域海洋管理体制的构建因素主要是以下几点：通过建立跨地区办事机构

解决一些特殊的海洋事务，在此机构的组织和协调下制定一个以共同利益为目标、科学合理的区域合作发展总体规划，以促进区域间海洋经济的更快发展；通过建立地方官员定期会晤制度，加深彼此的联系，从而促进区域间协调发展；通过建立利益补偿机制，控制各区域间海洋经济的平衡发展;区域间以共同利益为基础的合作，根据“谁受益、谁补偿”的原则，受益方应通过规范的横向财政转移支付制度实施对受损方的利益补偿，从而实现各种利益在地区间的合理分配。

地方上，应该提高执法人员对海洋的管理意识，建立相应的海洋统一综合管理机构，协调和配合中央和地方的海洋管理工作，利用海洋资源，保护海洋生态环境，发展沿海地区的海洋产业，维护国家海洋权益。在中央，成立国家直属的全国海洋综合管理机构，统一行使海洋综合管理的职责，协调海洋综合管理行为。

（4）构建“数字化”海洋

加强海洋信息数据的一体化管理，不断提高海事信息共享水平，这是海洋管理系统建设和实施的重要手段。我国海洋管理资源信息系统的建设，由于具体组织和体制上的客观原因，不仅部门之间存在分散性，就连部门内部也存在分散性，加之未实现海洋信息数据统一管理，造成数据、资料、信息的搜集、储存、再加工及其客户服务等系统性的问题也未能实现。对此，我们可以从三个方面进行“数字海洋”的建设。一是国家。国家的任务是负责公共服务设施的建设。建设协调信息获取的网络平台，统筹协调其他方面的建设。二是区域。负责具体技术的研究、负责“数字海洋”具体应用平台的施工和维护，负责具体的信息获取途径，协助地方的建设。三是地方。地方更应强调具体应用技术，即具体功能实现中遇到的科学技术问题。

海洋管理是新形势下的新挑战、新领域。海洋管理体制的构建需要我们借鉴国外优秀的构建成果并结合我国的海洋实际情况，来探讨一套能够协调、调整、规范、引导的海洋管理模式和方法。以区域化海洋事务为个体的海洋管理体制、以海上执法队伍为基石的海洋管理体制、以政府履行职责为导向的海洋管理体制，以更专业系统的角度深化我国海洋管理体制的构建研究，实现国家对海洋的有效管理，促进海洋经济的发展，以保证海洋生物资源的可持续利用和保护环境的有效管理，使海洋在中国的国家经济建设和社会发展中起到越来越重要的作用。

（三）改革海洋执法体制

舟山群岛新区建设中海洋行政执法体制存在着职权重叠、监管不力、缺乏协调、沟通不畅、法制落后等诸多问题。

1. 我国海洋行政执法体制现况与问题

（1）主体繁复，职责重复

行政执法主体是指能够依法享有行政权能，以自己的名义独立做出行政执法行为，并能独立承担由此产生的法律后果的组织。我国当前实行以海洋产业管理部门管理为主、综合管理为辅的分散的海洋管理体制。既有横向分部门执法，包括海监、渔政、海事、边防（公安）、海关缉私五支海上执法队伍，也有纵向的中央与地方事权划分。另外，还有地方部门自行组建的海上执法力量。在我国海洋行政执法体制中，除海关缉私和海事外，其他部门内部还有国家队伍和地方队伍之分，各部门管理体制的差异很大。除这五支执法队伍以外，根据国家海洋法律法规承担海洋执法任务或涉及海洋管理的还有军队、环保、国土资源（矿产、测绘等）、文物、石油、旅游等十多个部门。另外，为协调、加强海上执法工作，各级政府还设有多个海上执法管理协调机构。可见，执法主体繁复，体系复杂。

我国的海洋行政执法主体及其主要职责如表 3–1 所示：

表 3–1　我国海洋行政执法主体及职能

	国务院	地方人民政府	海事行政主管部门	海洋行政主管部门	渔业行政主管部门
法律依据	《海域使用管理法》	《海域使用管理法》	《海洋环境保护法》《海上交通安全法》	《海洋环境保护法》《海域使用管理法》	《海洋环境保护法》《渔业法》
主要职能	对面积较大海域使用许可	本地区海域使用许可	管理辖区水域内非军事船舶和水域外非军事非渔业船舶的海洋环境污染问题；负责海上交通安全管理	负责海洋环境的监督管理；组织海洋环境调查及相关科研；负责海洋工程项目和海洋倾废环境保护；辖区内海域使用监督	负责渔港水域内非军事船舶及水域外渔业船舶环境污染监督管理；渔业水域生态环境工作；调查处理渔业污染事故；对海洋渔业实施监督管理

从表 3–1 中可知，我国海洋法律中的海洋行政主体的职责界定不清，如仅一部《海域使用管理法》就涉及 3 个行政执法主体；仅海洋环境污染防治一项，内容也由多个行政执法主体负责。各部门职能划分较为单一，表面上看各负其责、分工明确，实际却职能交叉、重叠、模糊。这样的职责界定不清，在实际操作中要么造成某些管理领域行政空白，事件拖而不决，出现海洋管理的真空地带，即“管理缺位”问题；要么就是海洋执法管理关系处理不当，政出多门，形成多头管理，往往使被管理者无所适从，引起管理上的混乱。

（2）方式落后，程序缺陷

我国对海洋违法船舶的查处过程一般为：发现违规船只→执法人员责令停船检查

→两船靠帮→执法人员调查（询问）取证→认定违法事实→实行法规宣传教育→依法确定和执行处罚决定。这一执法程序在实践中暴露出许多问题，如海上靠帮安全隐患严重，执法效率低下，抗检抗罚现象严重，执法装备分散等，以致难以有效执法。

（3）法律法规尚不健全

法律法规是行政主体执法的依据，我国目前虽然初步形成了海洋法律框架体系，但其实质和结构还是很不完备的，宏观上宪法依据不足，没有形成专门的海洋法，而仅有海洋环境保护法、领海及毗连区法、专属经济区和大陆架法以及《联合国海洋法公约》等少数法律和公约组成的框架；微观上多规章、法规，且内容不全面，整体上缺乏科学性和协调性。康菲漏油事件就是我国海洋法律体制缺陷的一个典型例子。康菲之所以如此嚣张，就是因为一方面我国的《海洋环境保护法》对漏油事件的处罚没有威慑力，对大企业来说只是九牛一毛，另一方面海洋损害赔偿制度极不完善，渔民索赔取证难、评估难、立案难。可见，我国海洋法制建设亟需完善。

2. 舟山市海洋行政执法体制现况与问题

舟山市位于我国东海之滨，是长江、钱塘江和甬江的入海口，具有独特的地理区位条件。其海洋行政执法现况既有我国海洋行政执法的共性，又有其自身特殊的个性，主要可以从总体现况、机构设置、海域管理、分块管理等几个方面进行研究。

（1）海洋行政执法任重道远，执法体制现状一览

舟山历来就是我国的海防前哨和战略要地，譬如明朝剿灭双屿港西方武装商人集团、鸦片战争中的定海三总兵抗英、解放战争中的击溃国民党撤军台湾等，都在岛上留下了历史的痕迹。现在，舟山仍是举足轻重的港口重镇，海洋管理任重道远。

从机构设置上看，舟山参与海洋行政执法的部门主要有：舟山海洋与渔业局、舟山海事局、舟山海关、中国海监舟山支队等，概况如表3-2所示。

表3-2　舟山海洋管理主体

	舟山海洋与渔业局	舟山海事局	舟山海关	中国海监舟山支队
主要职能	负责对海洋事务的综合协调管理及渔业相关事务	负责对水上交通、船舶船员、港口桥梁等的监督管理	负责对出入境货物和交通工具等的监管，及征收关税，稽查走私，海关统计等	负责舟山海域海上维权执法
下属机构	下设各区海洋与渔业局支队、海洋与渔业信息中心、海洋勘验设计院等	内设指挥中心等7个处（室）及政务中心等2个直属单位，下设8个海事处，2个办事处	下属嵊泗办事处、缉私分局，并直属办公室、服务中心等11个科（室）	下属一个支队，四个大队及中国海军舟山航空基地

（2）海空结合立体执法，海监队伍建设优良

出于维护海权和海洋执法的目的，21 世纪以来，舟山市在建立海洋执法监察队伍、配备海洋执法装备方面取得了优良的成绩。从 2002 年到 2004 年，先后组建成立了舟山市海洋渔业执法支队，定海、普陀、岱山、嵊泗县（区）海洋与渔业执法支队；经中国海监国家总队批准，成立了中国海监舟山市支队和定海、普陀、岱山、嵊泗县（区）大队，并建成了中国海监舟山航空基地和中国第一个海监专用机库。全市已形成了由 1 个支队，4 个大队组成的海洋执法监察体系，初步实现了海空立体执法。并且，舟山海监的网络服务平台维护运行良好，功能较为齐全，起到了较佳的信息公示和政务公开作用。所以，从硬件设施和人员配置来看，舟山市的海监队伍建设已经较为优良，与舟山群岛新区的建设相适应，为新区海洋执法体制改革奠定了一定基础。

（3）职权重叠收费重复，海域管理缺乏协调

近年来，舟山市政府在海域功能规划方面做了不少工作，如在 2010 年修订公示了舟山市海洋功能区划调整修改方案，将全区划分为港口航运利用区、渔业资源利用区、矿产资源利用区、旅游区等 10 个一级类、30 个二级类、155 个功能区，为科学合理有效开发利用海域奠定了基础。

但是由于我国目前的海洋行政执法体制是在 19 世纪 50 年代的行政管理框架下形成的，难以摆脱以行业执法和管理为主模式的弊端，是“陆地各行业部门管理职能向海洋领域的延伸”，所以在海域管理中也涉及海洋、规划、国土、环保、水利、海事、航道、海关等多个部门。政府部门之间职权多有交叉重叠，彼此牵制，效率低下。如海洋执法部门与水利部门关于滩涂海域的管理权之争，由于陆海界限不明确，水利部门根据浙江省 1996 年通过的《滩涂围垦管理条例》坚持自己的管辖权，而根据《浙江省海洋与渔业行政处罚自由裁量权标准》，海洋与渔业部门对“无正当理由使水域、滩涂荒芜满一年的行为”享有行政处罚权。两者在职权上就存在交叠与冲突，部门之间又缺乏协调机制，各自维护自身利益。所以，在海洋行政执法体制改革中，需要针对此类特殊性问题形成相应的协调机制，在不同部门工作之间承上启下、协调配置。

（4）分块管理缺乏实效，海洋环保有待提高

海洋环境问题亦是舟山群岛新区面临的一大突出问题。随着海洋污染问题的日渐突出和政府对环境问题的逐渐重视，海洋环境保护工作越来越成为海洋行政执法体制的重要组成部分。在组织上，多个舟山涉海部门担负了防止海洋污染、组织海洋环境修复、进行海洋环境监测等环境保护职能，如海事局负责查处船舶污染，海洋与渔业局负责防控渔业开发造成的海域损害，海洋生态环境监测站负责检测舟山群岛境内的环境质量。然而在现实中，这种行业性的分工管理实效并不佳。通过分析 2005 年以来的舟山海洋环境公报，可以提炼到一些实际数据，如表 3-3 所示。

表 3-3　舟山海域 2006—2010 年海水环境指标

年度＼项目	一类海水面积比重	二类海水面积比重	三类海水面积比重	四类和劣四类海水面积比重
2006	0.0%	27.8%	0.0%	72.2%
2007	15.8%	15.8%	10.5%	73.7%
2008	31.6%	31.6%	10.5%	57.9%
2009	26.3%	26.3%	10.5%	63.2%
2010	0	10.5%	10.5%	79.0%

按照海域的不同使用功能和保护目标，海水水质分为四类：第一类适用于海洋渔业水域，如:海上自然保护区和珍稀濒危海洋生物保护区。第二类适用于水产养殖区、海水浴场、人体直接接触海水的海上运动或娱乐区，以及与人类食用直接有关的工业用水区。第三类适用于一般工业用水区、滨海风景旅游区。第四类适用于海洋港口水域、海洋开发作业区。其中对一类水质要求最高，四类和劣四类要求最低。由表 3-3 可知，近 5 年舟山海域海水质量波状下降，2006—2007 年间舟山海域四类及劣四类海水面积比重较大，2008—2009 年间水质有所改善，然而 2010 年间水质又明显下降。可见，近年来舟山海域的海水水质保护工作乏善可陈，并未取得实质性进展。这与海洋环境保护本身的复杂性有关，也与新区海洋行政执法体制固有缺陷有莫大联系。另一方面，舟山海域水体富营养化程度也不容乐观，如表 3-4 所示。

表 3-4　舟山海域水体富营养化程度

年度＼项目	水体富营养化指数	赤潮次数	赤潮面积	潮间生境质量
2006	中度	9	3000 ㎡	较差
2007	中度	11	1500 ㎡	差
2008	偏重度	21	9000 ㎡	不理想
2009	中重度持平	8	1500 ㎡	一般
2010	中度	14	2890 ㎡	一般

从表 3-4 可知，舟山海域近 5 年水体富营养化程度均较高，赤潮灾害程度较严重，影响海域范围广，年际变化浮动大。数据的背后可以看出的是海洋行政执法部门在海洋环保方面工作的力度不够，成效不足。

由表 3-3 及 3-4 可以看出：①海洋环境的治理并不是短时间内可以完成的，需要长久的积累与努力；②舟山环保形势堪忧，各海洋行政执法力度不足；③新区的海洋行政执法体制改革需要联系新区的现况，充分考虑舟山群岛新区的特殊性，对环境问题给予足够的重视，不能再走“先污染后治理”的路子。

3. 舟山群岛新区海洋行政执法体制创新路径

舟山群岛新区海洋行政执法体制正处在改革的边缘，是摸着石头过河还是大踏步前进，取决于舟山整体的发展形势。必须看到，舟山所辖海域并不只属于舟山，更属于整个浙江省，属于全国统筹。新区的海洋行政执法体制改革不可能脱离全国、全省的大环境而独善其身。但这只是意味着改革的艰巨性，而非否定地方的能动性。在海洋行政执法体制改革中，新区人可以创造“舟山模式”，引领其他地区。笔者认为，结合舟山群岛新区的现况和特点，可以从以下几个方面着手改革。

（1）建设地方海洋综合执法机构

近年来，我国海洋事业发展迅速，海洋执法任务日渐增多，固有的分散型执法体制已经难以适应形势发展的需要。当代世界上大多数沿海国家都设立了海岸警备队或同等性质的机构，作为唯一或主要的海上执法力量，并且其职能也从最初的缉私、搜救等发展为综合性的海上维权和执法。

如日本于1948年建立完全独立于海上自卫队的专门海洋管理机构——海上保安厅，既负责海上治安管理、海上交通管理、海难救助，又负责海洋环境保护，职责广泛，综合性极强。又如另一个海上强国——美国的海岸警卫队，也是一个高效率综合统一的典型例子。美国海岸警卫队虽然性质上属于军队，但负担美国所有海域和水域的行政管理工作，打击在海上进行的各种违法犯罪活动，维护主权和领土完整。其执法权限涵盖了相当于我国海洋、海监、海事、渔政、海关、公安边防、环境保护等海洋管理部门的所有业务，具有机构精简、权力法定、执法专业、高效便民的特点。此外，韩国也有类似的海上综合执法机构。

2013年初，国务院办公厅发布了《国务院机构改革和职能转变方案》。方案显示，我国将重新组建国家海洋局，国家海洋局以中国海警局名义开展海上维权执法，接受公安部业务指导；设立高层次议事协调机构国家海洋委员会，国家海洋委员会的具体工作由国家海洋局承担。可见，从中央层面的海洋综合执法机构已经设立，但地方海洋综合执法机构却尚未形成。所以，舟山群岛新区可以在地方上有自己的独立性，创新进行海洋综合执法机构的建设，如合并两只执法队伍，将海监和渔政合二为一，既可以达到精简机构的目的，又能集中海上执法力量。

（2）建立海洋行政执法信息系统

随着信息技术的不断完善与发展，计算机、网络这些元素在日常生活和政府部门工作运行中扮演的角色越来越重要。海洋行政执法本身就要求具有较强的技术性，离不开全球定位系统、雷达监测系统等高新技术的支持；而另一方面民众参政议政的意愿越来越强烈，需要更便捷透明的途径公开行政机关信息。所以，建立海洋行政执法信息系统是一个应运而生的选择，它不仅能够加强行政执法队伍内部联系，增强彼此的协调力，还能更好地实现执政为民的宗旨，提供便民、高效、透明的信息公开和信息服务平台。

（3）建立海洋部门执法协调工作机制

海洋行政执法部门之间本身具有依存性和冲突性，因为海洋资源和事务管理存在多重属性，如海洋石油资源既是开发对象又是保护对象，行政执法工作必须由多个行业相互配合，才能有效协调和处理机构之间的冲突。因此，可以考虑建立一个协调工作机制来执行政策协调，监测数据处理、交流与共享，海上执法任务调度以及海上救助等职能。该机制可以由相关部门代表共同参与，与海洋行政执法信息系统相互配合，从而有助于政策协调与效率提高。

具体来说，海洋行政执法协调机制可以包括以下几个方面：一是协调会议制度，通过不同层级的会议召开来促进会议成员间的信息交流和意见反馈，相互学习，协同合作 。二是海洋联合执法行动制度。2009 年以来，舟山群岛新区开始了每年一次的“部门协同——海洋环保联合执法行动”，市发改委、水务局、港航局、海事局、环保局等 11 个部门联合组成海洋环境保护专项执法检查小组。各部门在市政府统一领导下，按照职能分工，各司其职、合作协调，取得了较佳的效果。类似的海洋联合执法行动可以由环保向渔业监督、海事监察等领域扩展，形成完整的多部门联合执法制度。

（4）建立规范现代化海洋行政执法程序体系

行政执法程序是在“有法可依”基础上的方法论体现。因为海洋执法错综复杂，情况多变，所以必须形成一套合理的海洋行政执法程序体系来规范海洋执法行为，以不变应万变。我国山东省牟平区就对船舶进出港签证流程、船舶在渔港内装卸危险货物流流程、在渔港内从事渔业活动流程等 20 多种具体情况制作了详细的流程图。图 3.1 示在渔港内从事渔业活动的行政执法流程。

从图 3.1 中可知，牟平区对于在渔港内从事渔业活动可能出现的过程和步骤都做了详尽的规定。舟山群岛新区的海洋行政执法改革也可以借鉴牟平区的方式，通过发布发行各种行政法律法规及各种文件的形式，建立海洋行政执法流程体系，对具体海洋行政执法行为进行有效的制约与规范。

舟山群岛新区具有得天独厚的地理区位优势，拥有独具一格的海洋文化，是我国第 4 个国家级新区，具有宏伟的发展前景。其群岛地貌决定了海洋行政执法体制建设对于新区的重要性。新区担负了戍守海疆、维护我国海权的伟大使命，但自身的海洋执法队伍建设现况却令人堪忧，存在机构职权重叠、分块管理执法强度弱、海洋环保问题严峻、海域管理缺乏协调等不同程度的问题。新区海洋行政执法体制改革势在必

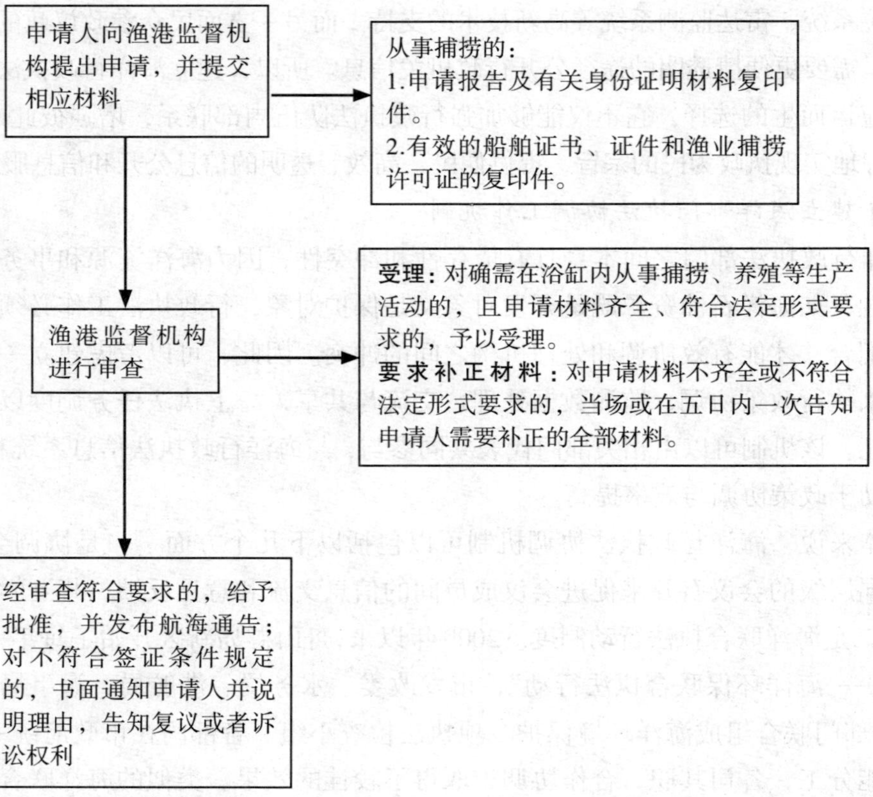

图 3.1　山东省牟平区对在渔港内从事渔业活动的执法流程

行。如何将改革与经济文化政治发展相适宜，如何让改革反哺社会发展，需要所有新区人的共同努力。从目前来看，舟山群岛新区海洋行政执法体制改革的关键，在于构建综合的具有广泛职权的海洋行政执法一体化机构，同时运用现代化的信息技术建立高效便民的海洋行政执法信息系统，实现资源共享、信息互达。此外，还应该建设部门之间的协调会议机制，提高执法行动的合作性，使海洋行政执法在不同区域、不同部门之间更为畅通。当然，执法行动的“法”的建设尤为重要，应该尽快完善海洋行政执法法律体系，使执法行动真正“有法可依，有法必依”，从而规范和监督海洋行政执法。

四、完善新区经济法制

区域经济发展离不开法制护航。在舟山群岛新区经济发展过程中，需要有配套的管理方法和法律法规来为新区经济建设保驾护航。市场经济的正常运行需要法律的规范和保障，需要法律在调节市场机制、引导市场发展、管理市场秩序等多方面的功能。

随着舟山外向型经济的发展，贸易量将随之增多。而区域法律制度建设的滞后，会导致区域内经济交易摩擦不断发生。所以，新区在追求经济发展的同时，一定要注重经济法制建设，甚至法制要先行，以法制来引领、促进经济的发展。要正确处理对外开放与国家安全、经济发展与民生保障、整体推进与重点突破等关系，实现群岛新区理性有序、科学发展。

作为我国首个以海洋经济为主题的国家新区，立足综合优势，围绕战略定位，未来 10 到 20 年舟山群岛新区要实现五个方面的总体目标：

（1）大宗商品储运中转加工交易中心。要将舟山群岛新区建设成为上海国际航运中心的重要组成部分和大宗商品储运中转加工交易中心，全力打造国际物流枢纽岛，进一步提高对国家战略物资供应安全的保障能力。

（2）东部地区重要的海上开放门户。要充分发挥舟山港综合保税区的功能、政策优势，集聚国际贸易、金融、航运、科技等方面的人才和资源，将舟山群岛新区打造成为对外开放门户岛，进一步提高我国东部沿海地区的对外开放水平。

（3）重要的现代海洋产业基地。要加快汇集产业、资金和人才，建设海洋科技研发和成果转化基地，发展技术领先、产品高端、特色鲜明的海洋产业集群，将舟山群岛新区打造成为海洋产业集聚岛，进一步提高我国海洋产业的总体实力。

（4）海洋海岛综合保护开发示范区。要统筹推进资源环境可持续开发利用，在严格保护风景名胜资源和符合风景名胜区规划的前提下，加强海洋旅游综合改革试验区、生态海岛城市建设，将舟山群岛新区打造成为国际生态休闲岛，进一步创新我国海洋海岛综合保护开发的体制机制。

（5）陆海统筹发展先行区。要站在全局和战略高度，综合考虑陆海资源配置、基础设施连通、产业项目对接、生态环境统筹等重大事项，推进魅力独具、山海兼胜、人海和谐的城市建设，将舟山群岛新区打造成为海上花园城，进一步探索陆海统筹发展的新路径。

基于以上发展目标，在关于新区的经济法律制度建设方面，要在现有国家经济法制的基础上，加强大宗商品储运中转加工交易、开放合作法制、海洋产业发展、海陆统筹发展、海洋海岛综合保护开发和民营经济体制等方面的法制建设，制定相应的法律规则，以完善新区经济法制。

（一）大宗商品储运中转加工交易法制

《舟山群岛新区规划》第四章对大宗商品储运中转加工交易中心的建设，规定了四个方向：一是以一流的深水港优势和高效率的装卸装备、最具竞争力的物流成本吸纳和集聚全球大宗战略物资，使宁波—舟山港成为全球一流的大宗商品国际枢纽港。

二是提升大宗商品储运中转加工能力，形成以开放贸易为主要形式的港口储运中转加工主体格局，全面提高我国战略物资安全保障能力。三是建设大宗商品交易服务平台，搭建货物交易及运输一体化平台，促进经纪人市场化发展。培育、引进一批大宗商品国际运营商、贸易商、期货经纪商及其会计、法律、结算等机构。四是推进中国（舟山）海洋科学城港航综合商务区和小干海上金融商务区建设，吸引涉港涉海现代服务业集聚，积极发展船舶融资、航运租赁、金融仓储、航运结算、航运保险等业务。

《舟山群岛新区规划》第四章是对国际物流岛总体目标划定的“三位一体”港航物流服务体系的详细解读。其中，打造国际物流岛的核心工程——中国（舟山）大宗商品交易中心、浙江舟山大宗商品交易所已建成并投入运作。但反观国内其他大宗商品交易中心，舟山还存在市场发展规则缺位、市场运行失范、市场准入门槛低、市场监管不力等行业问题。对此，在制定新区基本法——《浙江舟山群岛新区条例》时，可以对大宗商品交易中心的建设、管理、运行等作出授权性规定，由相应立法机关在条件成熟时另行制定相应法规、规章或规范性文件。

（二）开放合作法制

《舟山群岛新区规划》规定，要顺应经济全球化、贸易自由化大趋势，全方位提高对外开放水平和层次，加快建设舟山港综合保税区，条件成熟时探索建立自由贸易园区和自由港区，将舟山群岛新区建设成为我国重要的海上开放门户，创新亚太区域合作新模式。新区应通过立法将这方面的有关政策固定化、法律化，构建起制度化的扩大开放和区域合作运行机制。

1. 综合保税区建设法制

从国外发展经验和我国发展实际，下一步要拓展对外开放广度和深度，完善内外联动、互利共赢、安全高效的开放型经济体系，加强同世界各国的经济技术交流，就必须将建设自由贸易园区、自由港市作为新的对外开放举措，作为新世纪中国发展的重要途径。根据《舟山群岛新区规划》三步走策略，先从建设舟山港综合保税区开始，同步争取设立舟山自由贸易园区，最后将自由贸易园区扩大至全境，建成自由港市。三步走的第一步，也是即将或者已经实现的一步——建设舟山港综合保税区，是建设浙江海洋经济发展示范区的重要载体，是舟山融入上海国际航运中心体系的重要环节，是建设新区先行先试必不可少的内容，也是舟山进一步改革开放、推动外向型经济发展的重要举措。建设舟山港综合保税区，对于争取国家政策、实现后两步目标，均起到了至关重要的作用。

自由贸易区的建设需要法治的保障，需要健全的立法、执法、司法机制的保障。国外类似我国保税区的自由贸易区和出口加工区都是先由国家制定相关的法律，然后再予以设立，采取“先立法，后设区”的模式。这样做，这些经济区的运作就比较规范，实际效果也比较明显。而我国的做法是在没有相关法律规定的情况下，先建立保税区。保税区建立以后，也没有中央一级权威的立法对其予以规制，只有部委和地方省市一级制定的规范性文件对其予以调整。这样，就使得保税区的运作很不规范，如相关部门针对保税区制定的制度不尽协调，在管理体制、优惠政策、海关监管等方面各保税区的做法都不尽一致，弱化了保税区在整个市场经济体系中应有的作用。法制建设在国外自由贸易区的发展中发挥着重要的作用，如美国制定了《美国对外贸易区委员会通用条例》，土耳其制定了《土耳其自由贸易区法》,智利制定了《智利自由贸易区法》,韩国制定了《韩国自由出口区设置管理条例》,《欧共体海关法典》也有自由贸易区的相关规定,《京都公约》也专门对自由贸易区作了规定，等等。因此，为了推进我国自由贸易区建设的进程,为了在WTO体制下更快地发展自由贸易区,就必须加快自由贸易区法治建设的步伐,而最急迫的是制定一部统一调整自由贸易区各种社会关系的中央级的行政法规或法律。

基于我国综合保税区法制建设的现状，舟山群岛新区必须尽快出台综合保税区管理法规或规章，同时对有关自由贸易园区和自由港区的法律问题进行调查研究，为自由贸易园区和自由港区的设立作好立法准备。

2. 口岸开放法制

《舟山群岛新区规划》规定：扩大口岸开放范围。要研究简化口岸开放程序，探索扩大新区政府口岸管理事权；完善口岸管理机制，加强跨区域口岸合作，深入推进舟山群岛新区与内陆省份区域通关改革。要探索建立适应舟山群岛新区特点的口岸监管模式，科学规划口岸查验机构的布局和设置，合理配置查验机构和人员编制，加大口岸基础设施建设投入，推动电子口岸建设，提升口岸监管、查验效能，提高通关效率。国家口岸管理办公室发布了《国家口岸发展规划（2011—2015年）》，舟山口岸扩大开放已列入规划。口岸开放对于打造国际物流岛、休闲旅游岛，建设舟山港综合保税区有着非常重要的作用，符合“自由贸易”的方向。口岸开放涉及开放政策及口岸的管理模式,对这两方面,规划中均没有具体的涉及。在制定《浙江舟山群岛新区条例》时，可按规划作相应的原则性规定，在条件成熟时相机出台《舟山口岸管理条例（办法）》。

3. 国内、国际区域合作法制

竞争与合作是发展的主题，舟山的发展不能只靠自己的力量，与国内、国际之间的区域合作必不可少。国内主要集中与宁波、上海等长三角城市的合作。沿海城市资源、环境都有着相似之处，因此错位发展、优势互补是必经之路。国际合作的主要内容是与周边国家建立海洋经济合作区，健全海上救生和救助服务体系。开展合作的政策依据是《长江三角洲地区区域规划》、《浙江海洋经济发展示范区规划》、《浙江舟山群岛新区发展规划》、《宁波舟山港一体化发展规划》等。合作不是单方面的事情，区域合作法制化也不能单方面推进。要通过与周边地区、城市和国家进行协商，争取以达成双边和多边合作协议的方式，形成有法律约束力的合作机制。

4. 开放环境优化法制

《舟山群岛新区规划》规定：要积极创新旅游政策，发展邮轮经济，积极为国际海员、国际邮轮游客和国际旅游团队游客提供出入境签证便利。要研究舟山机场开放和扩容，开辟国际航线航班或包机航线航班，发展直升机、水上飞机等通用航空；支持开展国际游艇及游艇装备交易业务，允许国际邮轮或邮轮公司在舟山群岛新区登记注册，开展经批准的国际航线邮轮服务业务。优化开放环境的核心是发展邮轮、游艇经济。邮轮经济的基本发展模式为兴建港口及相关设施，以招揽邮轮停靠。邮轮经济的直接经济效应在于邮轮公司在港口城市和周边地区购买产品和服务所带来的消费，间接经济效应是指为邮轮公司及其乘客和船员提供产品和服务的企业。世界邮轮经济发展迅猛,一些国际大都市在经济发展中相继渗入了“邮轮经济”的元素。如新加坡，2001 年有 1200 艘次国际邮轮到港，邮轮产业成了当地旅游业的支柱。国际邮轮经济方兴未艾，发展邮轮经济正当其时。舟山具有发展邮轮经济的港口优势和基础优势，如已有阿尔法等游艇制造企业申请邮轮母港等。应抓住机遇发展邮轮经济，发展国际邮轮城市。对此，除了积极向上争取相关政策外，也要及时制定相应的法律规则。

（三）海洋产业促进法制

规划中明确了舟山新区要发挥丰富的海洋资源优势，提升改造传统海洋产业，大力培育海洋战略性新兴产业，做大做强海洋支柱产业，并对每个产业的内容进行了具体的分解。这符合规划的特性和需要。如何提升改造传统海洋产业、大力培育海洋战略性新兴产业、做大做强海洋支柱产业，需要法制接入规制指引。一是要有新区海洋产业布局方面的法律制度。新区的产业布局，要坚持打破行政区域，提升产业集聚水平，实行统一规划、分步开发。新区总体开发格局是“一体一圈五岛群”，即舟山岛作为舟山群岛新区开发开放的主体区域；岱山岛、衢山岛、大小洋山岛、大小鱼山岛和大长涂岛等是建设大宗商品储运中转加工交易中心的核心区域，全力打造港航物流核心圈；普陀国际旅游岛群、六横临港产业岛群、金塘港航物流岛群、嵊泗渔业和旅游岛群、重点海洋生态岛群为五大功能岛群。在制定关于新区经济产业布局的法律制度方面，可以上述规划为依据作出因地制宜的规定，以突出新区的比较优势，服务和推动海洋经济发展。对产业项目审批立项的法律控制与激励的产业指导目录、优惠引资措施、投融资和证券化等，要出台相应的法律文件，要出台产业项目负面清单，要通过授权立法，补充、变通现行投融资法律、法规，健全投融资法律体系，特别是要建立支持风险投资的法律体系。风险投资项目很有可能为舟山经济发展带来很大收益，但目前还没有支持风险投资的法律体系，许多投资因没有法制保障而夭折。舟山群岛新区在经济发展过程中应支持和引导有前景的风险投资项目，出台相关的优惠政策予以扶持，并以政策扶持带动大量金融资本流入风险投资领域。在立法过程中，要深入探索，大胆尝试，广泛借鉴其他国家和地区的成功经验，尤其是上海浦东、天津滨海和重庆两江三大新区在经济建设过程中的法律模式。当然还要结合舟山的实际情况，坚持金融体系改革创新和资金风险防范并举、扩大投资规模与优化投资结构并重，为舟山群岛新区的企业风险投资提供良好的法律环境。要完善外商投资的法规体系。新区建设，必须依靠外资流入以保障资金链条的顺畅。这需要在对原有法规政策进行修订和清理的同时，尽可能完善外商投资法规政策，适当放宽对外资经营业务和范围准入的限制，提高政策法规运作的透明度，创造一个良好的外商投资环境。

（四）海陆统筹发展法制

国家对舟山提出海陆统筹发展先行区的目标并鼓励舟山先行先试，探索海陆统筹新路径，这是舟山群岛新区的重要使命之一。《舟山群岛新区规划》提出，要推进陆海联动重大基础设施建设，实施陆海污染同防同治，探索海陆统筹发展新模式。对于新区内的陆海统筹事项，如：水资源管理制度、陆海污染综合防治等，可以运用地方立法权，制定相应法规或规章——《舟山群岛新区水资源管理条例（办法）》、《舟山群岛新区陆海污染综合防治条例（规定）》等。而对于要与大陆对接的陆海统筹事项需要制定法律规则的，应通过与相关陆域政府通过协商达成合作协定的方式作出制度安排，并以此建立稳定的合作协调机制。尤其是在陆海污染综合防治方面，目前亟需出台法律规则。

（五）海洋综合开发法制

海洋综合开发是国家赋予舟山新区先行先试、体制机制创新的核心。按照《舟山群岛新区规划》，建设海洋综合开发试验区，必须从更深层次、更广范围、更高水平推进舟山群岛新区体制机制创新，主要包括创新用地用海管理体制机制、创新金融和投资体制机制、创新民营经济发展方式、创新行政管理和海洋管理体制以及深化财税制度改革、统筹城乡综合配套改革等。对于这样一系列的改革和创新，都应通过相应的立法进行规范和引领。

1. 土地利用管理法制

土地资源是舟山发展瓶颈，土地优惠政策是新区建设的重要保障，土地管理制度的创新是先行先试政策探索的主要内容。在对此进行地方立法的过程中，要充分运用舟山独特的传统渔区和群岛特点，寻找土地政策的突破口。基于土地政策的刚性，比较其他先行立法的特区、新区，只有国家给予具体土地优惠政策才能在立法中予以明确规定。

舟山新区发展的土地制约要素主要体现在土地总量小，可开发土地更少；用地指标与土地规划严重倒挂；耕地保护和占补平衡压力较大等。为破解上述问题，争取优惠土地政策，《舟山群岛新区规划》对用地保障提出了以下措施：推进全国土地利用总体规划定期评估和适时修改试点工作；调减基本农田保护任务和耕地保有量；建设用地计划指标实行差别化管理；实施国家重大建设项目用地政策，按市场化机制实施国家统筹耕地占补平衡；试行渔耕占补平衡新模式等。针对这些政策措施，应通过相应的地方性法规——《浙江舟山群岛新区土地利用管理办法》将其固化和细化。一是要确认新区发展规划的依据性效力，土地利用总体规划应当依据新区发展规划进行适应性修编。二是建立舟山群岛新区建设用地计划指标，实行差别化管理制度。三是明确新区发展规划确定的重大建设项目，在新增用地指标分配上拟制为国家级重大工程，以部分解决新区发展中建设用地指标紧缺的问题。四是鼓励新区积极探索土地利用总体规划评估修改试点、综合改革试点、旅游产业用地改革试点、滩涂及围填海形成土地综合开发利用试点。五是新区应当在执行土地用途管制的基础上，促进农村集体建设用地依法流转，逐步建立城乡统一的建设用地市场。该项包括三层意思：其一，用途管制是农村建设用地依法流转的前提，通过出让、转让和出租等流转方式取得的农村集体建设用地不得用于商品房地产开发，未经原批准用地的人民政府批准，不得改变该幅土地的建设用途。其二，农村建设用地的流转既要促进又要依法规范，流转的形式包括出让、转让（含土地使用权作价出资、入股、联营、兼并和置换等）、出租和抵押等形式。经批准使用或取得的建设用地，流转的进行要符合土地利用总体规划和城市、镇建设规划，要依法办理土地登记，领取土地权属证书。其三，要逐步建立城乡统一的建设用地市场。这需要逐步探索和积累一些制度条件，比如，加快推进农村集体土地产权登记步伐，加强农村集体土地的产权管理，逐步建立与城镇地价体系相衔接的农村集体建设用地地价体系。

2. 用海管理体制

于舟山来说，用海体制与用地体制处于完全同等重要的地位，或许从长远来看，用海体制创新更有发展意义。用海体制，主要包括海域使用权制度及围填海建设管理两方面。上述两方面的制度创新，可以充分发挥市场机制在海洋资源开发中的基础性作用，拓展新区在海洋立法方面法制先行、先行先试的空间。

舟山堪称海洋大市，新区内用海是否科学事关新区发展全局。从具体制度层面而言，在国家法律的基础上完善海域使用权的管理制度，是科学用海的重要内容。为此，要制定专门管理办法进一步规范海域使用权的管理，确保有序用海。

（1）关于海域使用权的取得方式。《海域使用管理法》第十九条和第二十条规定，海域使用权可以通过审批的方式取得，也可以通过招标或者拍卖的方式取得。建立海域有形市场，采取招标、拍卖、挂牌方式出让海域使用权，可以进一步优化海域资源配置，使海洋资源优势得到充分发挥，有利于海洋经济的发展。《舟山群岛新区规划》也指出，要逐步推行海域使用权招拍挂制度。可见，海域使用权招拍挂制度不仅仅是一个简单的程序上的制度，它关系到新区发展的大局，具有重要意义。

（2）关于海域使用权的登记。《舟山群岛新区规划》指出，要改进海域使用权登记制度。对于海域使用权的登记，国家法律已有规定。《海域使用管理法》规定："地方人民政府批准用海的，由地方人民政府登记造册，向海域使用申请人颁发海域使用权证书。"该规定可操作性较差，目前在实践中通常是政府批准后，由海洋行政主管部门登记发证。《物权法》规定："不动产登记，由不动产所在地的登记机构办理。"《物权法》是全国人大通过的基本法律，《海域使用管理法》是全国人大常委会通过的一般法律，位阶应当低于物权法。因此，改变《海域使用管理法》规定的登记模式，按照《物权法》的规定，不论哪级政府批准后，一律由属地海洋行政主管部门登记发证，是具有合法性的。因此，可以设定具体的海域使用权试行属地登记制度。

（3）海域使用权转让制度。海域使用转让市场，是指供那些从国家取得海域使用权的海域使用者，根据政府有关规定和出让合同要求，对海域进行开发和建设，并将经过开发建设的海域使用权连同固定附属用海设施，首次进入流通领域进行转让、出租、抵押等的市场。目前，福建漳州、浙江镇海等地都在积极推进海域资源的市场化配置工作，探索建立规范有序的海域使用权流转二级市场，并对海域使用权的出让条件和程序、证书颁发、变更或终止、流转公示、争议调解处理等方面的制度，制订相应的规范性文件。舟山新区虽为海洋大市，但在此方面已相对落后，应对此作出具体规定。

（4）围填海管理。围填海活动是新区利用海域资源、缓解土地供需矛盾、拓展发展空间的重要途径。但近年来，受到传统发展理念与发展方式的影响，围填海活动不同程度地存在规模增长过快、海域资源利用粗放、局部海域生态环境破坏严重、缺乏科学规划、管理机制不健全、监管能力薄弱等突出问题。因此，在新区建设过程中要加强围填海项目的海域使用管理，严格围填海海域使用项目报批。应对此予以规定。

国家发展和改革委员会与国家海洋局于2012年1月4日联合印发《围填海计划管理办法》，明确围填海活动必须纳入围填海计划管理，围填海计划指标实行指令性管理，不得擅自突破。舟山新区建设、海洋产业的集聚必然需要引进大型或超大型项目，围填海计划指标、建设用地指标是项目推进的基础要素。因此，应结合规划的内容，固定“涉及新区重大建设项目的围填海计划指标由省政府优先保障、建设用海围填的建设用地应该依法申请国务院批准，不纳入建设用地指标”的指标政策。

因我国法律对于沿海滩涂没有明确的定性，且相关规定散见于《物权法》、《海域使用管理法》、《土地管理法》、《渔业法》等诸多法律之中，没有形成完备的制度体系。许多沿海省份虽然颁布了针对滩涂的相关地方法规，但是做法各异，滩涂管理尚未完全步入正轨。舟山可以在调研和借鉴国外先进经验的基础上，明确滩涂围垦的管理主体、审批程序、供地程序及办理国有土地使用权证的联动方式等。

3. 海洋管理体制

新区规划中规定了探索建立海洋联合执法机制、海洋海岛综合开发保护的综合协调机制、海上执法预警系统和应对海上突发事件快速反应工作机制，即仅提出了机制名称，尚未有内容。海洋管理机制创新也应是建设海洋综合开发试验区的重头戏。舟山缺乏海洋综合管理和协调的组织机构，也在事实上制约了海洋经济的统筹发展。受传统的“以陆定海”思维的长期影响，地方海洋管理部门与其他产业、其他管理部门的职能相互交叉，如海洋管理涉及海洋权益、海洋资源、海洋环境、海洋执法等方面，又涉及海洋渔业局、港航局、国土资源局等10多个部门。涉海管理的部门多且级别和权限较低，不具有统筹和协调海洋开发的职能。

对此，可以建立高层次海洋综合管理和协调的组织机构，采取统一管理和部分、分级管理相结合的形式。建议成立新区管委会主要领导为负责人，财政、环保、公安、交通、规划、海事、港务、海洋与渔业等政府职能部门负责人参加的综合管理机构（如海洋管理领导委员会）。具体办事机构可设在海洋行政主管部门以增强海洋行政主管部门在海洋执法、海洋资源保护、海岛综合开发与保护等领域的综合协调能力。舟山新区可以根据发展需要，在时机成熟的情况下制定有关海洋管理体制机制的行政法规和规范性文件。

4. 金融体制

舟山新区现有的金融环境存在如下问题：一是金融组织体系建设不够完善，金融机构发展缓慢，股份制商业银行和其他类金融机构发展还不够健全，没有本土化的股份制商业银行，辖区内农村合作金融机构尚处于股份制改革时期，金融网点布局也不够合理，特别是还不能为近几年快速发展起来的港口产业、造船业和旅游业提供便捷的金融服务；二金融产品创新落后，资本市场建设滞后，居民可以进入的稳妥投资领域极为有限；三是金融资源总量、信贷总量明显不足，在金融改革的广度和深度上与其他三新区的差距十分巨大。

新区规划应在充分调研的基础上，从金融机构建设、金融产品创新和金融管理体制改革三个方面提出相应内容：一是新区应大力向上争取政策，支持舟山设立海洋综合开发金融创新试验区，允许设立外资银行，放宽外汇管理权限，在地方债券发行等方面给予优先扶持。允许通过上市发行股票、发行债券或资产证券化等形式募集市外资金，确保重点项目和重点工程建设的融资需求。建立舟山海洋产业投资基金，重点加强对海洋产业的金融支撑服务，鼓励金融机构创新金融服务产品，吸引民间资金进入海洋产业，构建多层次、多元化、多渠道融资体系。二是构建多层次的金融组织体系。应争取设立浙江省海洋发展银行等政策性银行；鼓励外资银行在新区内设立分支机构；积极引进更多的专业银行、保险、担保、信托等金融企业在舟山设立分支机构；扶持发展地方商业银行、农村合作金融机构、村镇银行、小额贷款公司、村镇银行、农村金融机构等组织。三是构建涉海业务金融服务体系。港航物流建设的一个重要支撑点是港航金融的发展。银行业要积极探索创新航运融资方式，发展航运业多元化融资体系，大力开展包括船舶抵押贷款、船舶融资租赁、船舶融资租赁信托以及船舶出口信贷等融资服务，同时可通过建立产业基金、股权投资基金，为航运业发展提供融资支持。银行业应与信托、租赁以及港航产业发展基金联手建立多渠道航运融资平台。对此，除在“基本法”中作出概括性规定外，也要相继出台法规、规章或规范性文件作出具体的制度安排，以保证政策的落实。

5. 财税制度

根据《立法法》第八条的规定，地方性法规无权设定关于税收、金融的基本制度，因此关于优惠财政、税收政策只能在“基本法”中作概括性规定。研究其他新区、特区的立法情况，横琴、前海的条例中均针对不同类型的企业规定了特殊、具体的优惠税收政策。虽然其制定地方法规的权源是特区立法权，但显然也是对基本制度的规定，其目的显然是将国家给予的优惠政策给予明确，以吸引投资。因此，关于财税制度的立法模式有两种选择：一是按《舟山群岛新区规划》、《浙江省委、省政府关于推进浙江舟山群岛新区建设的若干意见》规定的内容，将国家确定的优惠政策予以法律化，经归类分析后，按企业所得税优惠政策、物流企业纳税优惠、计税方法优惠等逐条规定。二是概括性规定享受优惠税收政策的前提条件，即在新区投资兴办的企业，享受国家规定的优惠政策；符合新区发展规划和产业布局的投资项目，享受新区相应的特殊优惠政策。

6. 民营经济管理

舟山群岛新区民营经济发展应从放松主体准入、行业准入条件，鼓励引导民营资本设立中小金融组织、组建民营担保公司，投资海洋新兴产业。主体准入主要是指对企业登记、行政许可制度创新。天津对主体、行业均实行无限制准入，只要是法律法规不禁止的境内外组织和个人，均可在滨海设立各类企业，前海与经济战略相配套建立国际通行商事登记制度，并在企业设立、经营许可、人才引进、产权登记等实行一站式服务，有效减少审批环节和程序。而横琴则是真正在条例中确定工商登记改革，且明显对公司法存在变通，如经营项目许可不作为企业主体资格登记的前置条件；设立公司时无需提交验资证明；登记时不审查场地的法定用途和使用功能等，都是突破性规定。舟山的工商登记和企业准入制度基本处于“原始”状态，可能与现有的经济状态相适应，但与舟山群岛新区发展需要显然还存在差距。对此，急需通过地方立法进行制度创新。产业准入，应该可以按照规划和国家规定调整产业准入目录，在源头上确定舟山群岛新区的准入产业，同时按照规划可以放宽船舶及海洋工程领域外商投资不超过 50% 的限制，以吸引外资参与海洋经济建设。

五、健全新区社会法制

社会法律制度是国家为解决各种社会问题形成的具有公法和私法融合特征的第三法域，是以维护弱者的权利和社会福祉为宗旨的一种新的法律体系，是劳动法、社会保障法、公共卫生事业法、慈善与募捐法等法律的总称，主要调整社会表面上平等而实质上不平等的社会关系和社会整体的福利关系。在现代社会，随着社会的不断改革和创新，社会分工也越来越细，人与人之间的贫富差距不断地扩大，人与人之间内在差异也不断地凸显出来。社会法律制度的主要作用就是：为实现社会公正和社会保障调整社会福利支出，保证符合人之尊严的生活；为个性之自由发展创造平等的前提条件，保证自由选择就业方式以谋取生活费用，消除或协调特殊生活负担等。

（一）我国社会法制建设现状

我国在落实科学发展观、完善市场经济法律体系、构建和谐社会的过程中，社会法的建设也有长足的发展，相应的法律制度体系逐渐形成。虽然我国的社会法律制度建设在起点上落后于西方发达国家，但是取得的成就还是显著的，主要表现在社会法的立法工作上，形成了以劳动法为核心，社会保障法、特殊群体权益保障法、社会团体立法相互辉映的局面，社会法体系初步形成。

1. 劳动法

我国现在使用的劳动法以1994年颁布实施的《中华人民共和国劳动法》为核心，并在此基础上2007年制定了《中华人民共和国劳动合同法》，劳动法基本框架已经形成。作为我国最早的一部《劳动法》，《中华人民共和国劳动法》是劳动关系领域中的基本法。而伴随着《中华人民共和国矿山安全法》、《中华人民共和国国工会法》、《中华人民共和国职业病防治法》、《中华人民共和国安全生产法》的相继出台，劳动法制在我国得以全面建立和实施。

2. 社会保障法

国家针对社会福利，优抚安置和农村扶贫开发的改革建设，制定了一系列的法律法规。从《退役义务兵安置条例》到养老和医疗保险，国家也都发布了若干决定和意见，出台了《农村五保户供养工作条例》，还相继发布了《城市居民最低生活保障条例》、《失业保险条例》。由此形成了一套社会保险、社会福利、社会救济、社会优抚的安全网络。

3. 特殊群体保障法

社会上的特殊群体主要是指老、妇、幼、残四类群体，他们在社会不同层次享有的权利，需要国家法律的特殊保护。我国针对特殊群体的保障已有相应的法律，有《残疾人权益保障法》、《未成年人保护法》、《妇女权益保障法》、《老年人权益保障法》等，并且对特殊人群就业等方面的权益都给予了不同程度的维护。

4. 社会团体法

社会团体是指中国红十字会，中国残联、全国妇联等组织，它们在社会建设方面发挥着巨大的作用。现阶段，我国在社会团体的立法方面仍处于起步阶段，1993年出台《中华人民共和国红十字会法》后，就再没有与之相关的法律出台了。因此，在社会团体立法方面是我国的一个薄弱点，在构建与完善社会法律制度体系时，必须给予重视。

总体上讲，虽然我国在社会立法方面起步较晚，但是取得的成就也是显著的。当然，社会法律制度也还是不够完善的，社会立法方面也存在着一些的问题。我国社会法律制度建设存在的问题主要集中在：社会立法体制还未理顺；社会法中的救济程序不完善，制约了公民社会权的实现；执法不严，社会法的实施得不到有效的保障。因此，虽然我国社会法制的基本框架已经具备，但仍然不能满足舟山群岛新区发展的需求。所以，在浙江舟山群岛新区建设过程中，既要遵守国家层面的社会法律法规，也要在此基础上构建满足舟山群岛新区发展需求的社会法律制度。

（二）创新新区社会法制的路径

舟山群岛新区必须围绕建设繁荣、富裕、幸福、稳定的和谐海岛的目标，在国家层面的社会法律制度的基础上进行创新，以适应新区建设发展的需要。

1. 健全工资收入分配法制

《浙江舟山群岛新区发展规划》明确提出：提高居民收入水平。实现城乡居民收入与经济发展同步增长，健全工资收入分配制度，统筹协调机关、事业单位和企业工资收入分配关系，千方百计增加渔（农）民收入，及时提高最低工资标准。逐步缩小不合理的收入差距，提高中等收入者比重，形成公正合理有序的收入分配格局。为此，有必要制定新区工资收入分配法规或规章，建立机关、事业单位和企业工资收入分配的统筹协调机制、工资收入增长机制和最低工资标准确定机制。

2. 创新社会管理法制

创新社会管理，必须建立健全与市场经济体制和新时期新特点相适应的社会管理格局和管理模式，构建相关的社会管理法律法规，形成以条块结合、以块为主的平台式管理、网格化管理、综合性管理，变过去的运动式、突击式、被动式管理为常态化、持续化、主动化管理。

（1）构建确保社会安定有序和谐的法治机制

健全综治、信访和维稳法治机制，完善乡镇（街道）、村（社区）基层综治信访维稳中心平台建设，推动司法资源与社会资源的有机结合。确立司法社会化工作思路，积极开展构建涉诉矛盾纠纷多元化解机制。要组织专家与法律工作者下社区，深入到矛盾多、问题复杂的区域，与群众面对面地交流，通过辩法析理、溯本清源，为群众舒解过激情绪，促进问题和谐解决；要实施重大事项社会稳定风险评估与预告机制，不断创新信访机构设置和工作机制，推进人民来访接待大厅和网上信访大厅建设。

（2）构建保障公共安全预警防控体系高效运行的法治机制

维护社会稳定，完成改革和发展的繁重任务，还必须保持长期和谐稳定的社会环境。必须坚持打防结合、预防为主，落实社会治安综合治理的各项措施，改进社会管理，保持良好的社会秩序。必须健全维护社会稳定工作体制机制，完善联合指挥机制，完善处置突发事件的规范，提高指挥处置突发事件的能力，形成应急处置合力。必须从维护人民群众根本利益的大局出发，坚持预防和应急处理并重、常态和非常态结合，按照《处置突发公共安全事件工作意见》的要求，健全联合指挥体系和分级响应机制，提高预知、预警、预防、应急处置的能力和水平。

3. 完善就业法律制度

舟山群岛新区急需制定一部促进就业的专门法。根据其他国家和地区的经验，制定一部促进就业的基本法，对于建立完善的就业法律体系具有重要意义。首先，促进就业已经成为现代国家的一项基本职能，与此相对应，应当有一部属于基本法律层次的促进就业法，才能突显其在整个法律体系中的地位。其次，我国现有的促进就业的法律规范较为散乱，缺乏一个完整的体系，而且在促进就业的很多领域根本就没有立法，或者是立法层次太低。

（1）关于中小企业促进就业的法律制度

中小企业在现代社会中是吸纳劳动力的重要组织，是一股不可忽视的力量，舟山群岛新区应给予重点关注和扶持。应在支持中小企业快速发展时，给予一定的法律保护，建立一套完整的关于促进中小企业发展的法律规范体系，发挥出中小企业在促进就业中的重要作用。

（2）关于就业机会平等的法律制度

从法治视角来看，让劳动者享有平等的就业权是法律的一项基本任务，也是人权保障的重要方面。促进就业法律的立法目的就是能使劳动人群的权利得到保障，使该劳动人群在出现关于就业问题时能有法可依，还能有效消除年龄歧视、残障歧视、性别歧视等问题。

（3）关于就业稳定的法律制度

保障劳动人群就业稳定是保障基本人权的重要举措。在这个方面，可以效仿美国的《反解雇与反裁员法》，也就是说如果工人因为雇主的过失而被裁员的话，雇主需要向政府缴纳失业保险金。裁减的工人人数越多，企业（雇主）向政府缴纳失业保险金也越多，从而在一定程度上迫使雇主尽量减少裁员，保障工人的就业稳定性。

4. 健全社会保障法

建立和完善社会保障法是经济社会进一步发展的必然要求，也是舟山群岛新区健康快速发展的重要基础，对构建和谐新区有着非常重要的意义。在构建舟山新区社会保障法律体系时应注意以下几方面的问题。

（1）进一步扩大社会保障的覆盖范围

完善新区社会保障法律制度，必须改变现行社会保障实施范围狭窄的局面，扩大社会保障的实施范围。要将养老保险、医疗保险、失业保险等方面的实施范围切实扩大到乡镇企业、小集体企业、私营企业、三资企业等各类企业的职工，使所有企业职工都能享受社会保险待遇；要建立农村的养老保险、医疗保险制度，加快农村保险事业的发展，统筹城乡发展，最终建立一个统一的包括全体劳动者在内的基本生活需要有保障的社会保障制度。舟山作为拥有先行先试权的新区，可以率先试行“国民基础社保包”制度。通过制定居民基础社保包试行办法的方式，对可以在一个地方施行的制度办法作出规定，如：用名义账户制统一各类人群的基本养老保险；医保参保补贴实现“费随人走”，人口跨行政区流动时，补贴由上级政府承担等。

（2）健全社会保障的司法机制

有了健全的社会保障法律制度，还需要有相应的处理社会保障纠纷的裁判或审判机构。从公正地维护社会成员的社会保障权益出发，必须建立能独立裁判或审判的机构。建议在人民法院设立劳动和社会保障法庭，专门从事审理劳动和社会保障争议案件，使当事人在其社会保障权益受到不法侵害时获得有力的司法保护。在条件成熟时，建立专门的劳动和社会保障仲裁机构。人民法院对社会保障领域发生的违法、犯罪案件，应当依法及时审理；对拒不缴纳法定的社会保险费、拒不履行支付保险义务、不正当使用保险基金、贪污、挪用、侵占保险基金的行为人，应当依法分别追究其刑事责任、行政责任和民事责任。

建立一个健全的社会保障法律体系是一个艰巨而复杂、庞大的工程，它的完成需要有完善的市场经济体制及一定社会经济发展程度作为立法基础，还要有社会保障法制定所需的种种条件，不是短期内可以做到的，但是需要充满信心。

5. 推进军民融合式发展

《浙江舟山群岛新区发展规划》明确提出：要统筹经济建设和国防建设，积极创建军民融合式发展示范区。要在确保军事设施和军事行动安全保密的前提下，扩大舟山对外开放区域。要坚持平战结合、军民结合，建立军民融合发展沟通协调机制，制定专项规划，充分发挥军地双方优势，在军地互通领域加强资源开放共享，在重大工程建设中贯彻军事需求。要深入论证口岸开放、重大项目建设等对国防军事安全可能产生的影响，采取必要的安全防护措施，按照“分级分类、确保重点”的原则，依法实施军事设施保护，适当调整与申请报废。要加强军警民联防，发挥部队在海洋监测、水下扫测和固定物排除等方面的技术优势，保护军事设施、领海基点及海底管线、航道、锚地等设施安全。要深入开展“双拥共建”活动，加强民兵、预备役工作，不断开创军政军民共建共享新局面。要确保这些规划目标的实现，必须制定相应法规或规章，作出具体的制度安排。

六、加强新区生态保护立法

自党的十七大召开以来，我国已为生态文明城市建设工作进行了积极的准备，对环境、经济、文化、人居等方面的法律法规或政策给予了制定或完善。十七大首次将生态文明建设写进党的报告，要求建设生态文明，而十八大又将其提升到更高的战略层面——中国特色社会主义事业总体布局由经济建设、政治建设、文化建设、社会建设“四位一体”拓展为包括生态文明建设的“五位一体”。建设生态文明，是关系到人民福祉、影响民族未来的伟大政策。伴随着资源约束趋紧、环境污染严重、生态系统退化的严峻形势，必须把生态文明建设放在“五位一体”的突出地位，并将其融入到经济、政治、文化、社会建设的各个方面，体现尊重自然、顺应自然、保护自然的理念。

舟山本就是自然生态较为良好的城市，如今又要进入新区建设时期，生态文明的建设坚决不能放松。而能从根本上保护生态环境的措施就是建立完善的法律体系。然而，目前新区有关生态保护的法制还很不完善，因此我们要正视这些问题，并解决它们。

（一）加强新区生态保护立法的必要性

舟山作为一个著名的旅游城市，优良的空气质量一直以来都是其天然的优势。浙江省天气预报预测各市空气质量时，舟山也绝对是相比之下最优的。可以说，舟山其实已经拥有了一个很好的生态环境基础。为避免新区的生态环境遭受破坏，针对新区的生态保护立法是很有必要的。

1. 生态保护立法是科学发展观的必然要求

科学发展观的核心是以人为本，基本要求是全面、协调、可持续发展，根本方法是统筹兼顾。生态保护的出发点正是保证人的生存与发展，能使自然与经济同步健康长远发展，兼顾自然生态社会与人类社会的发展，十分符合科学发展观的要求。

党的十八大报告提出，要加强生态文明制度建设。保护生态环境必须依靠制度。要把资源消耗、环境损害、生态效益纳入经济社会发展评价体系，建立一系列体现生态文明要求的目标体系、考核办法、奖惩机制，完善最严格的耕地保护制度、水资源管理制度、环境保护制度，等等。最有力的制度当然是法制。因此，加强生态保护立法，完善生态保护法律制度，是科学发展观的必然要求。

2. 生态保护立法是新区经济发展的内在要求

舟山有很多港湾，航道纵横交错，水深浪平，是中国屈指可数的天然深水良港。这里的“宁波—舟山港”更是中国第一、世界第二的大港。从地理位置来看，舟山群岛又是位于长江、钱塘江、甬江的出海口，历史上就是非常著名的港口。所以，舟山群岛新区顺利成为中国首个以海洋经济为主题的国家级新区，并不会让人感到意外。新区的设立，标志着中国海洋经济正式进入发展阶段，海洋经济将要进入黄金发展期。可以预见，舟山附近的海域会成为繁忙的交通要道，海面上的船只、沿海的企业都会增加。当然，海洋里的垃圾也会逐渐增多。

近年来，舟山新区船舶修造业、石化工业、港口物流业增势迅猛。这些产业对海洋生态环境造成的污染极大，对海洋生物造成严重威胁，对群岛上的生态也会造成危害，进而肯定会威胁到经济自身的发展。因而，此时生态保护立法对新区来说正合时宜。因为一旦立法就有了武器。法律是一种强制手段，它以国家暴力机关为后盾，能强有力地保护新区生态环境，保证新区的经济稳步发展。它正是新区经济发展的内在要求。

3. 生态保护立法是新区社会和谐发展的必要保障

2011 年 6 月 30 日是舟山极具重要意义的日子，国务院在这一天正式批准设立浙江舟山群岛新区。毫无疑问，舟山将迎来一个快速发展期，前景尤为可观。但是，舟山的发展如果只注重经济，就会造成整个生态环境急剧恶化，进而也会影响到整个社会的发展，最后发展必然走向“死胡同”。因此，新区的发展需要寻求一种和谐状态，这就要求在人类社会发展中同时注重自然生态的保护。保护生态环境的有效手段必然是法律，生态保护法必将成为新区发展的必要保障。必须在舟山的一切都正要起步时就做好以法制迎战的准备。总而言之，生态保护立法作为和谐的前提，必要性显而易见，紧迫性不言而喻。

（二）现行生态保护立法存在的问题

经过多年的发展，我国已经形成以宪法中关于生态保护的规定为统帅，以环境保护法的规定为基础，以生态保护专门法和自然资源法中的生态保护规范为主干，以其他法律行政法规以及行政规范性文件中的相关规定为补充，以国际条约等国际法渊源为重要内容的生态保护立法体系。我国的生态保护立法和环境保护立法紧密相融，并且更多地将生态保护的内容体现在了自然资源单行法当中。但是，许多生态问题都证明了单靠自然资源单行法来保护生态环境是远远不够的。如今这些问题主要体现在立法制度、立法的指导思想和立法内容这三个方面。舟山与其他省市一直沿用同样的生态保护法律体系，其生态保护立法自然也存在同样的问题。

1. 现行生态保护立法制度滞后

研究我国的生态保护立法不难发现，它在制度上还是存在很多不足之处，并不是很适应我国现阶段的生态保护和经济发展要求。舟山新区在此方面也并不存在先进性和独特性，生态保护立法制度问题也很明显。

（1）缺乏生态保护自主立法机制

一般来说，市级行政区域在生态环境保护上，都是沿用国家或省级其他法律法规的。舟山群岛新区是一个特殊的地域，一个相对独立的空间，其生态保护应该有其独特的立法机制。新区作为一个群岛，拥有相对特殊的生态环境特征，但事实上却缺乏自主的立法机制。这对于舟山群岛新区未来的发展来说，必将是一种隐形的阻碍。

（2）生态保护立法权制度混乱

行政立法主体立法决策时，如果缺乏与其他部门立法的联系，往往会局限于“部门”角度，导致各自为政。而且生态保护立法主体很多，如国家部门、林业部门、水土保持部门等，这必然伴随着立法权限不明引起有关立法权的诸多问题，如很多的行政部门在立法时权责并不明确，立法水平参差不齐，立法规划也不科学。立法权限划分不当，还会导致出现重复立法。重复立法也很有可能引起相关法律内容的冲突，让社会公众不知所措。这样的结果是在法律的实施过程中造成矛盾摩擦，影响甚至消弱政府部门的公信力。

（3）缺乏生态保护立法评估机制

若有关生态保护的立法中无相应的可持续发展影响评估机制，会使生态保护法的科学性大打折扣。假如立法的可持续发展评估机制缺位，那么立法很有可能就会变成“病态”。这样的立法，会给社会的发展带来严重问题，甚至会让有关机制无法正常运转。所以，建立完善生态保护立法评估机制势在必行。

2. 生态保护立法指导思想上存在偏差

我国的生态保护立法存在的时间比较长，但其立法的指导思想一直存在问题。虽然立法是为了保护生态，但是在很多时候生态又会被放在第二位，成为经济的牺牲品。生态环境是一种不可估量的资源。保护资源的目的，也是为了经济发展。所以，保护生态与发展经济之间有其共同利益。生态又是一个复杂的有机系统，制定相关法律法规时要考虑的问题很多，但目前还是欠缺严谨和科学性。

（1）防范立法未充分重视生态，导致海洋环境遭受污染

舟山是一个完全被海洋包围的城市，因此海洋对舟山有着非常重要的影响。目前

由于生态保护立法并未给予海洋充分的重视，海洋生态环境的污染已经形式严峻。已有的生态立法，更加重视经济的条款，在权衡的时候有意识地选择了经济，放弃了海洋生态的利益，舟山近年引进污染较重的重工业和化学工业企业，就是一个“以经济为重、环境次之”的实例。要知道，当前的市场价值最优，不代表它长远发展的价值就是最高的。所以，这是一种相当短视的做法。如今的海洋避免不了“海纳百污”的现状，正是海洋生物多样性面临的最大威胁。大量的工业污水、工业垃圾、农药、石油等排入海中，造成越来越严重的海水污染，也造成越来越多的生物死亡。对此，必须引起人类高度的重视。

（2）开发立法忽视可持续发展，导致生态资源浪费破坏严重

一切对人类有用的事和物都可以被称作资源。生态环境资源是自然资源的重要组成部分，有非常大的价值。从人类生存和可持续发展的角度出发，可以把生态环境当作是资源的一种，用来强调保护生态环境的重要性。造成生态环境恶化的重要原因之一，就是对自然资源不合理的开发利用。舟山的生态资源并不充足，如水资源就比较缺乏。虽然舟山的降水天气很常见，但有效降水并不充足，饮用水甚至还要从邻市宁波引进。而在利用开发水资源的过程中，海水淡化厂预处理和后处理产生的化学品，又可能给海洋里其他的自然资源带来严重威胁。对这些问题，原有的生态立法，未能给予足够的重视。

（3）惩治立法只注重数量关系，缺乏必要生态考虑

生态是一个系统的组成，它并不是“1+1=2”的简单相加，而是有着相当复杂的结构。原有立法在设立相关生态法律惩治措施时却没有相应的生态考虑。如《森林法》第三十五条规定：“采伐林木的单位或个人，必须按采伐许可证规定的面积、株数、树种、期限完成更新造林任务，更新造林的面积和株数不得少于采伐的面积和株数。”这些规定只规定将森林植被的数量恢复到破坏前的状态，而没有考虑到森林植被的质量，即没有考虑生态效益的丧失。砍伐一片森林，即使补种同样数量的树苗，生态效益的损失仍然会很大，这是因为二者的结构、作用、功能完全不同。常言道“十年树木”，树苗长成树林要花很长的时间，这期间其生态功能只能是逐渐递增。刚开始成长时的幼林是无法与成熟林相提并论的。

3. 生态保护法律内容不够全面

总体来说，我国的生态立法与国外成熟的生态保护法制相比，立法水平还是偏低的。某些法律、法规的内容，甚至还有许多矛盾的地方。另外，我国已经颁布的生态保护专门法比较少，有关生态保护的法律规范大多是分散在自然资源法及其他相关法律、法规、行政规范性文件中的。

有关生态保护的各类型法律，由于未按照整个生态系统的思路来统一协调，因此我国的生态保护立法从整体上看是分裂的。造成这一缺陷的深层次的原因是：这么多年来，我国环境立法一直是分部门的，只注重资源开发、利用和污染控制，只是对某一生态要素或者自然资源单独进行立法，法与法之间的关联并不太紧密。表面上看，《自然资源法》、《环境污染防治法》等相关法虽然也提及了不少生态保护方面的内容，但就是因为这种分割管理自然资源的立法模式，使生态保护法在内容和结构上存在断层，无法有效地从全局来保护生态系统的整体功能和结构。

（1）相关基本法偏重于污染防治

生态保护原本就是环境保护中的组成部分，现实中常常将环境保护与生态保护的概念混淆。1989 年颁布的《中华人民共和国环境保护法》现在仍在沿用，这部法律因为当时的生态意识等种种原因，无论从基本原则、基本制度还是从法律责任上来看，都更着重于“防治环境污染和其他公害”。相比之下，“保护和改善环境”的内容就不多，仅仅只是作了一些原则性的规定。因此，造成了我国公众对环境保护主要内容的认识不够全面，以为保护环境仅仅是“防治污染和其他公害”而已。事实上，我国的生态立法并不健全，各个单行法也都仅侧重于污染的防治，有关生态保护的内容还很欠缺。

（2）单行生态保护法律内容不够全面

针对不同环境要素的特点分别立法对环境加以保护，是我国生态保护立法的常用模式，在形式上表现为自然资源单行法。基本上，我国的生态保护立法是由各个单行法支撑起来的。但是，一旦单行法的立法维度还不到位，就会导致一些生态保护法律的相对空白。譬如湿地保护法等至今为止尚属空缺，只有相关条例或办法。湿地被称作“地球之肾”，是重要的自然生态系统，具有蓄水、防洪、保持水土、保护生物多样性等重要功能。近年来，舟山新区湿地正承受着越来越大的压力。不合理开发活动，特别是开垦沼泽，围、填海行为和建设一些不恰当的岸边工程等，已经造成湿地的急剧减少。所以，对新区来说，湿地保护法等单行法律的空白已经到了必须添补的时候。

（3）生态保护的法律责任体系不健全

目前，生态保护法律责任体系的问题主要表现在三个方面：一是法律义务与法律责任不配套，有些重要的法律义务因为没有相应的法律责任规定而形同虚设。如《森林法》第 18 条规定：“进行勘察、开采矿藏和各项建设工程，应当不占或者少占林地。”但该法的法律责任部分却呈现空白。二是破坏生态的刑事责任有待完善。如生态刑法保护的面偏窄，对破坏湿地、破坏林地情节严重的行为，目前却无法追究其刑事责任。三是行政处罚力度不够。对破坏生态尚不够刑事处罚的行为给予行政处罚，这是生态保护立法中适用最广泛的责任形式。但从现行立法看，行政处罚的施用仍难起到遏制生态破坏的应有作用。对有关行为处罚太轻，与刑事责任缺乏整体配合，个别行政责任条款过于原则，具体操作过程中的主观随意性太大，这些都是必须解决的问题。

（三）加强新区生态保护立法的路径

舟山新区即将迎来一个全面发展的历史时期，在此之前，把好生态环境保护这个关是尤为重要的。为了不重蹈其他一些地方靠牺牲生态来发展经济的覆辙，新区需要通过完善立法来支持完善新区生态建设的法律法规体系。

1. 创新新区生态保护立法制度

（1）建立公众参与型新区生态保护自主立法制度

舟山是一个群岛，在地理概念上是一个相对封闭的空间，有些生态法律应该也可以参考“公民投票”的方式来制定。欧盟国家在城市生态建设方面就十分注重公民参与和环境法学者、专家的介入，这值得新区学习借鉴。加强公民参与的积极性，集思广益，才能在科学立法的道路上走得更远。新区应该确保公众通过法定程序和途径，全面参与舟山政府的生态保护立法过程，建立公众知情权机制、表达机制和监督机制，促进社会各界参与本地的生态环境保护。

（2）健全新区生态保护立法体制

在新区建立自主立法机制的基础上，为避免因立法主体太多、立法权限不明而产生诸多问题，首先要明确新区专门的立法主体。相关的行政部门要明确其职责，立法权限划分要得当。当某个行政部门在制定法规条文时，可以召集相关部门举行座谈会，让各部门给出意见与建议，指出不足，通过综合分析之后再进行决策，这样就可以有效地避免新的立法与其他行政条例、办法产生矛盾，也就不会再出现重复立法的尴尬局面。立法权限分配清晰、行政机构立法时注意合作交流，立法水平、立法规划也就变得更加科学。

（3）建立符合科学发展观的新区生态保护立法评估机制

为了新区的生态立法更加科学有效，立法评估机制必须相应地建立起来。地方立法的可持续发展评估体系是指在地方立法过程中，通过规范的程序和方法，用可持续发展影响评估指标，对拟审议的法律法规是否符合可持续发展的要求进行审查和批判，并就法规草案等存在的问题提出具体的修改建议。这样的机制能够体现可持续发展的思想，也能制止对可持续发展战略实施产生不利影响的法律的出台，可以发挥预测、完善、协调作用。在科学发展观和生态文明城市建设的视野下，生态保护立法可以说是一种保障，而可持续发展评估机制则是生态保护立法的保障。

2. 确立正确的生态保护立法指导思想

指导思想是法制建设的灵魂。思想正确了，立法的方向就有了保证。要充分了解生态环境的内涵，明确它蕴含着不可估量的价值，要矫正传统发展战略忽视生态利益和生态价值的弊端。立法要符合经济与生态协调、可持续发展的客观规律。

（1）防范立法需重视保护海洋生态防止海洋环境遭受污染

海洋给舟山带来的财富可以说是无穷无尽的，但是想要持续地从海洋获取宝藏，就必须学会与之和谐共处，让海洋一直健康下去，不呈现病态。虽然海洋本身拥有自净能力，但是污染一旦超过负荷就会让海洋失去其自身的调节作用。因此，对海洋生态的保护实乃当务之急。

（2）开发立法需强调可持续观念，珍惜生态资源

舟山的生态资源中，湿地、水资源等都是相当缺乏的。但是这种资源缺乏的意识尚未能深入人心。应该做好宣传工作，让新区的公众都认识到这一点。在进行生态资源的开发活动时，如开发旅游资源时，必须首先充分考虑生态环境的承受力。要始终坚持统筹兼顾、综合决策、合理开发的原则。立法时要有科学的认识，明确资源开发与生态资源保护之间的关系，“在保护中开发，在开发中保护”。自然资源能给人类带来无法计量的生态效益，我们不能忽视它们，更不能破坏它们。因此，开发立法要促进自然资源的合理利用和科学利用，努力实现自然生态资源系统的良性循环，实现可再生。

（3）惩治立法需加强必要生态考虑，保证生态持续平衡

制定相关生态保护法律惩治措施的时候常常没有相应的生态考虑，这是一个困扰已久的问题，现在应该得到相应的重视。因为生态的系统性和复杂性，很多生态环境比较脆弱，因此在立法时必须加强生态考虑。立法应该更加专业化，更加符合自然规律。这就需要更多更加专业的人才加入到制定新区生态保护法律的过程中，由此可以使新区的生态保护立法融入科学、生态的思想。用正确的思想来指导立法，这样的法律施行起来才能达到维护生态平衡的效果。

3. 完善生态保护法的相关内容

我国有着十分辽阔的地域。不同地域的自然条件各异，甚至千差万别，不同地区的生态问题自然也就各有侧重。因而，结合地方实际情况进行地方生态保护立法，具体问题具体分析，在生态保护中有着绝对的实际意义。舟山生态保护相关法的法律内容也应该与时俱进，最有效的途径是在建立新区自主立法机制的基础上进行生态保护立法。生态保护立法的重点不应该只有防治污染，单行生态保护法的内容要更加充实，

生态保护的法律责任体系也要相应进行完善。

（1）充实相关基本法关于生态保护的内容

相关基本法的内容偏重于“防治环境污染”，生态保护内容较少，这是生态意识欠缺所致。立足舟山群岛新区，加强海洋生态保护尤为重要。为此，有必要在建立新区自主立法机制的基础上，制定专门的《浙江舟山群岛新区生态保护条例》，确立新区在生态保护方面系统、综合、规范的立法模式，为新区生态保护单项法的立法提供依据。在制定生态保护条例时，要坚持防治污染和生态保护并重，增加保护生态环境的法律原则、法律制度和法律责任的规定，更好地突出保护生态的理念。

（2）完善单行生态保护法的内容

生态保护的单行法按照保护对象可以分为三类：生物多样性保护法、特定自然区域保护法、各类型生态系统保护法。我国生态保护单行法多数是计划经济体制下形成的，随着经济体制的根本转变和社会经济的发展，已经日渐暴露出不适应生态保护要求的种种问题。新区要针对部分单行生态保护法呈现的缺陷进行完善，缺欠的单行生态保护法，如海洋生态损害救济法、湿地保护法，要通过制定地方性法规进行补充。各自然资源单行法对生态保护的目的要明确。应该根据生态研究的成果，制定基因资源、生物安全、土壤污染等方面的法规，制定海洋海岛生态恢复、海洋生态旅游管理等法规。在充实单行法内容后，再理顺各单行法内部及相互间的关系，就可以从整体上完善生态法律内容。

（3）健全生态保护的法律责任体系

健全生态保护的法律责任体系须在地方立法权限内做到以下两点：一是法律义务与法律责任配套。对环境保护法和各自然资源法中有关生态保护的法律义务，在制定有关法规、规章时要在法律责任中做出相应规定。二是加强行政处罚力度。行政处罚的施用要起到遏制生态破坏的应有作用。对严重破坏生态环境行为的处罚力度不能太轻，与刑事责任要整体配合。个别行政责任条款要有灵活性，不能太过僵硬死板。

我国各地城市自20世纪后期开始，相继提出建设生态文明城市的口号。浙江在生态建设方面已经做出了出色成绩，如中国美丽乡村——安吉、中国幸福城市——杭州等。然而，由于相关生态立法的不健全，中国生态城市建设还存在许许多多的问题，在城市规划、城市产业结构、城市生态、公众参与等方面还有不足。可见，我国的生态文明建设还有很长时间的路要走。浙江舟山群岛新区应该以生态海岛城市建设为目标，加强生态保护立法，及时解决生态保护在法律制度、思想、内容上存在的问题。只要积极行动，舟山的生态保护就会卓有成效，新区的生态建设就会一片光明。

七、完备新区文化法制

浙江舟山群岛新区的建设需要多方面法制建设的护航，除了行政、经济与环境方面的法制建设外，保障新区可持续发展的完善的法律制度还应包括文化方面的法律制度。舟山群岛新区应高起点、高标准，以长远发展为目标，其建设过程中科技、人才、旅游与文化保护都应全面发展。文化事业在经济和社会稳定发展中一直占据重要地位，与文化相关的法律建设的重要性也就不言而喻。文化法制建设包括的内容是丰富的，而目前的文化法律体系并不健全，需要从新区的定位和实际出发，探讨能更好为舟山群岛新区建设服务的文化法律制度，从而保证新区的稳定全面发展。

（一）新区文化法制建设的必要性与意义

文化的成分无穷无尽，对此现在尚无统一的界定。在社会主义现代化的建设中，我们可以将其理解为精神文明。在国家和区域建设中，文化是一种软实力。文化是经济发展的精神动力，并深刻影响政治建设，也是推动社会和谐的重要因素，更是提高公民素质的核心。舟山群岛新区是以海洋开发为特色和核心的新区，《舟山文化产业发展报告》表明，到2015年文化产业增加值将占舟山GDP的7%～8%，文化产业将成为舟山的支柱产业之一。因此，文化法制建设更具其必要性和现实意义。

1. 文化法制建设的必要性

（1）建设海洋科教文化中心需要文化法制的保障

舟山拥有丰富的海洋资源，面积500平方米以上的海岛占全省的45%，占全国的25.7%。新区发展目标是建立我国重要的现代海洋产业基地，打造科学高端的新型海洋实验基地。现代海洋产业基地需要适用的配套设施，海洋科教文化中心便是其中之一。建设海洋科教文化中心以增强新区在科技、教育与人才上的综合实力，保证海洋科研的创新、相关人才的聚集，并且培养适用的高端海洋人才，最终促使新区海洋软实力的提高。立法的支持，对于海洋科教文化中心的建设与发展是必不可少的。例如，只有加强对海洋科研的保护特别是加强相关科技知识产权和专利的保护，才能促进科研工作的有效和积极进行，创新能力也才能更持续地发展。海洋教育基地的建立，需要教育法等相关法律法规的保障，人才培养机制则需要高等教育、职业教育与民办教育的多方努力。各项教育的投入、各类学校的建立以及各个学校的自主权划定，都需要法律的明确和支持。从中可知，舟山群岛新区无论是科技还是教育的建设，都离不开文化法制的保障。

（2）建设国家海洋文化名城需要文化法制的支持

海洋文化是海洋资源的重要组成部分，舟山的海洋文化资源丰富，包括海洋历史文化、海洋渔业文化、海洋民俗文化、海洋旅游文化、海洋宗教文化、海洋饮食文化等，将其加以整合，能够建立起一座国家级的海洋文化名城。国家海洋文化名城的建立，能为舟山群岛新区贴上更生动的标签；海洋文化的传承和发展自然需要法律、法规来规范与保障。旅游业的发展能推广舟山群岛新区海洋文化名城的形象。2009 年，舟山的旅游收入在舟山的总 GDP 中占有比例达 20% 以上，而旅游的发展更是与相关的文化法律、法规有着密切联系。海南岛早在 1995 年就出台了第一部地方性旅游法规，这为海南岛旅游业的飞速发展打下了基础。舟山群岛新区有丰富的旅游资源，在新区建设的契机下，出台推动旅游发展的法律、法规是极为必要的。舟山的佛教文化源远流长，信徒众多，宗教气氛浓厚，要建立文化名城，就需要促进宗教与社会的和谐共存。文化法制的建设能处理好各种关系，在保护宗教文化的同时也能促进宗教的管理完善。文化法制的支持是舟山群岛新区建设国家级海洋文化名城的必要条件。

（3）构建完备的新区法制体系需要文化法制的完善

舟山群岛新区的依法发展需要通过完善的法律体系来保证。新区各项工作的顺利进行在不违背不抵触国家各项法律、法规的情况下，应充分利用地方立法自主权，保证新区的法制建设有地方性特色。完整科学的法制建设，是舟山群岛新区建设的基石。我国目前的法律体系还不完善，特别是文化法制的建设存在诸多问题，部分重要的文化领域存在着立法空白。文化法制得不到完善，法制体系的完整也就无从说起。在新区法制建设时，要尽量避免法律的空缺和不完善，文化法制作为法制建设的重要组成部分是不能缺少的。

2. 文化法制建设的重要意义

（1）文化法制建设有助于新区社会和谐发展

任何经济社会建设都是在一定的文化环境中进行的，和谐社会的建设离不开文化的建设，文化法制建设对和谐社会的建设具有巨大的意义。舟山群岛新区发展规划将和谐发展作为基本原则之一，舟山群岛新区的建设能促进整个舟山社会更为和谐。文化法制建设对舟山和谐社会建设的意义，主要体现在教育、宗教、旅游以及娱乐场所规范等方面。以宗教为例，舟山从唐朝以来就是重要的港口，多种信仰与宗教崇拜在这里融合，形成了舟山独特的海洋性宗教氛围。宗教法制的建设是保证宗教和谐的重要部分，只有坚持加强宗教法制建设不动摇，才能有效规范和调整宗教关系及其他社会关系，最终实现和谐社会。文化法制建设在众多领域都能发挥巨大的作用，它能保证社会环境与风气的纯净，人与人的相处遵守法律道德，对舟山群岛新区和谐社会建设的意义不言而喻。

（2）文化法制建设有助于海洋文化相关立法经验积累

作为海洋综合开发试验区，舟山群岛新区各方面管理和法制创新可以探索海洋开发建设的新模式，舟山群岛新区文化法制建设可以为全国海洋文化法制建设积累经验。海洋存在着巨大的开发潜力，无论在资源、交通、战略地位上还是在文化上都具有巨大价值，人们对海洋的重视也与日俱增。在南海、东海问题日益严重的今天，海洋立法的完善迫在眉睫。中国在相关海洋文化的立法还比较空白，这对海洋科学技术的研发、海洋旅游开发以及海洋精神遗产的保护等，都是极其不利的。舟山群岛新区的文化法制建设创新，能为海洋文化立法提供切实的依据，在立法的经验积累上有不可或缺的意义。

（二）新区文化法制建设的现状

舟山群岛新区由于刚刚确立，加之还缺乏自主立法权，在地方文化立法方面还是空白。但是在文化执法上，还是做出了努力。在“十五”期间，文化市场执法得到进一步规范和加强。可见，加强文化立法是新区文化法制建设的当务之急。在这方面，可以参考海南国际旅游岛的立法建设。海南在旅游立法上侧重市场监管和游客利益保护方面，并出台了相关的条例。特别是根据海南国际旅游岛的定位，立法针对国际游客权益、签证、免税商品等都制定了详细的细则。相比之下，舟山群岛新区在文化法制建设方面还有较大差距。

1. 新区文化法制建设观念有待提高

舟山群岛新区文化法制建设的问题首先是观念上的，从普通市民到领导干部对文化法制建设的重要性还认识不足，对文化法制建设抓起来时松时紧。在舟山系列发展规划中，虽然都有关于建立海洋文化名城的规划与意见，但是对文化法制建设方面的提及总是不够充分，并且相关探讨仍停留在较为浅显的层次。政府对文化执法和文化娱乐场所的规范有较充分的认识，但是在建立新区的大背景下，在特色的文化法规制定与文化产业法制支持方面应当有更为深入的检讨。而且，舟山目前对文化领域的执法多依赖行政措施，这应当也是对法制作用认识不足的表现。舟山是第一个以群岛设市的地级行政区，并且它的唯一性一直保持到2012年6月三沙市的建立为止。1390个岛组成的舟山，居民居住较为分散，这给法制建设的宣传和普及增加了较多阻碍，文化法制观念传播与宣传更是滞后，所以造成居民普遍的文化法制观念淡薄。对于较多市民来说，文化法制的概念比较模糊。思想观念上的不重视，也造成了文化法制建设在发展中的动力不足。

2. 新区特色文化立法亟需完善

立法是法制建设的基础。适时研究制定相关产业及其活动的法律、法规，能推动相关产业深化文化内涵，增加文化分量，扩大文化影响力。当前，中国文化立法总体来说法律、法规并不健全，立法盲点较多，某些领域甚至无法可依。这些问题在舟山群岛新区中则有更为具体的体现。舟山群岛新区作为海洋综合开发试验区，要建设海洋科教文化中心和海洋文化名城，但是目前基本上还没有针对性地制定相应的文化法律、法规。从建立国家级海洋科教文化中心来看，还缺乏对创造巨大价值的海洋科技专利和知识产权的专门保护法规，在教育上的扶持和人才的引进方面也没有明确的法规保障。从建立海洋文化名城来看，对海洋历史文物遗产与非物质遗产的挖掘保护需要用立法来规范，而旅游业与娱乐行业则需要进一步完善立法。从舟山浓厚的宗教氛围来看，舟山的宗教特色立法缺失的现象也应进一步引起重视。

3. 新区文化执法与监督有待加强

完善的法制，要求立法机制、执法机制和监督机制的相互配合和有效运作。如果执法和监督力度不过硬，就会和立法形成一个断层，这将非常不利于文化法制建设工作的开展。从执法上看，通过分析《舟山市 2009 年县（区）文化市场行政执法考评细则》发现，舟山对娱乐市场的执法比较重视，而对知识产权、文物与非物质遗产的挖掘保护以及教育等文化其他方面的执法并没有提及。在实际的执法中程序不够规范，执法者素质也有待提高。舟山群岛新区建设过程中，执法者素质的高低将直接影响民众对新区法制建设印象的好坏。文明、专业并且态度良好的执法队伍建设，能为文化产业的发展提供良好的环境，执法者素质问题应得到执法部门的重视。文化执法不清中，权责交叉一直是全国性问题，在舟山也有诸多的体现。从监督上看，我国执法监督一直不力，特别是文化相关法律被认为是“软法”，在监督上更容易缺乏力度，容易造成执法不公正而得不到及时纠正。舟山从 2007 年开始组建文化义务监督员队伍，但是聘任的多是退休人员，虽有一定成效，但是面对舟山群岛新区建设的需要，监督制度和队伍建设有待进一步加强。

（三）完善新区文化法制建设的路径

面对舟山文化法制建设的滞后，必须从意识、立法和执法监督上来探寻解决对策。提高意识是先决条件，加强立法是基础，深化执法与监督是必要条件，而立法则是重中之重。

1. 提高新区文化法制建设意识

法制意识本身就属于社会主义文化的重要部分。舟山群岛新区的建立对舟山市民素质和舟山法制环境要求将会更高。根据舟山的现状结合新区的目标要求，可以从政府的文化法制意识与市民的法制意识来提高。政府文化法制意识的提高首先应借助新区“基本法”——《浙江舟山群岛新区条例》的权威性和宣示作用，在条例的制定过程中对新区海洋科教文化中心与海洋历史文化名城等文化相关建设作出规定。在明确文化建设的重要性基础上，将法制建设对文化建设发展的重要性也作出宣示性规定。通过“基本法”，加深政府各机关对文化法制建设的全面理解和认知。法制宣传部门与文化主管部门应充分发挥职能作用，做好宣传和教育工作，提高政府各机关对文化法制建设的重视度。市民文化法制意识的提高主要是用形式多样、寓教于乐的方式，进行大范围的宣传教育。舟山的居民分散于各个大小不一的岛屿，宣传工作要落实到各个区县乡镇、街道、社区和村组，再落实到每个法制队伍，责任到个人。宣传手段要结合时代，广播、电视、互联网与手机短信、微博都应灵活运用。宣传方式还要考虑到其吸引力和亲和力，可以将文化法制宣传结合舟山颇具特色的渔民号子、走书、船拳等，在大家喜闻乐见的文化娱乐方式中宣传文化法制建设的重要性。宣传内容也应结合群岛新区的设立，使居民在产生作为新区人自豪感的同时，对舟山文化建设也产生更强烈的责任感，从而自觉加入文化法制建设中来。宣传过程中，要注重居民对文化法制的正确理解。文化法制建设不是限制自身的文化娱乐相关权利，而是更好地保护自身的合法权益，更好地建设新区。

2. 完善新区特色文化立法

（1）完善海洋科技与知识产权立法

科技与知识产权的立法完善，是新区提升海洋文化软实力、构筑海洋科教文化中心、实现科技兴海的重要措施。舟山作为国家海洋综合开发试验区，完全可以对海洋科技和知识产权立法进行大胆的尝试，为海洋科技的发展和国家相关法律的制定和完善提供经验积累。科技立法在文化立法中应占据优先位置。美国早在 1972 年就陆续出台与海洋科技相关的各类立法，对海洋科技的运用、转让、推动等各个方面都有涉及。按照浙江舟山新区发展规划，要扶持建设一批海洋科研基地，支持国家重大海洋科研成果转化落地，那么立法应着重对科研成果的专利和转让做出有力保障，对侵犯专利权和转让程序不合法的行为做出明确处罚。海洋科技不断创新才有长足发展，科技法制也必须不断创新。海洋科技立法中还需要包括对海洋科技风险投资和海洋科技中介进行规范的内容。在法律的普遍性和强制性上，严格法律责任，使科技法规更具法律的刚性，从而更有力地保护科技上的法益。舟山群岛新区要建立国家海洋文化基地，传统知识、基因资源和地理标志等领域的知识产权立法，也要逐渐完善。舟山的海洋文化资源丰富，对传统的文化资源和海洋相关的创作成果应有专门的立项。在新区的发展过程中，越来越多的企业到舟山注册商标，具有巨大价值的科技研究成果和商业秘密也将不断增加，在立法上应有保护倾向。舟山群岛新区的地理位置和定位决定其发展过程中必将与世界有广泛的交流，而大部分发达国家知识产权有非常完善的立法，经济上的合作需要政策法规的支持，新区立法要在一定程度上参考国外知识产权的立法标准，与国际接轨，才能树立良好的对外开放形象，增加国际竞争力。

（2）完善海洋高等教育与人才引进立法

要把舟山群岛新区建设成为海洋科教文化中心，海洋高等教育是重要抓手。这就需要有相匹配的海洋高等教育和研发基地。而目前舟山与国内其他滨海城市在海洋科教和研究上还有一定差距，必须充分发展立法的引领和促进作用，以更完善的地方立法强力推动海洋科教事业的超常发展。要以立法的方式，促使政府和社会各方面增加高等教育和海洋科研项目的投入。目前，高等教育的运行和设施经费来源也越来越多样，立法要将经费渠道合理化以缓解财政拨款的紧张，促进海洋高等教育和研究的发展。舟山对目前浙江省唯一一所以海洋命名的高等院校，可以通过立法来推动，将其打造成海洋类综合大学。海洋高等教育还包括相关的职业技术学校，海洋类的职业技术能直接应用于生产中，立法要加强对职校的扶持和职校学生权益的保护。面对高等教育越来越多的办学模式，在立法上可以通过创新，对网络远程教育与民办学校涉海类专业证书给予认可，鼓励对海洋专业人才的培养。舟山群岛新区应有计划地通过人才引进、培养、开发，营造海洋人才高效汇聚、快速成长、人尽其才的良好环境，打造我国重要的海洋人才高地。在立法中可以通过对所需人才分类分层，对所需的海洋类高级人才和其他紧缺人才，在法规中明确规定给予经济上的支持与服务配套保障。特别是对人才权益保护方面的立法，要贴近高层次高教育人群的需求、人才在自我价值实现和荣誉上的需求。通过立法创新满足高等人才的更高层次需求，对人才会具有更强的吸引力。

（3）完善海岛宗教与历史民俗文化保护立法

舟山是我海岛历史文化名城，其独特的开放性宗教特征与有特色的海洋渔文化都是舟山建立国家海洋文化基地的巨大优势。舟山群岛宗教文化具有明显的海洋性特征，这决定其宗教文化的发展一直是变通开放的。道教、佛教、基督教以及舟山本土信奉航海保护神等各种宗教，能在舟山和平共处、相安无争，这在全世界来说也是不多见的。新区的建立要求有更和谐的环境，宗教和谐，新区才能良好发展。宗教方面的立法在舟山应根据当地的特色。舟山寺庙众多，对有历史文化价值的应给予充分的保护和支持。针对信教民众众多，对入教并无严格手续的现状，可以制定教徒入教应合法登记的规定。舟山的一些寺庙，年收入可达上百万，财产来源是否合法需要有明确的细则，立法也应对合法的寺庙财产给予保护，在其继承上确立合法资格。我国没有宗教士的资格鉴定，对于鱼龙混杂的宗教界，管理难度较大。舟山新区可以尝试立法设立宗教士资格证，保证宗教人士的纯净，便于管理，防止宗教行骗。舟山市政府在2002年拆除了定海的古城，对此，曾有专家呼吁要摘掉舟山历史文化名城的称号。清华大学法学院教师王晨光形容舟山这一行为“就像一把刀，扎进法律的软肋”。可见，舟山曾在海洋文化文物保护上走过弯路或偏路。基于建立国家海洋文化基地的目标，加强文化保护立法更能表明政府对文化遗产保护的决心。文化遗产分物质和非物质两类。物质文化遗产在舟山的重点保护对象应是对历史遗迹如普陀山多宝塔、法雨寺、定海古城、鸦片战争战场遗址等建筑或遗址的保护。文物保护一向是文化立法的重点所在。在舟山文物立法上要注重舟山水下文物、沉船遗址的保护，禁止在相应海域打捞以及水下文物走私贩卖等活动。立法保护才是保护非物质文化遗产的根本。根据舟山的特色，应建立非物质文化遗产代表性名录，还应通过立法促进和保护非物质文化遗产的传承。非物质文化遗产的最好传承就是创造其经济价值，新区的建立会便于众多公司机构的入驻，可以在立法中规定给予合理利用非物质文化遗产的公司税收优惠。

3. 深化新区文化执法体制改革

（1）加强文化执法主体建设

文化执法主体建设，首先要保证文化市场行政执法机构独立行使文化领域行政执法权。要在职能整合的基础上，设置能集中行使文化执法权的综合性执法机构，避免机构重叠、职能交叉、互相推诿的状况。同时，要有稳定的经费保障。

（2）规范文化执法程序

行政程序法治化是行政行为产生法律效力的必要条件。为此，要及时纠正不合理的执法程序。要通过制定相应的规范性文件，规范文化执法程序，特别是努力完善证据收集、听证与复议等环节，避免重实体轻程序倾向。

（3）提高执法队伍整体素质

执法者的素质提高了，才能保证依法执法的观念应用在实际工作中。文化执法队伍素质的提高，首先要进行思想上的教育，培养为人民服务、严格依法执法的理念。特别是在人员上岗及平时培训时，将作为新区人的自豪感与责任感的激发融入其中。其次，文化执法人员要自觉提升自身的素养和业务能力。文化执法人员工作在文化领域，应有基本的文化修养和良好的教育水平。要通过系统的法律知识培训，将文化知识与法律知识结合，提升整体队伍的素质与面貌。

4. 健全文化执法监督机制

文化执法监督要从内至外，建立全方位监督制约体系。内部监督主要是监督职能部门和机构的监督，外部监督主要是媒体舆论和社会大众的监督。在内部文化执法监督上，首先要建立权威的监督机构，充分发挥文化行政复议制度的功能，强化层级监督。其次，要定期开展执法监督专项活动，确定重点环节，对群众反映较为不满和敏感的问题作为重点监督内容。在外部监督上，首先要提高公众对监督权的认识，提高公众对文化执法工作监督的积极性。其次，在政策上要支持鼓励媒体和群众监督，将其作为一种机制，避免流于形式。要将内部监督和外部监督紧密结合，把监督机构与普通群众、广大媒体联系起来，用互动合作的方式，加强对文化执法领域的监督。

文化法制建设在近几年日益得到国家的高度重视。在国家对文化法制进行完善的同时，各个地方也不断出台各种具有地方特色的法规。舟山群岛新区的设立，是文化法制建设进一步加强的一个重要机遇，相应的政策法规应积极出台，文化法制意识要进一步提高，执法和监督的改革也要逐步深化，从而建立起适应舟山群岛新区发展需要的文化法制体系。当然，文化法制建设不是一蹴而就的，在不断积累、吸收经验中，我们一定会找到最合适、最有价值的方式，为建立舟山历史文化名城创造良好环境。

附　录

附录 1

中华人民共和国海域使用管理法

《中华人民共和国海域使用管理法》已由中华人民共和国第九届全国人民代表大会常务委员会第二十四次会议于 2001年 10月 27日通过，现予公布，自 2002年 1月 1日起施行。

中华人民共和国主席令(第六十一号)
中华人民共和国主席　江泽民
2001年 10月 27日

第一章　总则

第一条　为了加强海域使用管理，维护国家海域所有权和海域使用权人的合法权益，促进海域的合理开发和可持续利用，制定本法。

第二条　本法所称海域，是指中华人民共和国内水、领海的水面、水体、海床和底土。

本法所称内水，是指中华人民共和国领海基线向陆地一侧至海岸线的海域。

在中华人民共和国内水、领海持续使用特定海域三个月以上的排他性用海活动，适用本法。

第三条　海域属于国家所有，国务院代表国家行使海域所有权。任何单位或者个人不得侵占、买卖或者以其他形式非法转让海域。

单位和个人使用海域，必须依法取得海域使用权。

第四条　国家实行海洋功能区划制度。海域使用必须符合海洋功能区划。

国家严格管理填海、围海等改变海域自然属性的用海活动。

第五条　国家建立海域使用管理信息系统，对海域使用状况实施监视、监测。

第六条　国家建立海域使用权登记制度，依法登记的海域使用权受法律保护。

国家建立海域使用统计制度，定期发布海域使用统计资料。

第七条　国务院海洋行政主管部门负责全国海域使用的监督管理。沿海县级以上地方人民政府海洋行政主管部门根据授权，负责本行政区毗邻海域使用的监督管理。

渔业行政主管部门依照《中华人民共和国渔业法》，对海洋渔业实施监督管理。

海事管理机构依照《中华人民共和国海上交通安全法》，对海上交通安全实施监督管理。

第八条　任何单位和个人都有遵守海域使用管理法律、法规的义务，并有权对违反海域使用管理法律、法规的行为提出检举和控告。

第二章　海洋功能区划

第十条　国务院海洋行政主管部门会同国务院有关部门和沿海省、自治区、直辖市人民政府，编制全国海洋功能区划。

沿海县级以上地方人民政府海洋行政主管部门会同本级人民政府有关部门，依据上一级海洋功能区划，编制地方海洋功能区划。

第十一条　海洋功能区划按照下列原则编制：

（一）按照海域的区位、自然资源和自然环境等自然属性，科学确定海域功能；

（二）根据经济和社会发展的需要，统筹安排各有关行业用海；

（三）保护和改善生态环境，保障海域可持续利用，促进海洋经济的发展；

（四）保障海上交通安全；

（五）保障国防安全，保证军事用海需要。

第十二条　海洋功能区划实行分级审批。

全国海洋功能区划，报国务院批准。

沿海省、自治区、直辖市海洋功能区划，经该省、自治区、直辖市人民政府审核同意后，报国务院批准。

沿海市、县海洋功能区划，经该市、县人民政府审核同意后，报所在的省、自治区、直辖市人民政府批准，报国务院海洋行政主管部门备案。

第十三条　海洋功能区划的修改，由原编制机关会同同级有关部门提出修改方案，报原批准机关批准；未经批准，不得改变海洋功能区划确定的海域功能。

经国务院批准，因公共利益、国防安全或者进行大型能源、交通等基础设施建设，需要改变海洋功能区划的，根据国务院的批准文件修改海洋功能区划。

第十四条　海洋功能区划经批准后，应当向社会公布；但是，涉及国家秘密的部分除外。

第十五条　养殖、盐业、交通、旅游等行业规划涉及海域使用的，应当符合海洋功能区划。

第三章　海域使用的申请与审批

第十六条　单位和个人可以向县级以上人民政府海洋行政主管部门申请使用海域。

申请使用海域的，申请人应当提交下列书面材料：

（一）海域使用申请书；

（二）海域使用论证材料；

（三）相关的资信证明材料；

（四）法律、法规规定的其他书面材料。

第十七条　县级以上人民政府海洋行政主管部门依据海洋功能区划，对海域使用申请进行审核，并依照本法和省、自治区、直辖市人民政府的规定，报有批准权的人民政府批准。

海洋行政主管部门审核海域使用申请，应当征求同级有关部门的意见。

第十八条 下列项目用海，应当报国务院审批：

（一）填海五十公顷以上的项目用海；

（二）围海一百公顷以上的项目用海；

（三）不改变海域自然属性的用海七百公顷以上的项目用海；

（四）国家重大建设项目用海；

（五）国务院规定的其他项目用海。

第四章 海域使用权

第十九条 海域使用申请经依法批准后，国务院批准用海的，由国务院海洋行政主管部门登记造册，向海域使用申请人颁发海域使用权证书；地方人民政府批准用 海的，由地方人民政府登记造册，向海域使用申请人颁发海域使用权证书。海域使用申请人自领取海域使用权证书之日起，取得海域使用权。

第二十条 海域使用权除依照本法第十九条规定的方式取得外，也可以通过招标或者拍卖的方式取得。招标或者拍卖方案由海洋行政主管部门制订，报有审批权的人民政府批准后组织实施。海洋行政主管部门制订招标或者拍卖方案，应当征求同级有关部门的意见。

招标或者拍卖工作完成后，依法向中标人或者买受人颁发海域使用权证书。中标人或者买受人自领取海域使用权证书之日起，取得海域使用权。

第二十一条 颁发海域使用权证书，应当向社会公告。

颁发海域使用权证书，除依法收取海域使用金外，不得收取其他费用。

海域使用权证书的发放和管理办法，由国务院规定。

第二十二条 本法施行前，已经由农村集体经济组织或者村民委员会经营、管理的养殖用海，符合海洋功能区划的，经当地县级人民政府核准，可以将海域使用权确定给该农村集体经济组织或者村民委员会，由本集体经济组织的成员承包，用于养殖生产。

第二十三条 海域使用权人依法使用海域并获得收益的权利受法律保护，任何单位和个人不得侵犯。

海域使用权人有依法保护和合理使用海域的义务；海域使用权人对不妨害其依法使用海域的非排他性用海活动，不得阻挠。

第二十四条 海域使用权人在使用海域期间，未经依法批准，不得从事海洋基础测绘。

海域使用权人发现所使用海域的自然资源和自然条件发生重大变化时，应当及时报告海洋行政主管部门。

第二十五条 海域使用权最高期限，按照下列用途确定：

（一）养殖用海十五年；

（二）拆船用海二十年；

（三）旅游、娱乐用海二十五年；

（四）盐业、矿业用海三十年；

（五）公益事业用海四十年；

（六）港口、修造船厂等建设工程用海五十年。

第二十六条　海域使用权期限届满，海域使用权人需要继续使用海域的，应当至迟于期限届满前二个月向原批准用海的人民政府申请续期。除根据公共利益或者国家安全需要收回海域使用权的外，原批准用海的人民政府应当批准续期。准予续期的，海域使用权人应当依法缴纳续期的海域使用金。

第二十七条　因企业合并、分立或者与他人合资、合作经营，变更海域使用权人的，需经原批准用海的人民政府批准。

海域使用权可以依法转让。海域使用权转让的具体办法，由国务院规定。

海域使用权可以依法继承。

第二十八条　海域使用权人不得擅自改变经批准的海域用途；确需改变的，应当在符合海洋功能区划的前提下，报原批准用海的人民政府批准。

第二十九条　海域使用权期满，未申请续期或者申请续期未获批准的，海域使用权终止。

海域使用权终止后，原海域使用权人应当拆除可能造成海洋环境污染或者影响其他用海项目的用海设施和构筑物。

第三十条　因公共利益或者国家安全的需要，原批准用海的人民政府可以依法收回海域使用权。

依照前款规定在海域使用权期满前提前收回海域使用权的，对海域使用权人应当给予相应的补偿。

第三十一条　因海域使用权发生争议，当事人协商解决不成的，由县级以上人民政府海洋行政主管部门调解；当事人也可以直接向人民法院提起诉讼。

在海域使用权争议解决前，任何一方不得改变海域使用现状。

第三十二条　填海项目竣工后形成的土地，属于国家所有。

第五章　海域使用金

第三十三条　国家实行海域有偿使用制度。

单位和个人使用海域，应当按照国务院的规定缴纳海域使用金。海域使用金应当按照国务院的规定上缴财政。

对渔民使用海域从事养殖活动收取海域使用金的具体实施步骤和办法，由国务院另行规定。

第三十四条　根据不同的用海性质或者情形，海域使用金可以按照规定一次缴纳或者按年度逐年缴纳。

第三十五条　下列用海，免缴海域使用金：

（一）军事用海；

（二）公务船舶专用码头用海；

（三）非经营性的航道、锚地等交通基础设施用海；

（四）教学、科研、防灾减灾、海难搜救打捞等非经营性公益事业用海。

第三十六条　下列用海，按照国务院财政部门和国务院海洋行政主管部门的规定，经有批准权的人民政府财政部门和海洋行政主管部门审查批准，可以减缴或者免缴海域使用金：

（一）公用设施用海；

（二）国家重大建设项目用海；

第六章　监督检查

第三十七条　县级以上人民政府海洋行政主管部门应当加强对海域使用的监督检查。

县级以上人民政府财政部门应当加强对海域使用金缴纳情况的监督检查。

第三十八条　海洋行政主管部门应当加强队伍建设，提高海域使用管理监督检查人员的政治、业务素质。海域使用管理监督检查人员必须秉公执法，忠于职守，清正廉洁，文明服务，并依法接受监督。

海洋行政主管部门及其工作人员不得参与和从事与海域使用有关的生产经营活动。

第三十九条　县级以上人民政府海洋行政主管部门履行监督检查职责时，有权采取下列措施：

（一）要求被检查单位或者个人提供海域使用的有关文件和资料；

（二）要求被检查单位或者个人就海域使用的有关问题作出说明；

（三）进入被检查单位或者个人占用的海域现场进行勘查；

（四）责令当事人停止正在进行的违法行为。

第四十条　海域使用管理监督检查人员履行监督检查职责时，应当出示有效执法证件。

有关单位和个人对海洋行政主管部门的监督检查应当予以配合，不得拒绝、妨碍监督检查人员依法执行公务。

第七章　法律责任

第四十二条　未经批准或者骗取批准，非法占用海域的，责令退还非法占用的海域，恢复海域原状，没收违法所得，并处非法占用海域期间内该海域面积应缴纳的 海域使用金五倍以上十五倍以下的罚款；对未经批准或者骗取批准，进行围海、填海活动的，并处非法占用海域期间内该海域面积应缴纳的海域使用金十倍以上二十倍以下的罚款。

第四十三条　无权批准使用海域的单位非法批准使用海域的，超越批准权限非法批准使用海域的，或者不按海洋功能区划批准使用海域的，批准文件无效，收回非法使用的海域；对非法批准使用海域的直接负责的主管人员和其他直接责任人员，依法给予行政处分。

第四十四条　违反本法第二十三条规定，阻挠、妨害海域使用权人依法使用海域的，海域使用权人可以请求海洋行政主管部门排除妨害，也可以依法向人民法院提起诉讼；造成损失的，可以依法请求损害赔偿。

第四十五条　违反本法第二十六条规定，海域使用权期满，未办理有关手续仍继续使用海域的，责令限期办理，可以并处一万元以下的罚款；拒不办理的，以非法占用海域论处。

第四十六条　违反本法第二十八条规定，擅自改变海域用途的，责令限期改正，没收违法所得，并处非法改变海域用途的期间内该海域面积应缴纳的海域使用金五倍以上十五倍以下的罚款;对拒不改正的,由颁发海域使用权证书的人民政府注销海域使用权证书,收回海域使用权。

第四十七条　违反本法第二十九条第二款规定，海域使用权终止，原海域使用权人不按规定拆除用海设施和构筑物的，责令限期拆除；逾期拒不拆除的，处五万元以下的罚款，并由县级以上人民政府海洋行政主管部门委托有关单位代为拆除，所需费用由原海域使用权人承担。

第四十八条　违反本法规定，按年度逐年缴纳海域使用金的海域使用权人不按期缴纳海域使用金的，限期缴纳；在限期内仍拒不缴纳的，由颁发海域使用权证书的人民政府注销海域使用权证书，收回海域使用权。

第四十九条　违反本法规定，拒不接受海洋行政主管部门监督检查、不如实反映情况或者不提供有关资料的，责令限期改正，给予警告，可以并处二万元以下的罚款。

第五十条　本法规定的行政处罚，由县级以上人民政府海洋行政主管部门依据职权决定。但是，本法已对处罚机关作出规定的除外。

第八章　附则

第五十二条　在中华人民共和国内水、领海使用特定海域不足三个月，可能对国防安全、海上交通安全和其他用海活动造成重大影响的排他性用海活动，参照本法有关规定办理临时海域使用证。

第五十三条　军事用海的管理办法，由国务院、中央军事委员会依据本法制定。

第五十四条　本法自 2002年 1月 1日起施行。

附录 2

中华人民共和国海岛保护法

中华人民共和国主席令 第二十二号

《中华人民共和国海岛保护法》已由中华人民共和国第十一届全国人民代表大会常务委员会第十二次会议于 2009年 12月 26日通过，现予公布，自 2010年 3月 1日起施行。

中华人民共和国主席　胡锦涛

2009年 12月 26日

第一章　总　则

第一条　为了保护海岛及其周边海域生态系统，合理开发利用海岛自然资源，维护国家海洋权益，促进经济社会可持续发展，制定本法。

第二条　从事中华人民共和国所属海岛的保护、开发利用及相关管理活动，适用本法。

本法所称海岛，是指四面环海水并在高潮时高于水面的自然形成的陆地区域，包括有居民海岛和无居民海岛。

本法所称海岛保护，是指海岛及其周边海域生态系统保护，无居民海岛自然资源保护和特殊用途海岛保护。

第三条　国家对海岛实行科学规划、保护优先、合理开发、永续利用的原则。

国务院和沿海地方各级人民政府应当将海岛保护和合理开发利用纳入国民经济和社会发展规划，采取有效措施，加强对海岛的保护和管理，防止海岛及其周边海域生态系统遭受破坏。

第四条　无居民海岛属于国家所有，国务院代表国家行使无居民海岛所有权。

第五条　国务院海洋主管部门和国务院其他有关部门依照法律和国务院规定的职责分工，负责全国有居民海岛及其周边海域生态保护工作。沿海县级以上地方人民政府海洋主管部门和其他有关部门按照各自的职责，负责本行政区域内有居民海岛及其周边海域生态保护工作。

国务院海洋主管部门负责全国无居民海岛保护和开发利用的管理工作。沿海县级以上地方人民政府海洋主管部门负责本行政区域内无居民海岛保护和开发利用管理的有关工作。

第六条　海岛的名称，由国家地名管理机构和国务院海洋主管部门按照国务院有关规定确定和发布。

沿海县级以上地方人民政府应当按照国家规定，在需要设置海岛名称标志的海岛设置海岛名称标志。

禁止损毁或者擅自移动海岛名称标志。

第七条　国务院和沿海地方各级人民政府应当加强对海岛保护的宣传教育工作，增强公民的海岛保护意识，并对在海岛保护以及有关科学研究工作中做出显著成绩的单位和个人予以奖励。

任何单位和个人都有遵守海岛保护法律的义务，并有权向海洋主管部门或者其他有关部门举报违反海岛保护法律、破坏海岛生态的行为。

第二章　海岛保护规划

第八条　国家实行海岛保护规划制度。海岛保护规划是从事海岛保护、利用活动的依据。

制定海岛保护规划应当遵循有利于保护和改善海岛及其周边海域生态系统，促进海岛经济社会可持续发展的原则。

海岛保护规划报送审批前，应当征求有关专家和公众的意见，经批准后应当及时向社会公布。但是，涉及国家秘密的除外。

第九条　国务院海洋主管部门会同本级人民政府有关部门、军事机关，依据国民经济和社会发展规划、全国海洋功能区划，组织编制全国海岛保护规划，报国务院审批。

全国海岛保护规划应当按照海岛的区位、自然资源、环境等自然属性及保护、利用状况，确定海岛分类保护的原则和可利用的无居民海岛，以及需要重点修复的海岛等。

全国海岛保护规划应当与全国城镇体系规划和全国土地利用总体规划相衔接。

第十条　沿海省、自治区人民政府海洋主管部门会同本级人民政府有关部门、军事机关，依据全国海岛保护规划、省域城镇体系规划和省、自治区土地利用总体规划，组织编制省域海岛保护规划，报省、自治区人民政府审批，并报国务院备案。

沿海直辖市人民政府组织编制的城市总体规划，应当包括本行政区域内海岛保护专项规划。

省域海岛保护规划和直辖市海岛保护专项规划，应当规定海岛分类保护的具体措施。

第十一条　省、自治区人民政府根据实际情况，可以要求本行政区域内的沿海城市、县、镇人民政府组织编制海岛保护专项规划，并纳入城市总体规划、镇总体规划；可以要求沿海县人民政府组织编制县域海岛保护规划。

沿海城市、镇海岛保护专项规划和县域海岛保护规划，应当符合全国海岛保护规划和省域海岛保护规划。

编制沿海城市、镇海岛保护专项规划，应当征求上一级人民政府海洋主管部门的意见。

县域海岛保护规划报省、自治区人民政府审批，并报国务院海洋主管部门备案。

第十二条　沿海县级人民政府可以组织编制全国海岛保护规划确定的可利用无居民海岛的保护和利用规划。

第十三条　修改海岛保护规划，应当依照本法第九条、第十条、第十一条规定的审批程序报经批准。

第十四条　国家建立完善海岛统计调查制度。国务院海洋主管部门会同有关部门拟定海岛综合统计调查计划，依法经批准后组织实施，并发布海岛统计调查公报。

第十五条 国家建立海岛管理信息系统，开展海岛自然资源的调查评估，对海岛的保护与利用等状况实施监视、监测。

第三章 海岛的保护

第一节 一般规定

第十六条 国务院和沿海地方各级人民政府应当采取措施，保护海岛的自然资源、自然景观以及历史、人文遗迹。

禁止改变自然保护区内海岛的海岸线。禁止采挖、破坏珊瑚和珊瑚礁。禁止砍伐海岛周边海域的红树林。

第十七条 国家保护海岛植被，促进海岛淡水资源的涵养；支持有居民海岛淡水储存、海水淡化和岛外淡水引入工程设施的建设。

第十八条 国家支持利用海岛开展科学研究活动。在海岛从事科学研究活动不得造成海岛及其周边海域生态系统破坏。

第十九条 国家开展海岛物种登记，依法保护和管理海岛生物物种。

第二十条 国家支持在海岛建立可再生能源开发利用、生态建设等实验基地。

第二十一条 国家安排海岛保护专项资金，用于海岛的保护、生态修复和科学研究活动。

第二十二条 国家保护设置在海岛的军事设施，禁止破坏、危害军事设施的行为。

国家保护依法设置在海岛的助航导航、测量、气象观测、海洋监测和地震监测等公益设施，禁止损毁或者擅自移动，妨碍其正常使用。

第二节 有居民海岛生态系统的保护

第二十三条 有居民海岛的开发、建设应当遵守有关城乡规划、环境保护、土地管理、海域使用管理、水资源和森林保护等法律、法规的规定，保护海岛及其周边海域生态系统。

第二十四条 有居民海岛的开发、建设应当对海岛土地资源、水资源及能源状况进行调查评估，依法进行环境影响评价。海岛的开发、建设不得超出海岛的环境容量。新建、改建、扩建建设项目，必须符合海岛主要污染物排放、建设用地和用水总量控制指标的要求。

有居民海岛的开发、建设应当优先采用风能、海洋能、太阳能等可再生能源和雨水集蓄、海水淡化、污水再生利用等技术。

有居民海岛及其周边海域应当划定禁止开发、限制开发区域，并采取措施保护海岛生物栖息地，防止海岛植被退化和生物多样性降低。

第二十五条 在有居民海岛进行工程建设，应当坚持先规划后建设、生态保护设施优先建设或者与工程项目同步建设的原则。

进行工程建设造成生态破坏的，应当负责修复；无力修复的，由县级以上人民政府责令停止建设，并可以指定有关部门组织修复，修复费用由造成生态破坏的单位、个人承担。

第二十六条 严格限制在有居民海岛沙滩建造建筑物或者设施；确需建造的，应当依照有关城乡规划、土地管理、环境保护等法律、法规的规定执行。未经依法批准在有居民海岛沙滩建造的建筑物或者设施，对海岛及其周边海域生态系统造成严重破坏的，应当依法拆除。

严格限制在有居民海岛沙滩采挖海砂；确需采挖的，应当依照有关海域使用管理、矿产资源的法律、法规的规定执行。

第二十七条　严格限制填海、围海等改变有居民海岛海岸线的行为，严格限制填海连岛工程建设；确需填海、围海改变海岛海岸线，或者填海连岛的，项目申请人应当提交项目论证报告、经批准的环境影响评价报告等申请文件，依照《中华人民共和国海域使用管理法》的规定报经批准。

本法施行前在有居民海岛建设的填海连岛工程，对海岛及其周边海域生态系统造成严重破坏的，由海岛所在省、自治区、直辖市人民政府海洋主管部门会同本级人民政府有关部门制定生态修复方案，报本级人民政府批准后组织实施。

第三节　无居民海岛的保护

第二十八条　未经批准利用的无居民海岛，应当维持现状；禁止采石、挖海砂、采伐林木以及进行生产、建设、旅游等活动。

第二十九条　严格限制在无居民海岛采集生物和非生物样本；因教学、科学研究确需采集的，应当报经海岛所在县级以上地方人民政府海洋主管部门批准。

第三十条　从事全国海岛保护规划确定的可利用无居民海岛的开发利用活动，应当遵守可利用无居民海岛保护和利用规划，采取严格的生态保护措施，避免造成海岛及其周边海域生态系统破坏。

开发利用前款规定的可利用无居民海岛，应当向省、自治区、直辖市人民政府海洋主管部门提出申请，并提交项目论证报告、开发利用具体方案等申请文件，由海洋主管部门组织有关部门和专家审查，提出审查意见，报省、自治区、直辖市人民政府审批。

无居民海岛的开发利用涉及利用特殊用途海岛，或者确需填海连岛以及其他严重改变海岛自然地形、地貌的，由国务院审批。

无居民海岛开发利用审查批准的具体办法，由国务院规定。

第三十一条　经批准开发利用无居民海岛的，应当依法缴纳使用金。但是，因国防、公务、教学、防灾减灾、非经营性公用基础设施建设和基础测绘、气象观测等公益事业使用无居民海岛的除外。

无居民海岛使用金征收使用管理办法，由国务院财政部门会同国务院海洋主管部门规定。

第三十二条　经批准在可利用无居民海岛建造建筑物或者设施，应当按照可利用无居民海岛保护和利用规划限制建筑物、设施的建设总量、高度以及与海岸线的距离，使其与周围植被和景观相协调。

第三十三条　无居民海岛利用过程中产生的废水，应当按照规定进行处理和排放。

无居民海岛利用过程中产生的固体废物，应当按照规定进行无害化处理、处置，禁止在无居民海岛弃置或者向其周边海域倾倒。

第三十四条 临时性利用无居民海岛的，不得在所利用的海岛建造永久性建筑物或者设施。

第三十五条 在依法确定为开展旅游活动的可利用无居民海岛及其周边海域，不得建造居民定居场所，不得从事生产性养殖活动；已经存在生产性养殖活动的，应当在编制可利用无居民海岛保护和利用规划中确定相应的污染防治措施。

第四节 特殊用途海岛的保护

第三十六条 国家对领海基点所在海岛、国防用途海岛、海洋自然保护区内的海岛等具有特殊用途或者特殊保护价值的海岛，实行特别保护。

第三十七条 领海基点所在的海岛，应当由海岛所在省、自治区、直辖市人民政府划定保护范围，报国务院海洋主管部门备案。领海基点及其保护范围周边应当设置明显标志。

禁止在领海基点保护范围内进行工程建设以及其他可能改变该区域地形、地貌的活动。确需进行以保护领海基点为目的的工程建设的，应当经过科学论证，报国务院海洋主管部门同意后依法办理审批手续。

禁止损毁或者擅自移动领海基点标志。

县级以上人民政府海洋主管部门应当按照国家规定，对领海基点所在海岛及其周边海域生态系统实施监视、监测。

任何单位和个人都有保护海岛领海基点的义务。发现领海基点以及领海基点保护范围内的地形、地貌受到破坏的，应当及时向当地人民政府或者海洋主管部门报告。

第三十八条 禁止破坏国防用途无居民海岛的自然地形、地貌和有居民海岛国防用途区域及其周边的地形、地貌。

禁止将国防用途无居民海岛用于与国防无关的目的。国防用途终止时，经军事机关批准后，应当将海岛及其有关生态保护的资料等一并移交该海岛所在省、自治区、直辖市人民政府。

第三十九条 国务院、国务院有关部门和沿海省、自治区、直辖市人民政府，根据海岛自然资源、自然景观以及历史、人文遗迹保护的需要，对具有特殊保护价值的海岛及其周边海域，依法批准设立海洋自然保护区或者海洋特别保护区。

第四章 监督检查

第四十条 县级以上人民政府有关部门应当依法对有居民海岛保护和开发、建设进行监督检查。

第四十一条 海洋主管部门应当依法对无居民海岛保护和合理利用情况进行监督检查。

海洋主管部门及其海监机构依法对海岛周边海域生态系统保护情况进行监督检查。

第四十二条 海洋主管部门依法履行监督检查职责，有权要求被检查单位和个人就海岛利用的有关问题作出说明，提供海岛利用的有关文件和资料；有权进入被检查单位和个人所利用的海岛实施现场检查。

检查人员在履行检查职责时，应当出示有效的执法证件。有关单位和个人对检查工作应当予以配合，如实反映情况，提供有关文件和资料等；不得拒绝或者阻碍检查工作。

第四十三条　检查人员必须忠于职守、秉公执法、清正廉洁、文明服务，并依法接受监督。在依法查处违反本法规定的行为时，发现国家机关工作人员有违法行为应当给予处分的，应当向其任免机关或者监察机关提出处分建议。

第五章　法律责任

第四十四条　海洋主管部门或者其他对海岛保护负有监督管理职责的部门，发现违法行为或者接到对违法行为的举报后不依法予以查处，或者有其他未依照本法规定履行职责的行为的，由本级人民政府或者上一级人民政府有关主管部门责令改正，对直接负责的主管人员和其他直接责任人员依法给予处分。

第四十五条　违反本法规定，改变自然保护区内海岛的海岸线，填海、围海改变海岛海岸线，或者进行填海连岛的，依照《中华人民共和国海域使用管理法》的规定处罚。

第四十六条　违反本法规定，采挖、破坏珊瑚、珊瑚礁，或者砍伐海岛周边海域红树林的，依照《中华人民共和国海洋环境保护法》的规定处罚。

第四十七条　违反本法规定，在无居民海岛采石、挖海砂、采伐林木或者采集生物、非生物样本的，由县级以上人民政府海洋主管部门责令停止违法行为，没收违法所得，可以并处二万元以下的罚款。

违反本法规定，在无居民海岛进行生产、建设活动或者组织开展旅游活动的，由县级以上人民政府海洋主管部门责令停止违法行为，没收违法所得，并处二万元以上二十万元以下的罚款。

第四十八条　违反本法规定，进行严重改变无居民海岛自然地形、地貌的活动的，由县级以上人民政府海洋主管部门责令停止违法行为，处以五万元以上五十万元以下的罚款。

第四十九条　在海岛及其周边海域违法排放污染物的，依照有关环境保护法律的规定处罚。

第五十条　违反本法规定，在领海基点保护范围内进行工程建设或者其他可能改变该区域地形、地貌活动，在临时性利用的无居民海岛建造永久性建筑物或者设施，或者在依法确定为开展旅游活动的可利用无居民海岛建造居民定居场所的，由县级以上人民政府海洋主管部门责令停止违法行为，处以二万元以上二十万元以下的罚款。

第五十一条　损毁或者擅自移动领海基点标志的，依法给予治安管理处罚。

第五十二条　破坏、危害设置在海岛的军事设施，或者损毁、擅自移动设置在海岛的助航导航、测量、气象观测、海洋监测和地震监测等公益设施的，依照有关法律、行政法规的规定处罚。

第五十三条　无权批准开发利用无居民海岛而批准，超越批准权限批准开发利用无居民海岛，或者违反海岛保护规划批准开发利用无居民海岛的，批准文件无效；对直接负责的主管人员和其他直接责任人员依法给予处分。

第五十四条　违反本法规定，拒绝海洋主管部门监督检查，在接受监督检查时弄虚作假，或者不提供有关文件和资料的，由县级以上人民政府海洋主管部门责令改正，可以处二万元以下的罚款。

第五十五条　违反本法规定，构成犯罪的，依法追究刑事责任。

造成海岛及其周边海域生态系统破坏的，依法承担民事责任。

第六章　附则

第五十六条　低潮高地的保护及相关管理活动，比照本法有关规定执行。

第五十七条　本法中下列用语的含义：

（一）海岛及其周边海域生态系统，是指由维持海岛存在的岛体、海岸线、沙滩、植被、淡水和周边海域等生物群落和非生物环境组成的有机复合体。

（二）无居民海岛，是指不属于居民户籍管理的住址登记地的海岛。

（三）低潮高地，是指在低潮时四面环海水并高于水面但在高潮时没入水中的自然形成的陆地区域。

（四）填海连岛，是指通过填海造地等方式将海岛与陆地或者海岛与海岛连接起来的行为。

（五）临时性利用无居民海岛，是指因公务、教学、科学调查、救灾、避险等需要而短期登临、停靠无居民海岛的行为。

附录 3

全国海岛保护规划

（2012年4月19日由国家海洋局正式公布实施）

前　言

我国是海洋大国，海岛众多。海岛是壮大海洋经济、拓展发展空间的重要依托，是保护海洋环境、维护生态平衡的重要平台，是捍卫国家权益、保障国防安全的战略前沿。为了深入贯彻科学发展观，保护海岛及其周边海域生态系统，合理开发利用海岛资源，维护国家海洋权益，促进经济社会可持续发展，依据《中华人民共和国海岛保护法》等法律法规、国民经济和社会发展规划、全国海洋功能区划，结合全国土地利用总体规划纲要（2006—2020年）、国家海洋事业发展规划等相关规划，制定《全国海岛保护规划》（以下简称《规划》）。

《规划》主要阐明规划期内海岛保护的指导思想、基本原则、目标和主要任务，是引导全社会保护和合理利用海岛资源的纲领性文件，是从事海岛保护、利用活动的依据。

《规划》的规划期限为 2011—2020年，展望到 2030年。《规划》的范围为中华人民共和国所属海岛。

一、现状与形势

（一）海岛保护与利用现状

我国拥有面积大于 500平方米的海岛 7300多个（《规划》所列海岛数量，除特殊说明外，均指 500平方米以上海岛的统计数），海岛陆域总面积近 8万平方千米，海岛岸线总长 14000多千米。按海区分布统计，渤海区内海岛数量占总数的 4%，黄海区占 5%，东海区占 66%，南海区占 25%。按离岸距离统计，距大陆岸线 10千米之内的海岛数量占总数的 70%，10—100千米的占 27%，100千米之外的占 3%。我国海岛广布温带、亚热带和热带海域，生物种类繁多，不同区域海岛的岛体、海岸线、沙滩、植被、淡水和周边海域的各种生物群落和非生物环境共同形成了各具特色、相对独立的海岛生态系统，一些海岛还具有红树林、珊瑚礁等特殊生境；海岛及其周边海域自然资源丰富，有港口、渔业、旅游、油气、生物、海水、海洋能等优势资源和潜在资源。

我国海岛保护工作起步较晚，但发展迅速。已经建立涉及海岛的自然保护区和特别保护区共 57个，含 805个海岛，其中海洋自然保护区 48个，含 524个海岛；海洋特别保护区 9个，含 281个海岛。针对生态破坏严重的海岛，开展了综合整治和生态修复工作，浙江、福建、广东等省的“封岛育林”、“封岛护养”工程已取得一定成效。

我国海岛经济社会发展特征明显。一是人口总量少，分布集中。全国现有2个海岛市，14个海岛县(市、区)，191个海岛乡(镇)，2007年全国海岛人口约547万人(不包括港、澳、台和海南岛)，其中98.5%居住在上述市县乡中心岛上。二是经济总量小，结构单一。2007年海岛地区生产总值2238亿元，占11个沿海省(自治区、直辖市)地区生产总值的1.4%，海洋渔业产值占海岛地区生产总值的比重普遍较大。三是无居民海岛使用类型多样。全国已经利用的无居民海岛1900多个，其中，特殊用途海岛1020个，公共服务用岛365个，旅游娱乐用岛73个，农林牧渔业用岛340个，工业、仓储、交通运输用岛49个，可再生能源、城乡建设等其它用岛80多个。

（二）机遇与挑战

海岛是我国经济社会发展中一个非常特殊的区域，在国家权益、安全、资源、生态等方面具有十分重要的地位。当前是海岛保护事业发展的关键时期，必须准确把握国际国内海岛工作发展形势，充分认识我国海岛保护工作面临的困难和问题：

1. 海岛生态破坏严重。炸岛炸礁、填海连岛、采石挖砂、乱围乱垦等活动大规模改变海岛地形、地貌，甚至造成部分海岛灭失；在海岛上倾倒垃圾和有害废物，采挖珊瑚礁，砍伐红树林，滥捕、滥采海岛珍稀生物资源等活动，致使海岛及其周边海域生物多样性降低，生态环境恶化。

2. 海岛开发秩序混乱。无居民海岛开发利用缺乏统一规划和科学管理，导致开发利用活动无序无度；一些单位和个人随意占有、使用、买卖和出让无居民海岛，造成国有资源性资产流失；在一些地方，管理人员及其他人员登岛受到阻挠，影响国家正常的科学调查、研究、监测和执法管理活动。

3. 海岛保护力度不足。一些海岛具有很高的权益、国防、资源和生态价值，这些特殊用途海岛需要严格保护，但由于缺乏有力的保护与管理，有些海岛已经遭受破坏，存在严重的国家安全隐患。

4. 海岛经济社会发展滞后。海岛经济基础薄弱，水、电、交通等基础设施建设滞后，政府公共服务保障能力不足，防灾减灾能力缺乏，居民生活与生产条件艰苦，边远海岛的困难尤其突出。

同时，海岛保护事业也面临着非常有利的发展形势。从国际背景看，自1994年《联合国海洋法公约》生效以来，世界沿海国家越来越关注海岛，通过立法、规划和管理加强海岛的保护和建设，形成了丰富的可供借鉴的海岛保护工作经验。从国内情况看，党中央、国务院高度重视海岛的保护与发展，对建设海洋强国、实施海洋战略、发展海洋产业、保护海洋资源作出了一系列决策部署，为海岛保护与管理以及经济社会发展提供了有利条件。

未来十年是我国经济社会发展的重要战略机遇期，也是资源环境约束加剧的矛盾凸显期。海岛保护的挑战和机遇并存，必须本着对国家、人民高度负责的态度，立足保障科学发展，增强海岛保护的国家意识、战略意识、危机意识，统筹海岛保护和开发利用，积极探索海岛发展新模式，改善海岛人居环境，促进海岛权益、安全、资源、生态以及经济社会的协调发展。

二、指导思想、基本原则和规划目标

（一）指导思想

全面落实科学发展观，深入贯彻实施《中华人民共和国海岛保护法》，统筹海岛保护、开发与建设。以保护和改善海岛及其周边海域生态系统，促进海岛经济社会的可持续发展为目的，强化海岛分类分区管理，实施海岛保护重点工程，保障国家海洋权益、国防安全和生态安全，实现海岛及其周边海域生态系统保护和海岛经济社会协调发展。

（二）基本原则

——坚持科学规划，保护优先。充分认识海岛保护的重要性，尊重海岛生态系统的特殊性，对维持海岛存在的岛体、海岸线、沙滩、植被、淡水和周边海域等生物群落和非生物环境实行科学规划和严格保护。在海岛开发利用的过程中，强调因岛、因地制宜，根据各个海岛的实际情况，采取有针对性的对策措施，科学选择开发利用模式，合理利用海岛资源。

——坚持统筹兼顾，分类管理。统筹海岛的自然、经济、社会属性，综合运用法律法规、政策规划等手段，协调海岛保护与开发利用活动。根据海岛的区位、资源与环境、保护和利用现状、基础设施条件等特征，兼顾保护与发展的实际，对海岛保护实施分类、分区指导与管理。

——坚持维护权益，保障安全。以维护国家海洋权益为核心，加强特殊用途海岛的监管和保护；严格保护海岛上的军事设施和科学观测、助航导航、测绘等公益性设施，保障海上通道和交通安全；强化边远海岛的基础设施建设，加强保护管理和实际利用，体现主权和管辖权，确保国家安全。

——坚持科技支撑，创新发展。开展海岛保护技术研究，大力发展海岛保护关键技术，引导和支持新能源、新材料、新技术在海岛保护与建设工作中的应用，倡导绿色、环保、低碳、节能的理念，探索海岛生态型发展模式，通过示范和推广，以技术创新促进海岛保护工作健康发展。

——坚持全面推进，突出重点。根据国家发展战略和区域经济社会发展目标的要求，既要加强对自然保护区核心区、国防和领海基点保护范围内等不可开发利用海岛的保护和管理，也要加强对可利用无居民海岛的保护和管理，充分发挥我国海岛资源优势，全面推进海岛规划、保护、开发和建设，大力实施海岛保护重点工程，带动全国海岛经济社会可持续发展。

（三）规划目标

1. 规划期目标（2011—2020年）

在国民经济和社会发展规划要求的基础上，力争在规划期内，实现以下目标：

（1）海岛生态保护显著加强。在现有保护区的基础上，新建 10个自然保护区、30个海洋特别保护区，对 10%的海岛实施严格保护；重要的生态栖息地纳入保护范围，基本遏制植被退化、生物多样性降低的局面；选择 10— 20个典型生态受损的海岛进行生态修复试点，逐步推广海岛生态修复经验，至规划期末，基本修复重要生态受损海岛；渔业资源和濒危物种保护管理能力得到加强，海岛周边海域的重要渔业水域、海洋生物资源产卵场、索饵场、洄游通道得到有效保护。

(2)海岛开发秩序逐步规范。建立海岛监视监测体系,实施定期或不定期海岛保护巡查制度;清理非法用岛活动，加强登记发证管理，逐步规范无居民海岛开发利用秩序；无居民海岛利用过程中产生的废水和固体废物 100%按规定处理和排放；海岛产业结构趋向合理，以海岛生态旅游、生态养殖、休闲渔业、港口仓储等特色产业为主的海岛经济协调发展。

(3) 海岛人居环境明显改善。海岛基础设施建设明显加强，生产、生活条件逐步改善，海岛居民生活稳定；有居民海岛应控制主要污染物排放总量，80%的有居民海岛固体废弃物和污水得到有效处置；建设一批可再生能源开发利用、海水淡化、生态建设等实验基地；海岛防灾减灾能力显著提高。

(4) 特殊用途海岛保护力度增强。加强领海基点海岛保护工作，对领海基点海岛的保护状况进行评估，对部分严重受损的领海基点海岛进行修复；开展领海基点、自然保护区、国防等特殊用途海岛的标志设置工作；海岛上的助航导航、测量、气象观测、海洋监测和地震监测等公益性设施保护措施加强。

2. 远期目标(2021—2030年)

在实现规划期目标(2011—2020年)的基础上,全面增强海岛保护能力,扩大生态修复范围,海岛生态系统保持良性循环状态；有效控制海岛污染，环境质量明显改善；无居民海岛开发活动规范有序，海岛产业结构趋向合理，海岛地区生态保护和经济社会协调发展；特殊用途海岛保护制度有效实施，维护国家海洋权益能力进一步提高。

三、海岛分类保护

(一) 严格保护特殊用途海岛

特殊用途海岛是指具有特殊用途或者重要保护价值的海岛，主要包括领海基点所在海岛、国防用途海岛、海洋自然保护区内的海岛和有居民海岛的特殊用途区域等。任何单位和个人不得擅自开发利用特殊用途海岛。

严格保护领海基点海岛。领海基点所在的海岛，应当由海岛所在省、自治区、直辖市人民政府划定保护范围，报国务院海洋主管部门备案。领海基点及其保护范围周边应当设置明显标志。禁止在领海基点保护范围内进行工程建设以及其他可能改变该区域地形、地貌的活动。确需进行以保护领海基点为目的的工程建设的，应当经过科学论证，报国务院海洋主管部门同意后依法办理审批手续。禁止损毁或者擅自移动领海基点标志。县级以上人民政府海洋主管部门应当按照国家规定，对领海基点所在海岛及其周边海域生态系统实施监视、监测。任何单位和个人都有保护海岛领海基点的义务。发现领海基点以及领海基点保护范围内的地形、地貌受到破坏的，应当及时向当地人民政府或者海洋主管部门报告。

推进海岛的保护区建设。对有代表性的自然生态系统、珍稀濒危野生动植物物种天然集中分布区、高度丰富的海洋生物多样性区域、重要自然遗迹分布区等具有特殊保护价值的海岛及其周边海域，依法设立海洋自然保护区。对具有特殊地理条件、生态系统、生物与非生物资源及海洋开发利用特殊需要的海岛及其周边海域，依法设立海洋特别保护区。自然保护区核心区内的海岛，禁止开发利用，任何单位和个人未经批准不得进入。建立海洋自然保护区海岛宣传教育基地,加强对海洋自然保护区内海岛的科学研究,选划并确定科学研究和考察的线路与通道。

积极保护国防用途海岛。任何单位和个人不得非法登临、占用、破坏国防用途海岛；不得以国防用途名义从事非国防目的的活动，不得将国防用途海岛以任何方式交给其他单位或个人使用和管理；采取有效措施保护和维持国防用途海岛的自然地形、地貌；严格执行《中华人民共和国军事设施保护法》和有关规定，划定“两区两范围”，设定禁止开发区和限制开发区。

加强保护有居民海岛特殊用途区域。对设置在有居民海岛上的领海基点、国防设施、自然保护区，应当划定特殊用途区域，在周边设置明显标志，明确保护范围和保护措施。任何单位和个人不得非法进入特殊用途区域，因不可抗拒原因或紧急避险进入该区域的，应经管理部门同意并遵守区内各项规定，险情消失后必须立即退出特殊用途区域。禁止破坏有居民海岛特殊用途区域及周边地形、地貌；未经批准禁止在特殊用途区域内进行摄影、摄像、录音、勘察、测量、描绘和记述等活动。安排有居民海岛建设项目或开辟旅游景点,应避开特殊用途区域。加强教育,引导海岛地区居民积极支持和配合特殊用途区域的保护与管理工作；对有居民海岛特殊用途区域的保护，要兼顾经济建设和当地群众的生产生活，因设立特殊用途区域或在特殊用途区域内开展相关活动而影响海岛居民生产生活的，应当采取适当方式消除影响，对造成损失的，应当予以合理补偿。

（二）加强有居民海岛生态保护

有居民海岛应当保护海岛沙滩、植被、淡水、珍稀动植物及其栖息地，优化开发利用方式，改善海岛人居环境。

加强生态保护。保护海岛生态系统、生物物种、沙滩、植被、淡水、自然景观和历史遗迹等，维护海岛及其周边海域生态平衡；积极开展海岛生态资源调查，实施海岛生态修复工程，建立海岛生态保护评价体系，严格执行海岛保护规划，凡是不符合海岛保护规划的工程项目不得审批和建设；保护海岛周边海域渔业资源，实施伏季休渔、增殖放流、人工鱼礁等措施；适度控制海岛居住人口规模；广泛宣传和普及海岛生态保护知识，鼓励和引导公众参与生态保护。

防治海岛污染。制定海岛主要水污染物减排规划和固体废弃物(包括船舶垃圾)污染防治规划，选取部分人口较为集中的海岛建设分散型污水处理工程和固体废弃物处置工程，开展海洋垃圾清理工作，对污水全部采取集中处理，防止污染海岛淡水和海水资源，增强海岛居民海洋环境保护意识。

合理开发利用。在海岛及其周边海域划定禁止开发和限制开发区域；开发建设活动应当在科学评估后进行；海岛的开发建设应当合理控制规模，不得超出海岛的水资源承载能力和环境容量；新建、改建、扩建建设项目，必须符合海岛主要污染物排放、建设用地、防治水土流失和用水总量控制指标的要求；已有建设项目应当推进清洁生产，污染物不能达标排放和用水总量超标的，必须限期整改；严格限制在海岛沙滩建造建筑物和设施以及采挖海砂；严格限制填海、围海等改变海岛岸线的行为，严格限制填海连岛工程建设，禁止实体坝连岛；工程建设应当坚持先规划后建设、生态保护设施优先建设或者与工程项目同步建设的原则，并符合相关行业规划。

改善人居环境。支持海岛淡水储存、海水淡化和岛外淡水引入工程设施的建设；采取防止台风、风暴潮、海冰和地质灾害等自然灾害侵袭的措施，保障居住安全；开发建设优先采用风能、海洋能、太阳能等可再生能源和雨水集蓄、海水淡化、污水再生利用等技术；完善公共基础设施，推进教育、医疗卫生、社会服务等社会事业发展，满足海岛居民不断提高的生活需要。

（三）适度利用无居民海岛

无居民海岛应当优先保护、适度利用。按照无居民海岛的主导用途，分别提出海岛保护的总体要求。

旅游娱乐用岛。倡导生态旅游模式，突出资源的不同特色，注重自然景观与人文景观相协调，各景区景观与整体景观相协调，旅游设施的设计、色彩、建设与周边环境相协调；合理确定海岛旅游容量，落实生态和环境保护要求；严格保护海岛地形、地貌，加强水资源保护和水土保持，提高植被覆盖率；鼓励采用节能环保的新技术。

交通运输用岛。科学分析各种交通运输方式的合理用岛规模，制定不同的控制指标，集约、节约用岛，最大程度降低对海岛生态环境造成的不良影响；工程建设与生态保护措施同步进行，制定防灾减灾应急预案；严格限制炸岛、炸礁、开山取石、填海连岛等开发利用活动。

工业用岛。工业用岛的规划与建设应当与自然景观和谐一致；实施清洁生产，建设污水处理场或设施，实现中水循环利用；工业废物要进行无害化处理、处置，危险废弃物应当集中外运；工业废气应当按规定净化后达标排放；在工业建设和生产过程中对海岛生态造成破坏的，应当进行修复。

仓储用岛。根据建设规模、建筑形式和仓储内容合理确定仓储区的建设用岛面积；合理利用周边海域空间资源，尽量减少对海岛地形、地貌和原生植被等自然风貌的破坏，减少对海岛岸线的占用；建设造成岛体裸露及生态破坏的，应当予以修复；仓库以多层为主，限制敞开式仓储模式。

渔业用岛。根据环境与资源的承载量，科学合理的安排渔业设施建设规模，适当控制围海用岛养殖方式；倡导生态增养殖技术，减小水产养殖对海岛周边海域水体的污染；鼓励发展休闲渔业；集中处理和外运海岛上的废弃渔业生产设施；加强对海岛周边海域水质的监视监测。

农林牧业用岛。调控管理农牧业规模总量和发展方向；农林牧业生产应当节约用水，保护海岛植被，促进水源涵养；引入外来物种应当经过科学论证，防止引进有害物种造成生态灾害；严格保护珍稀野生动植物资源，维护生态平衡；严格限制建筑物和设施建设。

可再生能源用岛。统筹安排和综合利用风能、太阳能、海洋能等可再生能源；可再生能源工程设施的建设应当科学论证、合理选址，保持与海岛景观相协调，减少对生态环境的不利影响。

城乡建设用岛。严格限制填海连岛活动，确需实施的，应当经过科学论证；科学发展、统筹规划，综合平衡和控制区域开发强度；保护海岛植被、淡水、沙滩、自然岸线、自然景观和历史遗迹及周边海域的红树林、珊瑚礁和海草床等。

公共服务用岛。支持利用海岛开展科研、教育、监测等具有公共服务性质的活动；任何单位和个人不得妨碍公共服务活动的正常开展，禁止损毁或者擅自移动公益设施；开展公共服务活动应当控制建筑规模，不得造成海岛及其周边海域生态系统破坏。

保留类海岛。保留类海岛应当保持其自然生态原始状态，防止海岛资源遭到破坏；任何单位和个人未经批准不得在保留类海岛采集生物和非生物样本，或者进行采石、挖海砂、采伐林木以及进行生产、建设、旅游等活动。

四、海岛分区保护

依据海岛分布的紧密性、生态功能的相关性、属地管理的便捷性，结合国家及地方发展的区划与规划，立足海岛保护工作的需要，注重区内的统一性和区间的差异性，将我国海岛分为黄渤海区、东海区、南海区和港澳台区等4个一级区进行保护。

（一）黄渤海区

黄渤海区共有海岛 700多个，是辽宁、河北、天津、山东、江苏等省市海洋经济发展的前沿阵地，是北方内陆地区由海与外界联系的窗口，对于北方内陆地区经济发展具有重要的辐射意义和区位意义。按照海岛分布特征将黄渤海区划分为长山群岛及辽东沿岸区、渤海区、庙岛群岛区、环山东半岛区、江苏沿岸及辐射沙洲区五个区。

1.长山群岛及辽东沿岸区

规划范围包括丹东市鸭绿江口至大连市老铁山角的毗邻海域内的所有海岛。该区域共有海岛 194个，其中有居民海岛 28个，无居民海岛 166个。该区域具有丰富的渔业资源、独特的生态旅游资源。

规划重点保护外长山列岛附近的边远海岛，开展海洋岛、南坨子、大门顶等边远海岛生态养护工作；加强石城岛黑脸琵鹭保护区、长海海洋珍稀生物、海王九岛等保护区建设和生态海岛建设，选划并建成一批有特色的海岛保护区；发展海岛生态旅游及周边海域放流、增养殖，逐步建成以獐子岛为龙头的现代化海洋牧场和以大长山岛、小长山岛、广鹿岛为中心的旅游度假胜地；与辽宁沿海经济带战略相衔接，加强长山群岛及辽东沿岸区海岛基础设施建设，支持海洋岛补给中转基地建设。

2.渤海区

规划范围从大连市老铁山角起，沿辽东湾、渤海湾和莱州湾分布，至烟台蓬莱角。该区域共有海岛 271个，其中有居民海岛 8个，无居民海岛 263个。该区域具有渔业资源、旅游资源、港址资源和卤水资源等多种重要资源。

规划重点保护沙泥岛及其周围海域生态环境，加强大连斑海豹等自然保护区的建设；积极应对海平面上升、河流径流量变化对沙泥岛的影响，实施海岸防护、岛陆生态建设、海岛修复等工程；积极防控海上油污染对海岛及其周边海域生态的破坏；发挥唐山湾三岛、菊花岛、滦河口诸岛和大连沿岸海岛等的区位优势和旅游资源优势，逐步建成环渤海海岛生态旅游圈；与辽宁沿海经济带、曹妃甸循环经济示范区、黄河三角洲高效生态经济区规划相协调，促进以长兴岛、曹妃甸为中心的临港工业区和滨州、东营、潍北、莱州临港产业区海岛循环经济的发展。

3.庙岛群岛区

规划范围包括渤海、黄海交汇处的渤海海峡内的海岛，由南长山岛、北长山岛、庙岛、砣矶岛等32个海岛组成，其中有居民海岛10个，无居民海岛22个。该区域是渤海潮汐通道和鸟类迁徙通道，具有丰富的渔业资源、潮汐发电资源和生态旅游资源。

规划重点加强特殊用途海岛及其周边海域生态系统保护，加强山东长岛、庙岛群岛斑海豹等自然保护区的建设；选划并建设一批有特色的海洋特别保护区；建设生态型海岛，推进大竹山岛、螳螂岛等无居民海岛生态养护；严格控制航道周边海岛岸线开发活动，保护设置在海岛上的助航导航设施，保障渤海门户航道安全；逐步建成以砣矶岛、大钦岛、小钦岛、南隍城岛、北隍城岛为中心的多元、立体现代化生态渔业基地；支持以南、北长山岛为中心的生态旅游休闲度假基地建设。

4.环山东半岛区

规划范围包括从烟台市蓬莱角起延伸到鲁苏交界的绣针河口山东省管辖海域范围内的海岛。该区域共有海岛210个，其中有居民海岛20个，无居民海岛190个。该区域渔业资源和旅游资源丰富。

规划重点加强镆铘岛、苏山岛、潮连岛等领海基点海岛的保护，推进海岛保护区建设；促进养马岛、田横岛、灵山岛等海岛生态旅游业发展，开展生态受损海岛的修复工作；加强对绿潮（浒苔）的防范治理；加强海岛基础设施建设，重点建立远洋捕捞和科考补给中转基地，为进行远洋捕捞、大洋科考和海上运输等活动的船舶提供能源、淡水和食物等补给服务。

5.江苏沿岸及辐射沙洲区

规划范围包括分布于江苏沿海区域的海岛及辐射沙洲群。该区域共有海岛15个，其中有居民海岛4个，无居民海岛11个。辐射沙洲群南北长200千米，东西宽140千米，面积约22470平方千米，包括太阳沙、冷家沙、腰沙、外磕脚、麻菜珩等沙洲。该区域拥有丰富的海涂资源、水产资源、港口资源和旅游资源等。

规划重点实施麻菜珩、外磕脚等领海基点海岛保护工程；有效保护基岩海岛地形、地貌、动植物资源及人文景观资源；选划建设秦山岛生态保护区、鸽岛海蚀地貌保护区、东西连岛沙生植物保护区、竹岛蝮蛇保护区；与江苏沿海地区发展规划相协调，强化辐射沙洲区的保护性开发，充分利用海岛岸线资源，挖掘建设深水港口，有效拓展港口作业空间，支持徐圩港区、西太阳沙人工岛及港口建设。

（二）东海区

东海区共有海岛4200多个，海岛数量最多，分布跨度广。东海区地理位置开阔，是我国对外经济开放的门户，对于中西部内陆地区的经济发展具有重要的辐射意义和区位意义，一些边远海岛区位重要，具有维护国家海洋权益的战略意义。按照海岛分布特征将东海区划分为长江口—杭州湾区、舟山群岛区、浙中南区和福建沿岸区四个区。

6.长江口—杭州湾区

规划范围为长江口区域上海辖区内海岛以及上海芦潮港灯标至浙江甬江口东侧长跳嘴一线以西海域内诸岛。该区域共有海岛 74个，其中有居民海岛 4个，无居民海岛 70个。该区域具有港口航道和生态旅游等特色资源。

规划重点保护佘山岛等领海基点海岛;加强九段沙、金山三岛等保护区建设;维护大巫子山、下盘山、七里峙等海岛上的航标、灯塔等公益设施的正常使用；发展以崇明岛和杭州湾内海岛为代表的现代海岛生态旅游业；服务上海国际航运中心建设，支持发展港口航运业、临港工业以及以长兴岛为代表的海洋装备制造业。

7.舟山群岛区

规划范围包括上海芦潮港灯标至浙江甬江口东侧长跳嘴一线以东的舟山市管辖区域内海岛。该区域共有海岛 1258个，其中有居民海岛 139个，无居民海岛 1119个。该区域具有丰富的深水岸线、旅游和渔业资源。

规划重点保护两兄弟屿、海礁、东南礁等领海基点海岛；加强五峙山、马鞍列岛、中街山列岛等保护区的建设管理；修复受损海岛及其周边海域生态系统；发展海岛特色生态旅游业和生态渔业；完善舟山岛定海西码头、沈家门等中心渔港的配套设施建设；支持港口航运、物流及临港工业发展；支持舟山群岛新区建设。

8.浙中南区

规划范围包括浙江甬江口东侧长跳嘴以南区域内海岛。该区域共有海岛 1559个，其中有居民海岛 99个，无居民海岛 1460个。该区域具有丰富的海洋生物资源和旅游资源。

规划重点保护渔山列岛、台州列岛、稻挑山等领海基点海岛及其周边海域;加强韭山列岛、南麂列岛、渔山列岛和西门岛等保护区的建设管理；支持以港口航运、物流及临港工业、海产品精深加工业、海洋渔业、旅游业为重点的海洋产业带建设；建设象山港湾海岛旅游娱乐区，支持洞头、南麂等海岛生态旅游发展。

9.福建沿岸区

规划范围包括福建辖区内的所有海岛。该区域共有海岛 1374个，其中有居民海岛 101个，无居民海岛 1273个。该区域主要有渔业资源、旅游资源、港口资源和海洋能资源等。

规划重点保护东引岛、东沙岛、牛山岛等领海基点海岛；保护红树林、珊瑚礁等典型海岛生态系统；加强日屿岛、台山列岛等保护区建设与管理；积极推进厦门岛、湄洲岛、海坛岛、东山岛及大嵛山岛等海岛旅游景观建设，发展海岛旅游业；与海峡西岸经济区发展政策相衔接，促进平潭综合实验区建设;支持临港与临海工业、港口航运业、海洋渔业、海洋新兴产业发展；以平潭、东山、湄洲、琅岐、三都、江阴、大嶝、紫泥等建制乡以上海岛保护开发为重点，拓展海峡两岸交流合作。

（三）南海区

南海区共有岛礁 1800多个，分布范围广阔，区位优势明显，具有丰富的生物、油气、矿产等资源，是连接东北亚—西太平洋与印度洋—中东地区的交通枢纽，具有重要的权益、安全价值。根据海岛区位分布特征将南海区划分为粤东区、珠江口区、粤西区、广西北部湾区、海南岛区、西沙群岛区、中、南沙群岛区等七个海区。

10.粤东区

规划范围包括自闽粤交界的大埕湾至大鹏湾东部海区内的海岛。该区域共有海岛 322个，其中有居民海岛 12个，无居民海岛 310个。该区域具有丰富的珍稀物种、渔业、旅游和深水岸线等资源。

规划重点保护南澎列岛、针头岩等领海基点海岛；保护大亚湾内海岛珊瑚礁、南澎列岛生物多样性；加强海岛旅游基础设施建设，逐步建成以大、小三门和南澳岛为中心的生态旅游度假基地；促进南澳岛清洁能源基地建设，推动生态经济区发展；合理利用纯洲、芒洲、马鞭洲等海岛深水岸线资源，发展海岛交通运输及物流仓储业。

11.珠江口区

规划范围包括从高栏列岛至大鹏湾海域内的海岛。该区域共有海岛 185个，其中有居民海岛 14个，无居民海岛 171个。该区域港口资源和航道资源丰富。

规划重点保护佳蓬列岛等领海基点海岛；加大内伶仃岛、淇澳岛、大襟岛等海岛珍稀动植物资源及海洋生态环境的保护力度；与珠江三角洲地区改革发展规划纲要相协调，加强海岛基础设施建设，促进龙穴岛、高栏岛等大型深水港口及临海工业建设；推动淇澳岛、野狸岛、九洲列岛等海岛旅游区建设；发展万山列岛、蜘洲列岛等海水增养殖业；促进横琴岛生态经济建设。

12.粤西区

规划范围包括从黄茅海以西至粤桂交界处海域内的海岛。该区域位于珠江口西侧，共有海岛 252个，其中有居民海岛 18个，无居民海岛 234个。该区域海岛植被覆盖良好，自然资源丰富，拥有较好的港口及旅游资源。

规划重点保护围夹岛、大帆石等领海基点海岛；加强阳西大树岛、新寮岛、南鹏列岛等典型海岸地貌景观和海洋生态系统保护；在上川岛、下川岛、海陵岛等发展生态旅游、海上运动、度假疗养、休闲渔业、邮轮旅游等多元化旅游产业；促进新寮岛风力发电、海水淡化等海洋新兴产业的发展，建设粤西沿海大型可再生能源基地和东海岛海洋综合开发示范区。

13.广西北部湾区

规划范围包括广西辖区内的所有海岛。该区域共有海岛 651个，其中有居民海岛 11个，无居民海岛 640个。该区域拥有丰富的港口资源、旅游资源和海洋生物资源。

规划重点加强涠洲岛、北仑河口保护区的建设和管理；开展红树林、珊瑚礁、海草床等特殊生态系统与生物多样性的保护与修复；开发海岛生态旅游，支持涠洲、斜阳两岛的休闲度假旅游岛建设，发展以“七十二泾”为主的海岛生态旅游；合理利用海岛深水岸线资源，发展海岛交通运输及物流仓储业。

14.海南岛区

规划范围包括海南岛及周边海域内海岛。该区域共有海岛 181个，其中有居民海岛 12个，无居民海岛 169个。该区域资源丰富，拥有红树林、珊瑚礁、海草床、热带季雨林等多种重要的海洋生态系统，生态环境优越，旅游资源优势明显。

规划重点保护莺歌嘴、感恩角、四更沙角等领海基点海岛；加强大洲岛、三亚珊瑚礁等自然保护区内海岛生态系统的保护；与建设海南国际旅游岛战略相衔接，加快开发海岛旅游资源，完善海岛旅游基础设施建设，调整优化西瑁洲岛、蜈支洲岛等海岛的开发利用模式，科学发展琼南和琼东海岛生态旅游。

15.西沙群岛区

规划范围包括宣德、永乐群岛等 30多个岛礁，位于南海中部、海南岛的东南方。该区域具有丰富的旅游资源、生物资源和油气资源。

规划重点保护领海基点海岛；推进甘泉岛、东岛、西沙州、金银岛的保护区建设，保护海岛植被和海龟、海鸟、珊瑚礁等生物物种资源；实施中建岛、永兴岛、北礁、浪花礁、华光礁、盘石屿、玉琢礁等珊瑚礁生态修复工程；推进海岛补给中转公共服务设施建设；积极稳妥开放开发西沙群岛旅游产业；开展养殖和远洋捕捞等渔业生产活动；积极稳妥推进海洋石油资源勘探开发；开展海水淡化、可再生能源发电、垃圾污水处理及交通、通讯等基础设施建设。

16.中、南沙群岛区(略)

(四)港澳台区(略)

五、重点工程

为保障《规划》目标的实现，解决海岛开发、建设、保护中的重大问题，在规划期内，组织实施十项重点工程。

(一)海岛资源和生态调查评估

工作目标：摸清海岛现状，分析和评价海岛情况，为保护海岛及其周边海域生态系统、合理利用海岛资源、加强海岛管理、维护国家海洋权益提供基础数据和科学依据。

工作任务：每 10年开展一次“全国海岛资源和生态调查与评估”，结合全国土地调查，清查我国海岛的数量、位置、面积、资源生态保护与利用的基本情况和变化情况；适时开展“海岛地名普查”、“领海基点海岛保护情况调查”和“无居民海岛使用情况普查”等专项调查，获取重点工程和专项工作需要的数据和资料；发布海岛统计调查公报，公布有居民海岛名录和海岛对外开放名录。

(二)海岛典型生态系统和物种多样性保护

工作目标：加强海岛典型生态系统和物种多样性保护，维护海岛生态特性和基本功能，重点保护具有典型生态系统和珍稀濒危生物物种资源的海岛。

工作任务：加强海岛保护区管理，完善保护区管理机构设置，强化保护区基本设施的建设和投入；开展保护区管理评估，建立培训制度，提高管理人员素质；强化保护区巡航监督、跟踪监测等规范化、科学化管理；新建 10个自然保护区、30个海洋特别保护区，保护具有典型生态系统和珍稀濒危生物物种资源的海岛；建立 10-20个海岛生态建设实验基地，倡导和引导生态型开发模式；开展海岛物种登记，防止外来物种入侵；加强科学研究和宣传教育，普及海岛典型生态系统和物种多样性知识。

（三）领海基点海岛保护

工作目标：严格保护领海基点海岛及其周边海域的生态系统，保持领海基点海岛地形、地貌的稳定。

工作任务：制定领海基点海岛保护技术标准和规范，划定领海基点海岛的保护范围，开展领海基点保护范围的标志设置工作；建立并实施领海基点保护范围标志定期维护制度；在麻菜珩、外磕脚、中建岛等开展领海基点海岛地形、地貌及其演变规律的长期连续性观测与监测工作，保持领海基点海岛及其周边区域地形、地貌的稳定；对生态受损的领海基点海岛实施修复；将领海基点海岛的监视监测系统纳入国家海岛监视监测体系的优先建设范围。

（四）海岛生态修复

工作目标：通过试点推广方式，完成50个较为典型的生态受损海岛的生态修复工作。

工作任务：编制海岛生态修复技术规程；选取辽宁大王家岛、山东崆峒岛、浙江桥梁山、北渔山和南韭山、广东罗斗沙、三角岛和小蜘洲等，实施海岛陆域生态系统受损修复试点工程；选取辽宁广鹿岛、山东麻姑岛、福建东山岛和海坛岛、广西沙井岛、海南赵述岛等作为试点，实施岛体周围沙滩生态修复工程；选取福建湄洲岛、海南永兴岛、西瑁洲岛和小洲岛等作为试点，实施海岛周边红树林、珊瑚礁生态修复工程；根据试点经验，沿海各省结合各地实际情况，组织开展海岛生态修复工作。

（五）海岛淡水资源保护与利用

工作目标：保护海岛淡水资源，保障有居民海岛居民生活用水，逐步解决生产用水需求。

工作任务：实行最严格水资源管理制度，严格保护海岛水源地，实施海岛绿化和水源涵养工程；海岛开发利用要充分考虑水资源条件和承载能力，严格管理和合理利用海岛淡水资源，严格控制地下水开发；因地制宜建设海岛水库、大陆引水等工程；在严重缺水的边远海岛支持建设家庭水窖、蓄水池等雨水收集设施；推广节水和水资源二次利用技术；加大海水淡化工程建设；在辽宁海洋岛和长兴岛、山东灵山岛、大管岛、养马岛、田横岛、刘公岛和坨矶岛、浙江舟山岛、六横岛、衢山岛、大门岛、鹿西岛、洞头岛和虾峙岛、福建海坛岛、南日岛和浯屿岛、广东担杆列岛、南澎岛和北尖岛、广西涠洲岛、海南东锣岛、西鼓岛、东瑁洲、西瑁洲、分界洲、大洲岛、蜈支洲岛、甘蔗岛、七洲列岛和西沙群岛等建设海水淡化工程和雨水收集示范工程；对其他海岛海水淡化、水库建设和维修、大陆引水、雨水收集、水资源二次利用等工程给予补助。

（六）海岛可再生能源建设

工作目标：充分利用海岛可再生能源，保障边远海岛用电需求，改善人居环境。

工作任务：开展海岛风能、太阳能、海洋能等可再生能源开发利用技术及多能互补技术研究，在辽宁大王家岛、塞里岛、褡连岛、猪岛和三山岛、山东大管岛、庙岛、灵山岛、北长山岛、南长山岛、大黑山岛和小黑山岛、浙江屏风山、海山、上大陈岛、下大陈岛和舟山群岛、福建海坛岛、东山岛、六屿岛、福屿、南日群岛和台山群岛、广东漭洲岛、南澎岛、北尖岛、大万山岛和担杆列岛、广西麻蓝岛、海南大洲岛、东瑁洲和西沙群岛等建设海岛可再生能源独立电力系统示范基地；加强对其它边远海岛可再生能源建设工程的扶持力度；支持符合条件的近岸海岛建设风能、太阳能、海洋能等可再生能源发电系统，逐步提高可再生能源在海岛能源消费中所占比例。

（七）边远海岛开发利用

工作目标：加快边远海岛（边远海岛名录见附录）渔业、旅游业等特色产业的发展，改善基础设施和社会事业发展滞后的局面，提高政府公共服务能力。

工作任务：建立边远海岛名录制度，定期更新和发布边远海岛名录；探索边远海岛开发利用方式，编制无居民海岛保护与利用规划；重点扶持并建成 5—10个边远海岛开发利用示范性工程；加强边远海岛交通基础设施建设，在山东北隍城岛、浙江大长涂山岛、福建南日岛、大嵛山岛、广东担杆岛、广西涠洲岛、斜阳岛、海南西沙群岛等，建设交通码头和岛上公路的示范工程；开展补给中转基地建设，在辽宁海洋岛、山东灵山岛、西沙群岛等，建设适当规模的补给中转基地示范工程，鼓励和扶持其他中小型补给中转基地建设；鼓励远洋捕捞、海水养殖、生态旅游、交通运输、中转贸易等海岛特色产业发展，对符合国家鼓励政策的海岛开发项目给予优惠政策扶持；国家优先研究和安排边远海岛对外开放，选择区位条件特殊、资源状况较好的边远海岛，建立海岛对外开放试验区；各级人民政府要按照逐步实现基本公共服务均等化的要求，加大对边远海岛县、乡（镇）的财政转移支付力度和边远海岛基础设施建设的资金投入力度，逐步增强基层人民政府提供公共服务的能力；扶持边远海岛社会事业发展，加快边远有居民海岛中小学校、县（乡、村）医疗机构、广播电视和通讯设施等建设步伐；将边远海岛地区纳入国家艰苦边远地区范围，逐步提高海岛地区机关和事业单位工作人员的工资待遇水平。

（八）海岛防灾减灾

工作目标：海岛地区的灾害监测预警、防灾减灾、应急处置、灾害救助、恢复重建能力和水平显著提升，防灾减灾知识的公众普及程度明显提高。

工作任务：实施海岛防风、防浪、防潮工程，重点加强避风港、渔港、防波堤、海堤、护岸等设施建设，加强海岛城镇排涝设施建设，防治海岛山洪和地质灾害；提高河口海岛防洪安全意识；完善海岛与陆地联网的灾害监测预警、预报系统；加强海岛灾害风险评估、信息管理能力、海上救援体系建设；提高海岛防灾抗灾科技能力，推动减灾科技创新与成果转化；开展海岛防灾减灾规划体系与技术标准规范建设工作；在长山群岛、庙岛群岛、舟山群岛、东山岛、海坛岛、万山群岛、涠洲岛、西沙群岛等建设海岛防灾减灾综合示范区；扶持在台风、风暴潮、洪涝、滑坡、泥石流等灾害高风险区建设社区避难场所；开展多层次专业化教育，增强公众防灾减灾意识，强化防灾减灾管理人员责任意识。

（九）海岛名称标志设置

工作目标：完成6000个海岛的名称标志设置工作。

工作任务：确定立碑的海岛名录和立碑时序；编制海岛名称标志设置工作方案；进行现场踏勘选址；完成海岛名称标志制作和设置，完善放置海岛名称标志的管理和维护工作；建立海岛名称标志纸质档案和电子档案。

（十）海岛监视监测系统建设

工作目标：动态监控我国海岛保护与利用情况，面向海洋管理部门、涉海单位、社会公众等提供多种形式的海岛信息服务及海岛信息产品，实现海岛监视监测系统业务化运行，为国家制定海岛保护和开发政策提供翔实的海岛综合数据。

工作任务：建设海岛监视监测业务体系；建设海岛数据平台、海岛管理平台、海岛监视监测网络和信息安全体系；设计海岛监视监测产品范例；实现卫星遥感监测、航空遥感监测、登岛实地监测、船舶巡航监测、海岛统计调查、无人机航拍监测、视频监测等多种方式的海岛监视监测，建立海岛生态评估和预警系统。军队设防海岛监视监测系统工程建设由军地双方共同组织实施，所获资料严格保密。

六、规划实施保障措施

（一）加强组织领导，健全管理协调机制

沿海各级人民政府要充分认识海岛保护对促进经济社会可持续发展的重要作用和意义，统一思想，高度重视，加强领导，落实责任，全力支持和精心组织海岛保护规划的实施，把海岛保护的各项工作落到实处。沿海省、自治区、直辖市人民政府要按照全国海岛保护规划的总体要求，结合实际，科学制定省级海岛保护规划，并纳入本地区国民经济和社会发展规划，认真组织实施。建立海岛保护与管理的高层次协调机制，强化涉岛部门之间、涉岛行业之间的协调配合，各司其职，精心组织好规划重点工程的实施，及时解决海岛保护与利用决策中的重大问题，形成促进海岛保护事业发展的合力。

（二）完善规章制度，规范海岛开发秩序

加强海岛保护规章制度建设，完善国家和地方海岛保护规划体系，建立健全海岛统计调查制度、海岛名称管理制度、无居民海岛开发利用审查批准制度、无居民海岛有偿使用制度等；建立海岛监视监测管理体系，规范无居民海岛使用项目论证秩序，加强无居民海岛建筑物和设施管理，开展海岛保护规划实施评估，强化海岛执法监督检查及巡查，依法查处海岛保护、开发、建设以及相关管理活动中的违法行为，制止破坏海岛资源和生态环境的行为，规范海岛开发利用秩序，保证规划实施效果。

（三）重视人才培养，加强海岛管理与科研队伍建设

实施和推进人才战略，加强管理人才、专业技术人才和执法人才队伍建设。落实必要的工作机构和人员编制，建立科学的考核、评价制度和激励机制，提高海岛管理人才队伍整体素质；重视科技投入，积极引进、培养海岛专业技术人才，特别是高层次海岛科技人才，建立一支“开放、流动、竞争、协作”的海岛科技人才队伍，建设一批有特色的海岛科技服务机构，加强重大问题与关键技术研发力度，为全面加强海岛保护提供技术支撑；充实和加强海洋执法力量，用现代化的船舶和飞机及先进的仪器设备装备海上执法队伍，提高应对违法、违规事件及其他突发事件的应急处置能力；强化执法人员监督管理，提高执法人员的综合素质，努力建设专业的海岛执法队伍。

（四）加强宣传教育，建立公众参与机制

多形式、多层次、多渠道地宣传海岛保护规划，特别是宣传海岛保护规划在依法加强海岛生态保护和无居民海岛使用权管理、规范海岛开发秩序、维护国家海洋权益中的重要作用，提高公众的海岛保护意识，为规划实施创造一个良好的社会环境。建立和完善公众参与机制，增强规划编制和修编的公开性和透明度，听取公众意见，实行民主决策；严格执行海岛保护法规定的规划公示制度，及时将已批准的海岛保护规划依法向社会公布，保障公民知情权、参与权；充分发挥社会公众监督力量，拓宽和畅通群众举报投诉渠道，接受公众监督；建立和完善规划编制的专家咨询制度，加强规划的协调、咨询和论证等工作，提高规划决策的科学化和民主化水平。

（五）落实规划任务，强化重点工程管理

国家和地方各有关部门应当对《规划》确定的重点工程的立项、审批、实施给予支持。各项重点工程应严格执行国家基本建设程序，按规划选项，按项目管理，按工程建设进度安排建设资金，按效益考核。重点工程建设所在地区的各级人民政府，要组织力量对工程建设进行科学规划和设计，广泛吸收各方面意见，特别是海岛地区居民的意见和建议。引入竞争机制，通过公开招投标的方式选择工程的实施单位。建立质量管理和技术监督体系，按照国家施工标准，实行工程监理制，定期对工程建设情况进行检查、考核和评估，切实加强工程资金管理，确保工程质量。逐步推行重点工程标准化、规范化、法制化、信息化建设与管理的长效机制。坚持军民融合式发展，充分考虑工程建设国防需求，促进海岛开发利用经济效益与军事效益的最优化。

（六）设立专项资金，建立稳定投入机制

有关人民政府应当加大对海岛保护工作的投入力度，保障落实《规划》重点工程和工作任务的资金需求。国家依法安排海岛保护专项资金，用于海岛的保护、生态修复和科学研究活动。国家在海岛收取的各类生态补偿资金要专项用于海岛生态保护与恢复。积极发挥政府财政性投资导向作用，建立多渠道、多元化的投融资机制，鼓励和引导单位、个人投资海岛。特别要加大对边远海岛的资金投入力度，创新融资模式，利用多种方式和途径吸引资金，促进边远海岛的开发、建设和保护。

附表　边远海岛名录

序号	行政隶属	海岛名称
1	辽宁省	大长山岛、小长山岛、哈仙岛、塞里岛、巴蛸岛、乌蟒岛、广鹿岛、格仙岛、瓜皮岛、獐子岛、褡连岛、大耗子岛、小耗子岛、海洋岛、洪子东岛、葫芦岛、沙珠坨子、元宝坨子、草坨子（长海县）、井坨子、菠萝坨子、平岛、石城岛、寿龙岛、长坨子、大王家岛、大鹿岛、小鹿岛、菊花岛、西蚂蚁岛
2	山东省	北隍城岛、南隍城岛、小钦岛、大钦岛、砣矶岛、大黑山岛、小黑山岛、庙岛、北长山岛、南长山岛、崆峒岛、赭岛、大管岛、灵山岛、竹岔岛
3	江苏省	开山岛、秦山岛
4	浙江省	花鸟山、东绿华岛、西绿华岛、东库山、大盘山、张其山、壁下山、柱住山、金鸡山、枸杞岛、嵊山、泗礁山、马迹山、大黄龙岛、徐公岛、滩浒山、大洋山、小衢山、黄泽山、鼠浪湖岛、衢山岛、大鱼山、岱山岛、小长涂山、大长涂山、江南山、官山（舟山市）、大交山、秀山岛、穿鼻岛、外神马岛、里神马岛、外峙岛、峙中山、黄兴岛、庙子湖岛、青浜岛、长白岛、东福山岛、大鹏山、中钓山、外钓山、葫芦岛、大五奎山、盘峙岛、西蟹峙、东蟹峙、西巨岛、凤凰山（舟山市）、小盘峙、大王脚山、东巨岛、大馒头山（舟山市）、洛伽山、刺山、柴山、大猫岛、摘箬山、马峙、白沙山、蚂蚁岛、登步岛、悬鹁鸪山、西峰岛、东白莲山、大双山、西白莲山、桃花岛、小双山、湖泥山、六横岛、佛渡岛、虾峙岛、走马塘岛、凉潭岛、元山岛、对面山（舟山市）、缸爿山、东屿山、道人山、南韭山、崇岛、铜钱礁、对面山（象山县）、檀头山、北渔山、白石山、中央山、铜山、田湾岛、龙山、壳塘山、雀儿岙岛、田岙岛、头门岛、上大陈岛、大横床岛、大青山、茅坦山、茅埏岛、江岩山、洋屿、鸡山、大鹿山、披山岛、白沙岛、小横床岛、小门岛、鹿西岛、大门岛、青山岛、大瞿岛、南策岛、铜盘山、长大山、上干山、王树段岛、凤凰山（瑞安市）、北龙山、大峙山、齿头山、冬瓜屿、北麂岛、过水屿、关老爷山、下岙岛、大槅山、竹屿、南麂岛、官山岛（苍南县）、南关岛、北关岛
5	福建省	东台山、西台山、大嵛山、小嵛山、福屿、长屿（福鼎市）、腰屿、牛屿、青屿岛、浮鹰岛、马刺岛、西洋岛、小西洋岛、雷江岛、峰火岛、北澳岛、东安岛、长腰岛、竹江岛、六屿岛、鸟屿、官沪岛、三都岛、斗帽岛、鸡公山、青山岛、白匏岛、粗芦岛、壶江岛、东洛岛（连江县）、川石岛、长屿（长乐市）、吉钓岛、小麦屿、目屿、鼓屿、小练岛、大练岛、小庠岛、东庠岛、屿头岛、草屿、塘屿、黄瓜屿、南日岛、小日岛、东罗盘屿、大鳌屿、赤山、西箸杯岛、东箸杯岛、惠屿、紫泥岛、浯屿
6	广东省	西澳岛、汛洲岛、南澳岛、小岛、大三门岛、小三门岛、大洲头、桂山岛、东澳岛、大万山岛、外伶仃岛、担杆岛、荷包岛、上川岛、下川岛、漭洲、大襟岛、盘皇岛、水东岛、南三岛、特呈岛、东头山岛、硇洲岛、后海岛、冬松岛
7	广西壮族自治区	涠洲岛、斜阳岛、七星岛、麻蓝岛
8	海南省	海头岛、北港岛、东屿岛、石头公－下朗、西沙群岛等

注：边远海岛，一般是指交通不便、经济社会基础薄弱的海岛。国家海洋局可以根据实际情况，会同有关部门对边远海岛名录定期更新和发布。

附录4

浙江省无居民海岛开发利用管理办法

浙江省人民政府令 第312号

《浙江省无居民海岛开发利用管理办法》已经省人民政府第3次常务会议审议通过，现予公布，自2013年6月1日起施行。

省长　李　强

2013年3月18日

第一条　为了合理开发和有序利用海岛自然资源，保护生态环境，根据《中华人民共和国海岛保护法》等法律、法规，结合本省实际，制定本办法。

第二条　在本省行政区域内，对依法确定为可利用无居民海岛(以下简称无居民海岛)实施开发利用及其相关管理活动，适用本办法。

第三条　无居民海岛的开发利用应当遵循科学规划、保护优先、合理开发、永续利用的原则。

第四条　沿海县级以上人民政府(以下简称县级以上人民政府)应当将无居民海岛的开发利用列入国民经济和社会发展规划，加强无居民海岛开发利用的管理，保护海岛及其周边海域的生态环境，确保无居民海岛的合理开发与可持续利用。

第五条　县级以上人民政府海洋主管部门负责本行政区域内无居民海岛开发利用和保护的监督管理工作。

第六条　县级人民政府应当根据全国海岛保护规划和省海洋功能区划、省海岛保护规划逐岛组织编制无居民海岛保护和利用规划，并与其他规划相衔接。

无居民海岛的开发利用应当以省海岛保护规划、无居民海岛保护和利用规划为依据。

第七条　无居民海岛保护和利用规划应当包括下列内容：

(一)海岛的地形、地貌和需要保护的自然资源及景观；

(二)海岛的用途；

(三)海岛各区域、岸线和周边海域的使用性质及界线；

(四)航道、电力、通讯等基础配套设施；

(五)开发利用中需要采取的保护措施。

无居民海岛用于旅游、娱乐、工业等经营性开发利用的，其保护和利用规划还应当包括无居民海岛及其周边海域的环境容量要求；无居民海岛及其周边海域生态环境已经受损的，其保护和利用规划还应当包括生态修复的主要措施。

第八条 无居民海岛保护和利用规划，由县(市、区)海洋主管部门会同同级发展和改革、住房和城乡建设(规划)、交通运输、国土资源、环境保护等有关部门编制，报本级人民政府批准后实施。

县(市、区)海洋主管部门应当及时将无居民海岛保护和利用规划报省海洋主管部门备案。

第九条 编制无居民海岛保护和利用规划，应当通过召开论证会、咨询会等形式征询有关专家意见，并以适当方式征求社会公众意见。规划报批材料中应当说明专家和社会公众意见采纳情况。

无居民海岛保护和利用规划经批准后应当向社会公布；但是，涉及国家秘密的部分除外。

第十条 单位和个人申请开发利用无居民海岛，应当向海岛所在地的县(市、区)海洋主管部门提出申请，并提交下列材料：

(一)申请书；

(二)海岛及开发利用位置的坐标图；

(三)开发利用具体方案；

(四)具有国家规定资质的单位编制的开发利用项目论证报告；

(五)相关资信证明材料；

(六)法律、法规规定的其他材料。

开发利用具体方案应当包括建筑总量、建筑物高度、容积率，对自然资源和自然景观的保护措施，以及使用自然岸线长度要求等。

第十一条 县(市、区)海洋主管部门受理无居民海岛开发利用申请后，应当将申请人、海岛位置、用途等主要内容向社会公示，并提出初审意见，经本级人民政府同意后，报省海洋主管部门审核。公示期限不得少于15日。

第十二条 省海洋主管部门应当对无居民海岛开发利用申请是否符合下列要求进行审核：

(一)开发利用具体方案及项目论证报告是否符合省海岛保护规划、无居民海岛保护和利用规划以及相关技术标准；

(二)开发利用项目是否影响国家海洋权益、国防安全和海上航行安全；

(三)国家和省人民政府规定的其他要求。

第十三条 省海洋主管部门对无居民海岛开发利用申请进行审核时，应当组织专家评审，征求有关部门意见，并进行现场勘测。涉及国防安全的，还应当征求有关军事机关的意见。

第十四条 省海洋主管部门应当自受理无居民海岛开发利用申请之日起30日内，提出审查意见，报省人民政府审批。依法进行公示、勘测、评审的时间不计算在内。

第十五条 无居民海岛的开发利用应当报国务院审批的，依照《中华人民共和国海岛保护法》和国家有关规定执行。

第十六条 旅游、娱乐、工业等经营性用岛的无居民海岛使用权应当通过招标、拍卖、挂牌等方式取得。

以招标、拍卖、挂牌等方式出让无居民海岛使用权的，县(市、区)海洋主管部门应当会同有关部门制订无居民海岛使用权招标、拍卖、挂牌的具体方案，按照本办法规定的审批程序和权限，报有批准权的人民政府批准后实施。

第十七条　无居民海岛使用权招标、拍卖、挂牌的具体方案应当包括下列内容：

（一）无居民海岛的位置、面积、现状、使用年限和用途；

（二）建筑总量、建筑物高度、容积率、绿地率和使用自然岸线长度等指标要求；

（三）基础配套设施情况；

（四）环境保护要求和需要采取的保护措施；

（五）环境容量要求；

（六）开发利用主体资格要求；

（七）具体项目和开发利用进度要求；

（八）省人民政府规定的其他要求。

无居民海岛及其周边海域生态环境已经受损的，招标、拍卖、挂牌的具体方案还应当包括生态修复的主要措施。

第十八条　县（市、区）海洋主管部门应当根据经批准的无居民海岛使用权招标、拍卖、挂牌具体方案，对拟出让的无居民海岛使用权进行价值评估，确定无居民海岛使用权招标、拍卖、挂牌的标底或者底价。标底或者底价不得低于国家和省规定的最低价标准。

第十九条　无居民海岛使用权招标、拍卖、挂牌完成后，由县（市、区）海洋主管部门与中标人或者买受人签订无居民海岛使用权出让合同。

第二十条　无居民海岛的使用期限按照国家有关规定确定；但是，最高使用期限不得超过五十年。

第二十一条　单位和个人开发利用无居民海岛，应当依法缴纳无居民海岛使用金。

无居民海岛使用金征收、减免、使用的具体办法和标准，按照国家《无居民海岛使用金征收使用管理办法》和《浙江省无居民海岛使用金征收使用管理办法》执行。

第二十二条　开发利用无居民海岛应当采取相应的生态保护措施，并符合下列要求：

（一）按照批准文件或者无居民海岛使用权出让合同规定的海岛用途、使用年限，建筑总量、建筑物高度、容积率、绿地率等指标，以及环境容量、环境保护措施等要求实施开发利用；

（二）充分利用原有地形、地貌，保护自然景观、自然资源，不得超出批准文件或者无居民海岛使用权出让合同的规定占用自然岸线；

（三）按照批准文件或者无居民海岛使用权出让合同的规定，限制建筑物、构筑物及其附属设施与自然岸线的距离；

（四）按照批准文件或者无居民海岛使用权出让合同的规定，对无居民海岛及其周边海域实施生态修复；

（五）不得破坏、损毁依法设置的军事设施、界碑、地名标志、助航导航、测量、通信、气象观测、海洋监测和地震监测等公共设施，不得妨碍公共设施的正常使用。

第二十三条　无居民海岛开发利用涉及建筑工程质量、港口岸线、矿产资源、废弃物处理、安全生产、消防安全等管理的，由有关部门参照有居民海岛的管理规定实施管理。

第二十四条 依法批准使用的无居民海岛三年内未开发利用的，经县级人民政府提出，省人民政府可以依法收回无居民海岛使用权；通过招标、拍卖、挂牌取得无居民海岛使用权后三年内未开发利用的，可以按照无居民海岛使用权出让合同约定处理；国家另有规定的，从其规定。

第二十五条 无居民海岛使用权人需要办理无居民海岛使用权证的，应当向县（市、区）海洋主管部门提出申请，并提供下列材料，由县级人民政府登记造册，颁发无居民海岛使用权证书：

（一）经依法批准取得无居民海岛使用权的，提供批准文件和无居民海岛使用金缴纳完讫凭证；

（二）经招标、拍卖、挂牌取得无居民海岛使用权的，提供无居民海岛使用权出让合同和无居民海岛使用金缴纳完讫凭证。

第二十六条 无居民海岛使用权人可以将有偿取得的无居民海岛使用权依法转让、抵押、出租。

无居民海岛使用权依法转让、抵押、出租的，该海岛上的建筑物、构筑物及其附属设施一并转让、抵押、出租。

无居民海岛使用权依法转让的，向原登记机关办理变更登记手续。无居民海岛使用权依法抵押的，向县（市、区）海洋主管部门办理抵押登记手续。

第二十七条 县级以上人民政府海洋主管部门及其海监机构应当加强对无居民海岛开发利用的管理，定期开展无居民海岛开发利用、周边海域生态环境保护的监督检查。

县级以上人民政府其他有关部门履行的无居民海岛范围内的行政处罚权，可以依法委托同级海洋主管部门行使。

第二十八条 违反本办法规定的行为，《中华人民共和国海岛保护法》等法律、法规、规章已有法律责任规定的，从其规定。法律、法规、规章未作规定的，按照无居民海岛使用权出让合同的约定处理。

第二十九条 违反本办法规定，在无居民海岛开发利用中未进行生态修复的，由县级以上人民政府海洋主管部门责令改正；逾期未改正的，由县级以上人民政府海洋主管部门依法作出代履行决定，依照《中华人民共和国行政强制法》规定的程序代为修复，所需费用由无居民海岛使用权人承担。

第三十条 县级以上人民政府及其海洋主管部门等行政机关，有下列情形之一的，对直接负责的主管人员和其他直接责任人员，由有权机关按照管理权限给予处分：

（一）违反本办法规定的审批权限，批准开发利用无居民海岛的；

（二）违反省海岛保护规划、无居民海岛保护和利用规划，批准开发利用无居民海岛的；

（三）违反规定收取、减免、使用无居民海岛使用金的；

（四）未按照本办法规定履行监督检查职责，造成严重后果的；

（五）有其他玩忽职守、滥用职权、徇私舞弊的行为。

第三十一条 本办法自2013年6月1日起施行。

附录 5

浙江舟山港综合保税区管理办法

省政府令第 315号

《浙江舟山港综合保税区管理办法》已经省人民政府第 12次常务会议审议通过，现予公布，自 2013年 11月 1日起施行。

省长李强

2013年 9月 27日

第一条　为了规范舟山港综合保税区(以下简称综合保税区)管理，促进综合保税区的建设与发展，根据法律、法规和国务院有关规定，结合本省实际，制定本办法。

第二条　综合保税区是经国务院批准，具有口岸、物流、加工等功能的实行一体化封闭管理的海关特殊监管区域。主要开展国际转口贸易、国际中转、国际采购、国际分销、仓储物流、商品展示、产品研发、出口加工、港口作业以及相配套的金融、保险、代理、检测、维修等业务。

综合保税区的区域范围按照《国务院关于同意设立舟山港综合保税区的批复》(国函〔2012〕148号)执行。

第三条　综合保税区应当加强综合配套改革，创新体制机制；充分利用港口资源和功能优势，发展现代海洋产业、商品国际贸易和大宗商品港口物流业，构建功能完善、运行高效、高度开放、具有国际竞争力的新型贸易港区。

第四条　省和舟山市人民政府在土地、资金、人才等方面，落实有关促进和优惠措施，支持综合保税区的建设与发展。

第五条　鼓励境内外企业及其他经济组织和个人在综合保税区兴办企业、投资入股或者设立机构。

综合保税区内的企业、机构和个人依法享受国家、省、舟山市与综合保税区有关的优惠政策，其合法权益受法律保护。

综合保税区内的企业、机构和个人应当遵守法律和社会公德，诚实守信，依法经营。

第六条　舟山港综合保税区管理委员会(以下简称综合保税区管委会)负责综合保税区的管理工作，依法履行下列职责：

(一)编制综合保税区经济发展规划并组织实施；

(二)根据国家和省有关产业政策，编制产业发展目录，统筹产业布局，并实施管理；

(三)负责综合保税区的发展改革、科技、财政、国有资产、建设、交通运输、人力资源和社会保障、环境保护、商务、安全生产等方面的管理工作；

（四）协调配合海关、检验检疫、海事、边检、港航、税务、外汇、国土资源、规划、工商行政管理、质量技术监督等部门的管理工作；

（五）根据舟山市人民政府授权或者接受有关部门委托，负责综合保税区配套区域的管理工作；

（六）负责综合保税区内信息化工作，推进公共信息平台建设；

（七）舟山市人民政府依法赋予的其他职责。

综合保税区的治安、消防、道路交通管理等职责，由相关管理部门按照国家有关法律、法规和规章规定行使。

第七条 综合保税区内企业的生产经营活动应当符合产业发展要求，不得开展高耗能、高污染和资源性产品以及列入《加工贸易禁止类商品目录》商品的加工贸易业务。

第八条 综合保税区管委会根据国家有关规定，结合浙江舟山群岛新区产业特色，制定产业扶持政策，对符合区域功能和产业政策的企业给予扶持。

第九条 综合保税区管委会应当制定统一的行政管理工作规范和服务标准，提高行政效能，为企业提供高效、便捷的服务。

第十条 综合保税区管委会应当会同海关、检验检疫、海事、边检、港航等部门，做好信息资源的整合与共享工作，建设统一的信息平台，及时发布公共信息，为企业发展和通关管理提供服务。

第十一条 综合保税区设立行政审批综合服务场所，集中办理下列事项：

（一）投资项目的审批、核准、备案；

（二）建设项目选址意见书、建设用地规划许可证、建设工程规划许可证和施工许可证的审批；

（三）除新增建设用地以外的建设项目用地审批和国有土地使用权的划拨、出让手续；

（四）舟山市人民政府及其有关部门委托的其他事项。

办理前款规定的事项，实行统一受理、集中审批、限时办结、跟踪服务等制度。

第十二条 对综合保税区内因业务需要经常出国、出境的人员，可以实行“一次审批、一年内多次有效”的出国审批办法；可以办理一定期间多次往返香港特别行政区的手续。

第十三条 综合保税区实行口岸联合监管协调制度。综合保税区设立通关服务场所，由海关、检验检疫、海事、边检、港航等驻区机构集中进驻、联合办公。

综合保税区管委会应当会同海关、检验检疫、海事、边检、港航等驻区机构，建立口岸监管协调信息系统，实现区港联动，提高通关效率。

第十四条 综合保税区实行封闭管理。运输工具和人员进出综合保税区，应当经由海关指定的专用通道，并接受检查。

海关、检验检疫等驻区机构应当采取措施，保障进出综合保税区的人员和运输工具正常、有序、便捷通行。

第十五条 从境外进入综合保税区的货物，按照国家规定予以保税，或者免征关税和进口环节海关代征税；从综合保税区运往境外的货物，免征出口关税。但是，法律、行政法规另有规定的除外。

综合保税区与境外之间进出口的货物，不实行进出口配额、许可证件管理。但是，法律、行政法规和国家另有规定的除外。

第十六条 综合保税区内流转的货物，以及综合保税区与其他海关特殊监管区域或者保税监管场所之间往来的货物，继续实行保税监管。

从综合保税区进入关境内其他地区的货物，应当按照国家规定办理进口报关手续；需要征收关税和进口环节海关代征税的，按照货物实际状态征收。

第十七条 综合保税区内的企业按照国家有关海关特殊监管区域的规定享受免征增值税、消费税等税收优惠政策。

第十八条 进入综合保税区的货物及其包装物等，由检验检疫驻区机构进行检验检疫和签证，并实施集中检验检疫等便利措施。

境外经综合保税区中转出口的货物，免予实施检验；综合保税区与其他海关特殊监管区域间销售、转移的货物，免予实施检验检疫。但是，法律、行政法规和国家另有规定的除外。

第十九条 综合保税区内企业生产加工的出口货物，符合《中华人民共和国进出口货物原产地条例》等规定的，可以向检验检疫驻区机构申请签发普惠制原产地证书或者一般原产地证书、区域性优惠原产地证书、专用原产地证书。

第二十条 综合保税区管委会、驻区机构及其工作人员玩忽职守、滥用职权、徇私舞弊的，由有权机关对直接负责的主管人员和其他直接责任人员，依法给予处分。

第二十一条 本办法自2013年11月1日起施行。

参考文献

[1] [加拿大] 彼得 · F. 塞尔，等 . 波斯湾的海洋生物群落的可持续生态管理不断增长的需求 . 人类环境杂志，2011（1）.

[2] [美] 安 · 赛德曼等 . 立法学：理论与实践 . 刘国福，等译 . 北京：中国经济出版社，2008.

[3] [美] 诺内特·塞尔兹尼克 . 转变中的法律与社会：向回应型法迈进 . 张志铭译 . 北京：中国政法大学出版社，2004.

[4] [美] 安德鲁 · 肖特 . 社会制度的经济理论 . 上海：上海财经大学出版社，2003.

[5] [美] 迈克尔 · 贝勒斯 . 法律的原则 . 北京：中国大百科全书出版社，1996.

[6] [英] 安德鲁 · 海伍德 . 政治学 . 北京：中国人民大学出版社，2010.

[7] [意] 桑德罗·斯齐巴尼 . 民法大全选译·正义和法 . 北京：中国政法大学出版社，2000.

[8] 郭星华，陆益龙，等 . 法律与社会——社会学和法学的视角 . 北京：中国人民大学出版社，2004.

[9] 梁亚荣，刘云亮 . 海南岛屿经济法律规制研究 . 北京 ：法律出版社，2009.

[10] 全永波，等 . 海洋资源管理 . 北京：光明日报出版社，2011.

[11] 苏勇军 . 浙江海洋文化产业发展研究 . 北京：海洋出版社，2011.

[12] 王振清 . 海洋行政执法研究，北京：海洋出版社，2008.

[13] 王利明，等 . 民法新论 . 北京：中国政法大学出版社，1988.

[14] 汪俊昌，陈立旭，等 . 人文浙江 . 杭州：浙江人民出版社，2006.

[15] 张宏声 . 海洋行政执法必读，北京：海洋出版社，2004.

[16] 陈利民 . 深圳经济特区的立法创新 . 特区理论与实践，2003（6）.

[17] 陈莉莉 . 从海洋综合管理的视角完善海域使用管理 . 中国渔业经济，2009（4）.

[18] 崔福海 . 特区立法权的深圳实践 . 经济与社会发展，2008（10）.

[19] 崔旺来，王瑞芳，杨明 . 浙江舟山群岛新区行政管理体制创新研究 . 舟山社会科学，2012（1）.

[20] 郭晓文．部分发展中国家经济特区吸引外资的优惠政策和法律措施．特区经济，1987（1）．

[21] 黄建钢．舟山群岛新区建设的经济范式和发展瓶颈．当代社科视野，2011（9）．

[22] 黄玲，毛剑峰．深圳经济特区法制建设回顾与研究．南方论丛，2008（4）．

[23] 黄桂英．关于加强社会主义文化法制建设的若干思考．上海大学学报，2002(9).

[24] 李明华．浙江省生态保护立法回顾与展望．法制研究，2008（6）．

[25] 刘风景，彭金玲．天津滨海新区开发开放的立法选项研究．天津法学，2011(1).

[26] 梁黎明．舟山群岛新区加快推进行政审批制度改革．中国纪检监察报，2012(9).

[27] 林创，贺彦凤．宗教法制建设在建构和谐社会中的作用．科技致富向导，2012（2）．

[28] 黎建飞．社会保障法．北京：中国人民大学出版社，2006（11）．

[29] 李爱年．生态保护立法体系存在的问题及完善的建议．中国人口·资源与环境，2002（5）．

[30] 周学锋．基于建设海洋强国的无居民海岛管理研究．经济地理，2014（1）．

[31] 柳博隽．生态文明的三重境界．浙江经济，2010（15）．

[32] 梅宏．论我国生态保护立法及其完善．中国海洋大学学报，2008（5）．

[33] 闫海，宝丽．无居民海岛可持续发展的法制保障研究．广东海洋大学学报，2011（10）．

[34] 孙莹，加强法制建设．福建法学，2011（4）．

[35] 石东坡．群岛新区建设立法需求的逻辑分析．浙江工业大学学报(社会科学版)，2011(4)．

[36] 史美良．海域使用管理问题调查研究——以舟山群岛海域为例．浙江海洋学院学报人文科学版，2007（24）．

[37] 孙涛，刘慕鑫．滨海新区管理体制创新研究：基于经济功能区的视角．上海经济研究，2009（2）

[38] 石亚军．关于深化行政管理体制改革若干问题的调研思考．中国行政管理，2010（3）．

[39] 孙波．市场法律制度创新与经济绩效．商业研究.2004（24）．

[40] 书方．“国之门户”该如何打开？——访舟山市市长夏阿国．海洋开发与管理，1996（2）．

[41] 唐政秋，李建．社会法范畴和体系探究——以社会法立法为视角．当代法学，2008（3）．

[42] 田立杰，张瑞安．海洋油污染对海洋生态环境的影响．海洋湖沼通报，1999(2).

[43] 吴汉东，汪锋，张忠民．"先行先试"立法模式及其实践——以"武汉城市圈""两型"社会建设立法为中心．法商研究，2009（1）．

[44] 王淼，生万栋，董春梅，范玉珍．我国现行海上执法体制的弊端与改革对策．软科学，2006（20）．

[45] 文殿元，周秀玲，沈鹏．立体执法——构建快速高效海上安全监管模式．中国海事，2007（10）．

[46] 王春光．我国授权立法现状之分析．中外法学，1999（5）．

[47] 王金玲．浅谈法律对经济发展的影响．法制建设，2009（2）．

[48] 谢晓尧，罗峰．世界经济性特区的立法经验与我国经济特区立法．思想战线，1992（1）．

[49] 谢校初，杨兴．我国生态保护立法的缺陷及其对策分析．吉首大学学报，1999（1）．

[50] 余俊．政府规划转化为法律规则的问题分析．广西社会科学，2009（9）．

[51] 俞小林．论市场经济与法制关系．法制与社会，2011（2）．

[52] 俞锋．建设舟山群岛新区亟待法治护航．浙江经济，2011（15）．

[53] 于语和，崔慧姝．滨海新区法制建设框架分析．天津商业大学学报，2010（5）．

[54] 虞乐．我国教育法制建设问题与对策分析．现代企业教育，2008（5）．

[55] 禹麒麟．我国法制建设的现在及发展对策．魅力中国，2010（2）．

[56] 朱鼎．开发区行政管理体制的演变与创新．复旦大学，2008.

[57] 曾学刚，中国科技法制建设现状与完善研究．公民与法，2010（8）．

[58] 郑尚元．社会法的定位和未来．中国法学，2003（3）．

[59] 张庆彩，吴椒军．国外生态城市建设立法经验及对中国的启示．环境科学与管理，2008（3）．

[60] 周旭聪．舟山群岛海洋环境问题的讨探．科技资讯，2012（4）．

[61] 周学锋，高猛．社会组织促进社会就业的制度路径．中国行政管理，2012 年（12）.

后　记

呈现在读者面前的这本书，记载着作者近期对舟山群岛新区法制建设的思考，希望这一研究有助于舟山群岛新区的建设。舟山群岛新区法制建设的研究，既受制于研究资料的难以获得，又因为关涉到社会学、经济学、行政管理学等多学科，必须进行跨学科研究而难度增大。因此，虽交付出版，但内心惶恐忐忑，真诚地期待读者的批评与斧正，以共同推进这一领域的研究。

在拙著最终得以付梓之际，感谢黄建钢教授为本书的成书和出版倾注的心血和关注；感谢浙江大学出版社，感谢王镨老师，他们艰苦严谨的工作和不断敦促，使本书更加完善并得以顺利出版。

新区法制建设研究刚刚开启，伴随着舟山群岛新区建设的日新月异，将会呈现更加丰富的研究课题。对此，我们会持续关注和探讨，为新区建设尽绵薄之力。

周学锋　左红娟

2014年 3月

后 记